实用投融资分析师
Applied Investment & Finance Analyst

考试复习及培训参考教材

估值建模
Valuation Modeling

诚迅金融培训公司 编

策划编辑：戴　硕
责任编辑：李　融
责任校对：李俊英
责任印制：丁淮宾

图书在版编目（CIP）数据

估值建模/诚迅金融培训公司编.—北京：中国金融出版社，2018.8
ISBN 978-7-5049-9687-9

Ⅰ.①估…　Ⅱ.①诚…　Ⅲ.①资本市场—评估—系统建模　Ⅳ.①F830.9

中国版本图书馆 CIP 数据核字（2018）第 179346 号

估值建模
GUZHI JIANMO

出版 发行	中国金融出版社
社址	北京市丰台区益泽路 2 号
市场开发部	(010)66024766，63805472，63439533（传真）
网上书店	www.cfph.cn
	(010)66024766，63372837（传真）
读者服务部	(010)66070833，62568380
邮编	100071
经销	新华书店
印刷	河北松源印刷有限公司
尺寸	210 毫米 × 285 毫米
印张	17.5
字数	360 千
版次	2011 年 6 月第 1 版（共 7 次印刷）　2018 年 8 月第 2 版
印次	2022 年 8 月第 5 次印刷
定价	98.00 元

ISBN 978-7-5049-9687-9
如出现印装错误本社负责调换　联系电话 (010)63263947

实用投融资分析师（AIFA）考试顾问 （按姓氏拼音排序）

高　坚	国家开发银行原副行长
何小锋	北京大学经济学院
江先周	中国建设银行
刘乐飞	中信产业基金
吴卫军	德勤中国
徐　刚	中信集团
张后奇	华夏东方养老资产管理公司
朱武祥	清华大学经济管理学院
竺　亚	平安证券

实用投融资分析师（AIFA）考试指导专家 （按姓氏拼音排序）

陈　劲	艾客咨询		孙永红	曾任职高盛、摩根大通
陈兴珠	一创投行		田　娜	嘉实国际证券
陈卓思	渤海银行		佟　珂	君合律师事务所
崔　蓉	华夏基金		王拓轩	德勤中国
丁全胜	国泰君安		肖　南	曾任职中金、高盛、摩根大通
郭金香	中信产业基金		谢　方	鼎晖投资
郭　明	慧达管理咨询		谢国斌	大道金服
韩歆毅	蚂蚁金服		徐寒飞	兴银理财
江　涛	诚迅金融培训		许国庆	诚迅金融培训
梁刚强	诚迅金融培训		杨冀川	三亚国际资产交易中心
梁晓莉	**CM Capital**		杨　青	中国银行
林小驰	中信证券		杨松涛	诚迅金融培训
刘　佳	瑞士再保险		尹　奇	中信产业基金
刘祖繁	中国银行（香港）		于海颖	清控紫金教育
罗　奕	策源源和投资有限公司		张　雷	中信产业基金
马正阳	中信证券		赵　竞	摩根大通
毛曙光	粤港澳大湾区产业投资母基金		赵　溱	煜德投资
聂　磊	中信产业基金			

序言

掌握国际资本市场通行的投资语言

与诚迅结识缘于我对财务建模能力的重视。早在负责中国人寿的投资业务时，我就要求公司投资人员积极参加诚迅举办的"估值定价模型"培训。在中信产业基金，我也要求全体员工参加"估值定价模型"培训和"估值建模"考试。在我看来，财务建模是投资人员的基本功和核心能力，其重要性主要体现在以下三个方面：

首先，财务模型是投资分析的重要工具。投资分析需要科学的量化分析，财务建模能帮助投资分析人员建立起一个逻辑严密、动态可调的分析体系，将复杂的问题如抽丝剥茧般层层分解，逐步甄别公司成长的主要驱动因素，最终为投资决策提供科学依据。

其次，投资也是财务建模的过程。无论是证券投资还是股权投资，原则上都要进行包括业务、财务、法律和税务等方面的尽职调查。尽职调查越深入、越全面，对目标公司亮点和风险的认识就越深刻。投资人员利用尽职调查结果不断修正和完善财务模型，提升财务模型的可信度和投资决策的精确度。

最后，财务建模是国际资本市场通行的"投资语言"，是华尔街专业投资人员的必备基本功。中国资本市场国际化程度不断提升，对我国投资人员的专业化、国际化要求也日益提高，这也要求投资人员熟练掌握财务建模这一通行的"投资语言"。

国际化专业人才需要国际化培训和考试体系。我欣喜地看到，诚迅在建立国际化培训和考试体系方面进行了有益探索。早在2002年，诚迅就将华尔街估值定价模型培训引入中国并进行了本土化再造，开发了华尔街估值定价模型培训中国版。多年来，诚迅已成功举办了上百期培训，培训人次达数千人，成为中国投资专业人才的"黄埔军校"，有力地推动了我国投资专业人员的专业化、国际化进程。

2010年，诚迅又推出了实用投融资分析师（AIFA）考试，为我国资本市场从业人员提供了一个学习、掌握国际通行"投资语言"的良机。该考试体系强调动手操作能力，实用性强。它采用"培训+考试"模式，旨在有效提升从业人员实际动手建立财务模型和分析实际案例的能力。我相信，该考试体系将为我国投资界培养出更多优秀的国际化人才，AIFA 有望成为中国版的特许金融分析师（CFA）。

本书作为实用投融资分析师考试体系核心课程之一"估值建模"的参考教材，备受中信产业基金业务人员推崇。我希望正在从事或立志从事投资工作的人员积极参加诚迅的培训和考试，提升专业技能，丰富职业生涯。

刘乐飞
2011 年 3 月于北京

刘乐飞先生现任中信产业投资基金管理有限公司董事长兼 CEO。历任中国人寿首席投资执行官、投资管理部总经理，中国银河证券投资管理总部总经理，首创证券执行董事。

代前言

华尔街的笨方法

1. 华尔街估值建模培训中国版的来历

回想起2000年许国庆老师以伯乐之慧眼把我从上海交通大学招聘进中银国际从事投行业务,并有幸作为中国第一批投行工作者在纽约高盛总部参加了华尔街经典的估值建模培训,之后在许老师鼓励支持下成为中国证券市场的第一代估值建模培训师(同期的其他培训师包括我曾经的中银国际同事陈兴珠先生和当年在中金公司投行部工作的罗奕先生),往事历历在目。

诚迅公司分别于2002年和2003年邀请常年为高盛和摩根士丹利做估值建模培训的爱姆特(AMT Training)公司创始人阿拉斯戴尔先生四次来华为中国的券商、基金公司和上市央企培训估值建模,我们当时担任课堂辅导员并全程开发了中国联通和中石化课堂练习案例。

2005年开发出第一个由我们几位年轻的中国投行人员讲授的估值建模培训,之后我们带出来了诚迅公司第二代估值建模培训师杨松涛先生和赵溱先生,诚迅公司后来又培养出第三代培训师江涛先生、梁刚强先生和樊晶菁女士,他们都是从清华大学、北京大学毕业后在诚迅公司工作成长起来的教学骨干。

诚迅从创业之初已成功走过20多个年头,为数百家中外金融机构和高校的数万人提供了600多期估值建模培训。我作为有关工作的早期参与者,利用这个机会和年轻读者们分享一些感悟。

2. 聪明人的笨方法

这里我先讲一个当年在诚迅课堂上的小故事。

记得那次是讲估值建模的提高班"并购估值建模",上这个课的基础是必须先上前一个课程"估值建模",这样对建模步骤和Excel的运用才能自如,跟得上快节奏的课堂训练。诚迅的客服老师对报名并购估值建模的每个学员都会反复强调这一前提条件。

但那次上海和深圳各有一家很牛的券商员工没有上过估值建模培训却霸王硬上弓，结果在并购课堂上屡屡遇到 Excel 的基本操作问题，以及建模中报表科目里的勾稽关系等基本概念问题，需要现场辅导员全程辅导。

课后他们惭愧地说，我们其实在本单位还是建模的小教员呢，新员工一上岗，我们只用两个小时就能教会他们在编辑好的软件系统中录入数据，得出结论。

当时许老师语重心长地对他们说："华尔街的许多百年老店新员工培训约四周时间都是估值建模和财务报表分析这种实操技能培训，他们注重的是在从零起步构建模型的过程中掌握建模步骤、了解每个科目的难点，从而对项目整体有更深入的分析和判断。中国的投行、投资、基金和行业研究刚起步没几年，要对华尔街培养新人的方法有敬畏感，华尔街的 IT 那么先进，为什么他们不用现成的软件系统教新人录入呢？"

近年来，经常有年轻人和我交流估值建模的问题，我发现有些人套用别人的模版改成自己的模型，结果漏洞百出。这是因为这些人没有经过系统流程的建模演练，在许多关键环节及难点上自己琢磨不出来，就随便拍个数。也有的人没有学过财务报表分析，甚至没学过会计，搭建的模型自欺欺人。

3. **您的建模水平在企业客户面前有足够的自信吗？**

近年来，人工智能的功能被宣传得无比强大，许多人预测投研领域需要的人会越来越少，我也非常认同这一趋势。但同时我们也应该冷静地想想，需要对投融资项目进行分析的专业人士，若不通过扎实专业的基本功训练，能通过类似戴上防毒面具或眼科医生检测镜那种形状的可穿戴设备，就能简单地往脑中上传财报、估值等基本概念并理解财报科目中的勾稽关系吗？

当时诚迅的课堂上还出现过几个令我至今记忆犹新的事情。一个是三峡集团的几位学员连续参加了诚迅的估值建模和并购估值建模培训后，运用学到的建模方法成功构建了并购葡萄牙电站的大型项目模型。

另一个是中海油曾有六个同事一同参加诚迅的并购估值建模培训，他们总是全班每个建模步骤完成最快最准确的学员。作为市场化程度很高的专业央企团队，在每一个海外并购项目中，公司领导都要求他们提前背靠背地自行构建模型，之后在和华尔街投行对模型时要能在关键的假设和不同点上进行深入讨论，而不是满足于让华尔街投行做完模型后我方人员再似懂非懂地沟通一下。

不同的 Excel 财务建模训练和在这方面的不同认识水平，可以直接导致在分析评判投融资项目过程中的不同质量或成败。在今天金融严监管的大环境中，在更加强调对国有资产保值增值责任的形势下，掌握 Excel 建模基本功显得更加重要和急迫。

4. 求其高，得其中

回想当年方风雷先生掌管中银国际时委托诚迅公司的许老师在清华大学、北京大学、复旦大学、上海交通大学等学校招来了我们这些财经类学院应届生，多年后大家相聚时经常感恩方总追求专业，把我们送到纽约高盛得到专业的培训，之后在做模型、写文件以及与客户打交道中严格要求我们向高盛的标准看齐，经过那些年的严格训练，多年后大家大都成为华尔街或合资投行以及专业PE的高管，带出的团队也深获客户赞赏。

我和当年的同事们聚会时经常会聊起，一个值得投资或需要融资的项目，无论是在中后期还是在早期，无论是需要巨额融资还是小额筹资，无论是让PE来投还是找VC来投，都有必要做出估值模型来进行分析。如果有些人强调项目数据不全或者数据不规范无法建模进行估值的话，那我的反应首先是现有的数据是否真实可靠，参与分析者是否因为不会建模而说建模没有用，更严重的是，他们是否愿意用专业认真的态度全身心投入地分析项目。因此，是否会用和是否愿意用Excel建模，既是水平问题，也是态度问题。

上面的分享有些严肃，但却是我多年积累的一些感悟，希望读者朋友们能够不断从诚迅的估值建模培训及编写的教材中学到实用的知识和技能，在金融投资行业不断发展进步。

谢方

2021 年 8 月

谢方先生现任鼎晖投资董事总经理，早年曾在中银国际投行部及诚迅金融培训公司工作。谢先生研究生毕业于上海交通大学安泰管理学院，本科毕业于上海交通大学电子工程学院。

本书简介

《估值建模》是实用投融资分析师考试"估值建模"科目的参考教材，全书分 8 章，阐述了估值建模的理论知识及实际应用。

第 1 章"价值的基本概念"从对价值理解的不同角度出发，介绍了一系列价值概念的区别与联系。然后重点介绍企业价值以及在估值中常用的价值等式。理解企业价值的含义和掌握价值等式是学习本章的关键，也是接下来学习估值理论和方法以及估值建模的基础。

第 2、3 章主要介绍绝对估值法和相对估值法两大类估值方法。该部分介绍了多种常用估值方法的原理、步骤及应用注意事项，掌握这些估值方法的原理和优缺点是学习本章的关键。

第 4 至 7 章逐步向读者展现了如何通过 Excel 模型对一家公司进行财务预测以及价值评估，是本教材的重点。该部分按照实际工作的顺序，分为"建模前期准备"、"财务预测模型"、"估值模型"及"建模后续工作"四章，既有对建模过程详细的文字讲解，又配以大量的 Excel 界面截图，以帮助读者真正掌握建模的操作要点，达到可以独立构建财务预测与估值模型的目的。

第 8 章讨论了"创业板估值"、"房地产公司估值"以及"金融机构估值"三个专题，便于读者了解在特别类型的公司或一些特别行业中估值建模的实际应用。

对于 Excel 运用较少、操作不熟练的读者，配套编写的《Excel 财务建模手册》可以帮助读者快速掌握 Excel 的有关操作方法。对于已掌握 Excel 基本操作方法，但想进一步追求规范建模的读者，本手册也可成为很好的提高工具。该手册由中国金融出版社出版发行。

为使读者更好地理解建模中所需要的财务、会计及税务知识，本书编写组配套编写了《会计、财务分析及税务》一文，读者可登录 www.aifaedu.com "备考"栏目下载。同时，

"财务报表分析"科目参考教材《财务报表分析》一书（共分3册）也已由中国金融出版社出版发行，估值建模中用到的相关财务知识在该书中进行了更全面、深入的梳理。

本教材由诚迅金融培训公司实用投融资分析师考试教材编写组编写，诚迅公司的专职投融资培训师赵溱先生和杨松涛先生担任本教材主编。现在或曾在诚迅公司工作的江涛、梁刚强、樊晶菁、费伟杰、崔小刚、陈文苑等同事参加了大量的编写工作。

诚迅金融培训公司将华尔街投行普遍使用的估值建模培训引进中国，本土化再造，并在举办上百期培训的基础上，2010年首先推出了实用投融资分析师考试体系之一的"估值建模"科目。为便于"估值建模"科目考生准备考试，本教材装订本最早于2010年3月编写完成，但未正式出版。参加考试的许多考生对本教材给予了很高的评价，市场上对本教材的需求也很迫切。为此，我们将此教材进行了修订，于2011年由中国金融出版社出版。本书出版后很受投融资领域从业人员欢迎，2018年再版发行，前后两版11次印刷。

在教材编写过程中，我们得到了多家中外金融机构专业人士的大力支持，谢方（鼎晖投资）、陈兴珠（一创摩根）、罗奕（乾源资本）、梁晓莉（麦格理银行）、罗莹（施罗德投资管理公司）、林小驰（中信证券）、尹奇（中信产业基金）、苗乐（中信产业基金）、郭金香（中信产业基金）、蒋荀（国泰君安）、李星幻（光大金控资产管理公司）、胡琼（合一投资）、董功文（金辉集团）、沙实（花旗集团）等专家对教材的编写、教材中有关知识的专业性和准确性以及这一考试在实际业务中的应用等方面提出了许多宝贵意见，在此谨表衷心谢意！由于编写组成员能力有限，教材中难免存在错误与不足，欢迎大家批评指正，编写组将不胜感激。可发送电子邮件至 peixun@chainshine.com 或致电（010）85864301。

诚迅金融培训公司
许国庆
2021年8月

许国庆先生1998年创办诚迅金融培训公司（www.chainshine.com），任董事长，将华尔街投行普遍使用的估值建模培训及美国商业银行常年使用的现金流测算与分析培训引进中国，现已举办数百期，组织开发了实用投融资分析师考试（www.aifaedu.com），成为许多金融投资机构招聘测评及技能考核的有效工具。许先生1993年至1997年在雷曼兄弟公司纽约及香港债券部工作4年，任副总裁，1986年至1991年在摩根大通北京代表处工作5年，任北京代表。

许先生1991年至1993年在哈佛商学院就读，获MBA学位；1986年毕业于北京大学经济学院，获经济学学士学位。

实用投融资分析师（AIFA）考试简介

实用投融资分析师（Applied Investment & Finance Analyst，AIFA）考试旨在提高投融资领域从业人员的实际分析与操作能力，通过定量与定性相结合的考试方式，高效、便捷的测评流程，帮助专业的金融投资机构进行招聘测评与技能考核。AIFA考试包括"估值建模"、"财务报表分析"、"公司信贷分析"、"固定收益"及"并购与股权投资"五科；目前"估值建模"考试已被中信产业基金、国开金融、国新风投、丝路基金、中金甲子、中信建投资本、华兴资本、厚朴资本、华夏基金、嘉实基金、中信证券、华泰联合、一创投行、工银国际等多家专业金融投资机构，当作考查应聘申请人投资、投行与行研分析等业务实操技能的招聘测评工具，或新员工和实习生培训后的考核内容；北大、清华、上海交大、复旦等著名院校财经专业学生自2010年以来已积极参与多年，已有上万人参加了考试。

近年来，为提升投融资业务专业技能及机构竞争力，有效防范投融资风险，降低管理层在选人用人中容易出现的责任风险，减少人为干扰因素，多家金融投资机构采用"估值建模"考试作为招聘与考核的专业测评工具，有效鉴别应聘者及从业人员实际操作技能，将股东资产、国有资产保值增值落到实处。

"估值建模"招聘测评考试简介

考试定位	投融资领域招聘测评的专业工具，有效提高从业人员实操技能
考试形式	估值建模考试分为两部分：估值基础知识、估值建模操作 90分钟"估值基础知识"为理论知识及计算类客观题，共50道单选及多选题，机考或在机构集中笔试 120分钟"估值建模操作"为建模操作类模型题，机考
考试地点	估值基础知识：Pearson VUE全球180个国家5000家考试中心，包括中国80个城市300家考试中心 估值建模操作：北京、上海、深圳、广州、纽约的指定考点

续表

约考网站与考试时间	估值基础知识：随报随考（一般提前 3~5 天报名），可在 Pearson VUE 网站 www.pearsonvue.com.cn/AIFA（中文）或 www.pearsonvue.com/aifa（英文）自行注册约考，在机构内的集中笔试可以提前 5~10 天约考 估值建模操作：在 www.aifaedu.com 考试栏目进行约考
考试语言	中文或英文
备　考	考试范围、复习参考资料、练习题及计算器型号（"估值基础知识"机考限用 5 种型号，在机构集中笔试不限型号）等备考信息，请登录 AIFA 官网（www.aifaedu.com）查询

注："财务报表分析"考试详情，请登录 www.aifaedu.com 查询。

考试开发机构简介

诚迅金融培训公司

诚迅金融培训公司（Chainshine Financial Training，www.chainshine.com）1998 年在北京成立，公司高管曾在华尔街投行及美国商业银行工作多年，公司致力于为中外金融机构提供以实操技能为特点的专业培训。诚迅公司在企业财务分析及财务模型构建方面具有丰富经验，曾参与多家企业融资、投资和财务顾问项目。诚迅公司的估值建模等培训强调学员动手建模操作，并根据学员人数配备现场辅导员。学员培训前会参加"估值基础知识"考试（线下机考或在机构集中笔试），进行摸底水平测试，借助考试为建模实操课预习储备必备的知识和公式；培训后会参加"估值建模操作"考试（机考），检验学习效果，借助考试促使学员认真听课，课上积极动手演练模型。

诚迅公司将华尔街投资银行普遍使用的估值建模培训及美国商业银行常年使用的现金流测算与分析培训引进中国，进行本土化再造。诚迅公司现已为中外金融投资机构、上市公司及清华大学、北京大学、复旦大学、上海交通大学等举办数百期培训，培训人数超万人，诚迅公司的培训已成为许多金融投资机构新员工入职培训的主要组成部分。同时，诚迅公司还多次举办财务报表分析、并购等培训。在此基础上，诚迅公司自 2010 年起开发并推出了实用投融资分析师（AIFA）"估值基础知识"等考试（官网：www.aifaedu.com）。

考试服务公司简介

Pearson VUE

自 1994 年成立以来，Pearson VUE 一直是计算机化考试行业的全球领先者，每年为金融、IT、医疗医护、学术等各个行业发送超过 1600 万门次认证和执照考试。这些考试的主办方包括但不限于美国管理专业研究生入学考试委员会（GMAT 考试主办方）、特许公认会计师公会（ACCA）、英国特许管理会计师公会（CIMA），美国医学院学会（MCAT 考试主办方）、微软、思科、甲骨文、IBM 等，以及中国的诚迅金融培训公司（AIFA"估值基础知识"考试主办方）、华为、百度、腾讯、阿里云（国际）等。

Pearson VUE 在全球 180 多个国家拥有超过 5000 家考试中心，考试中心网络覆盖广泛并同时提供在线及线下考试服务，是开发和发送高利害考试的全球领先者。通过与顶尖技术公司、政府和监管机构等客户的广泛合作，Pearson VUE 在测评行业一直保持市场领先地位。如需了解更多信息，敬请访问 PearsonVUE.com.cn。

Pearson VUE 通过在中国 80 多个城市的近 300 家考试中心，以及在全球的 5000 家考试中心，为考生提供实用投融资分析师（AIFA）"估值基础知识"等科目的中文、英文随报随考服务（一般提前 3~5 天报名），为中外金融投资机构全球及国内各城市的招聘及员工考核，提供有效的考试平台，为有志于进入金融投资市场或在市场中不断提升的人才，提供应聘竞岗的便捷测评渠道。

目录

第 1 章 价值的基本概念

1.1 关于价值的一些概念 ……………………………………………………………… 1
1.2 企业价值 …………………………………………………………………………… 5

第 2 章 绝对估值法

2.1 绝对估值法概述 …………………………………………………………………… 12
2.2 红利折现模型 ……………………………………………………………………… 16
2.3 股权自由现金流折现模型 ………………………………………………………… 24
2.4 无杠杆自由现金流折现模型 ……………………………………………………… 28
2.5 净资产价值法 ……………………………………………………………………… 36
2.6 经济增加值折现法 ………………………………………………………………… 39
2.7 调整现值法 ………………………………………………………………………… 42
2.8 绝对估值法的扩展与总结 ………………………………………………………… 44

第 3 章 相对估值法及其他估值方法

3.1 相对估值法概述 …………………………………………………………………… 50
3.2 股票价格倍数法 …………………………………………………………………… 52
3.3 企业价值倍数法 …………………………………………………………………… 60
3.4 一些特殊的可比指标 ……………………………………………………………… 64
3.5 相对估值法总结 …………………………………………………………………… 66
3.6 其他估值法 ………………………………………………………………………… 68
3.7 估值方法选择 ……………………………………………………………………… 69

第 4 章 建模前期准备

4.1 建模前的思考 ……………………………………………………………………… 72

4.2 历史数据的来源及整理 …… 77
4.3 假设数据来源 …… 93

第 5 章　财务预测模型

5.1 财务预测模型的结构 …… 97
5.2 财务预测的步骤 …… 102
5.3 利润表预测 …… 102
5.4 资产负债表预测 …… 123
5.5 现金流量表预测与模型配平 …… 155
5.6 资产负债表预测扩展 …… 167
5.7 财务结果分析 …… 170
5.8 情景分析 …… 172
5.9 财务预测模型总结 …… 176

第 6 章　估值模型

6.1 折现现金流估值模型 …… 178
6.2 可比公司法 …… 205
6.3 综合价值评估 …… 220

第 7 章　建模后续工作

7.1 模型检查 …… 222
7.2 好模型的标准 …… 226
7.3 管理层讨论、同业交流和与专家交流 …… 234
7.4 模型的更新与调整 …… 235
7.5 模型的适用性和局限性 …… 236

第 8 章　估值专题

8.1 创业板估值 …… 238
8.2 房地产公司估值 …… 243
8.3 金融机构估值 …… 249

附录　中英文财经词汇对照表 …… 256
参考文献 …… 259

第1章 价值的基本概念

本章从对价值理解的不同角度出发，通过介绍价格、市场价值、账面价值、持续经营价值、清算价值、非控股权价值与控股权价值等一系列价值相关概念的区别与联系，帮助读者厘清这些常见但又容易混淆的概念，然后重点介绍了企业价值，包括企业价值的含义、企业价值和股权价值的关系等式以及在估值中使用价值等式的注意事项。理解企业价值的含义和掌握价值等式是学习本章的关键，也是接下来学习估值理论和方法以及估值建模的基础。

1.1 关于价值的一些概念

1.1.1 价值与价格

在日常生活中，我们常常会感慨某件物品买贵了，或者买便宜了。实际上，我们不自觉地就在比较价值（Value）与价格（Price）的概念。价值是事物的内在属性，是从长期来看合理的价格，而价格则是在某次交易当中被交易双方认可的价值的外在表现形式。当某件物品的价格高于价值时，我们就会感到它很贵，相反，当某件物品的价格低于价值时，我们就会感到它很便宜，"物超所值"。那么，价值和价格的关系到底如何呢？

1. 价格不能完全代表价值

价格有时等于价值，但更多情况下，价格是偏离价值的。

首先，受供需的影响，价格总是在变动的。同一公司同样的资产在不同时间、不同地点会有不同的标价，而且其成交价格也会经常变动。我们往往不知道哪一个价格才是该资产真实的内在价值。

其次，交易双方往往存在着信息不对称，双方对于资产价值的预期也会有很大差距，而价格的形成只是市场中报价最高的买方和承受价最低的卖方双方认可的价格，所以他们所达成的价格不一定是资产的内在价值。比如，上市公司的股价未必就代表其价值，因为大部分持有公司股份的股东并没有参与日常交易，股票交易有时也不活跃，因此在股票市场形成的价格也只是少部分新、老股东认可的价值，并不一定是该公司真实的股权价值。

最后，对于某些资产而言，可能尚未形成一个完善的交易市场，如果该资产未被出售，就得不到其价格，但我们不能说该资产没有价值。就如非上市公司或者公司的一个部门，由于没有在市场上出售，其价格也就不得而知。

也正是由于上面这些原因，标出一个公司的价格相对容易，但评估其价值却很难。

 价格是价值的外在反映，但受到多种因素的影响，并不一定完全等于价值。本书中估值建模的重点在于评估公司股权的内含价值。内含价值可以作为定价的重要参考，但不必然等于交易价格。

2. 价格是价值的重要参考

尽管价格并不总是等于资产内在的价值，但也不会长期相对于其价值有较大的偏离。因此，在估算价值时，价格往往被作为重要的依据。对于那些存在活跃交易市场的资产，我们常常用价格来估算其价值，比如，对于股权的价值，我们经常使用股票价格乘以股数得到的价值作为参考。不仅如此，当某项资产还没有形成交易市场和价格时，我们可以在活跃市场中寻找可比资产，以该可比资产的价格作为起点来评估目标资产的价值。

在以价格为依据计算价值时，应注意以下几个问题：

（1）该价格应是在活跃的交易市场中形成的；

（2）应选择一个合理的价格作为依据，有时可能需要使用一段时间内的平均价格而不是某一时点的价格。

1.1.2　市场价值与账面价值

在衡量价值的时候，我们会遇到两个概念：**市场价值**（Market Value）和**账面价值**（Book Value）。市场价值是指在公平的交易中，熟悉情况的双方自愿进行资产交换或债务清偿的金额。账面价值通俗点说就是我们记在账上的数值，也就是资产、负债和所有者权益在会计计量时的价值。

大家也许会问：那究竟该用哪个价值来衡量呢？如果资产没有交易，是不是就得不到它的市场价值了？既然账面价值那么方便获得，能不能使用账面价值呢？

其实，账面价值与市场价值是从不同的角度看价值的。我们知道会计报表是以历史成交价格为基础的。比如，2002年某公司用1亿元的价格购入了某厂房，该价格客观地反映了该厂房的价值，会计师就将它按1亿元记入了账簿。但到2011年，该厂房已大为增值，如果我们用账面价值作为其价值，就会造成严重的低估。

在大部分时候，账面价值与市场价值在数额上有很大差异。

【例】我们在某公司2010年12月31日的资产负债表中看到，股东权益的账面价值为28.9亿元。而该公司股票在这一天的收盘价为20.79元/股，已发行总股数为5.65亿股，该公司股权的价格就约为117亿元，我们以此时的价格作为该公司股权市场价值的标准，其市场价值就约为117亿元，是其账面价值的4倍多。通过这个例子就可以看到账面价值和市场价值的差距可能是非常大的。

账面价值反映的是公司历史运营的情况，财务报表上的每一个数字都是公司过去成长的真实写照。但在资本市场上，从投资的角度出发，投资者看的是某项交易在未来所能带来的收入或者是某家公司未来能带来的价值。因为历史已经是过去时，历史成本也已经是沉没成本，无论历史成本高低与否、公司经营状况如何，公司管理者已无法改变，只能依靠更明智的决策和更合理的运营方式使公司在未来取得更好的经营业绩，所以能给投资者带来回报的只有未来的收益，与历史成本无关。因此，投资决策者没有办法仅仅通过公司的账面价值就作出一些正确的决策，而需要重新科学地估计其市场价值，只有在其他方法无法获得恰当的市场价值时才将账面价值作为质量不高的替代品。

1.1.3 持续经营价值与清算价值

持续经营价值（Going-concern Value）和**清算价值**（Liquidation Value）都是市场价值的概念，区别在于公司目前的经营状态，是持续经营，还是准备停业清算。基于这种分类方法，公司能够给所有者提供价值的方式有两种：一种是由持续经营所产生的未来现金流量的现值，称为持续经营价值；另一种是当期停止经营、将经营资产出售产生的现金流，称为清算价值。

在这两种情况下，需要采用不同的评估方法，评估结果自然也有着明显的区别。我们必须明确想要评估的公司是一个持续经营的公司还是一个准备清算的公司，评估的价值是其持续经营价值还是其清算价值。当然在大多数情况下，需要评估的是公司的持续经营价值。

公司持续经营的基本条件，是其持续经营价值超过清算价值。一般来说，当未来现金流的现值大于清算价值时，投资人会选择持续经营。如果现金流量下降，或者资本成本提高，使得未来现金流量现值低于清算价值，那么理性投资人就会选择清算。当然，控制公司的人也有可能拒绝清算，使公司得以持续经营，但这就摧毁了股东本来可以通过清算得到的价值。一个公司的公平市场价值，应当是持续经营价值与清算价值中较高的一个，如图 1-1 所示。

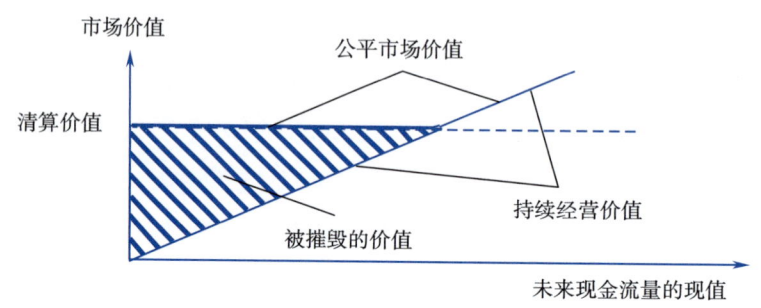

图 1-1 持续经营价值与清算价值

1.1.4 非控股股权价值与控股股权价值

股权价值（Equity Value）是指公司股东所拥有的价值，衡量的也是市场价值。买入公司的少部分股权和买入公司的控股权，是完全不同的概念。买入公司的少部分股权，是因为承认公司现有的管理和经营战略，认为能够为自己带来收益。在这个过程中，买入者只是一个旁观者，不具有对公司的控制权。而买入公司的控股权，投资者就有了改变公司生产经营方式的权力，可以通过自己的行为来改变公司的价值，也就是说投资者不仅取得了未来现金流量的索取权，而且同时获得了掌控公司经营的权力。

正是由于非控股权和控股权的这些差异，通常认为同一公司的股票是在两个分割开来的市场上交易的。一个是非控股权市场，它交易的是少部分股权代表的未来现金流量；另一个是控股权市场，它交易的是公司控股权代表的未来现金流量。在两个不同市场中交易的，实际上是不同的资产。

我们能够看到的、在股票市场上交易的只是少部分股票，大多数股票并没有参加交易。真正掌握控股权的股东，是很少参加日常交易的。所以我们能够在市场上看到的股价，通常只是少部分已经交易的股票价格，它们衡量的只是部分非控股股权的价值。当进行收购交易时，我们就可以明显地看出非控股股权与控股股权的价值差异。一旦有控股股权参加交易，股价往往会有明显的溢价。在评估公司的股权价值时，必须明确想要评估的对象是非控股股权价值还是控股股权价值。

【例】在2008年招商银行（600036.SH，03968.HK）并购香港永隆银行的交易中，招商银行以现金方式收购，对永隆银行每股支付价格为156.50港元。相比于永隆银行在收购交易公告前最后一个交易日的收盘价147.40港元/股，招商银行支付的溢价为9.10港元/股，溢价率为6.17%。

1.1.5 融资前价值与融资后价值

在为公司进行大规模股权融资时，通常需要估计公司的股权价值，此时需要考虑的一个问题是，我们所估计出的价值，是融资前（pre – money）的价值，还是融资后（post – money）的价值。两种价值的区别在于是否考虑了融资对于价值的影响。

【例】某高科技公司准备从一家投资公司获取一笔2 000万元的股权融资，已知该高科技公司的股权估值为1亿元，投资公司此前没有持股该公司。试计算股权融资后，该投资公司在该高科技公司的持股比例。

此时需要知道，高科技公司1亿元的股权估值是融资前的还是融资后的。

如果是融资前价值，则股权融资后该公司的股权价值 = 1 + 0.2 = 1.2（亿元），投资公司持股 = 0.2/1.2 ≈ 16.7%

如果是融资后价值，则股权融资后该公司的股权价值为1亿元，投资公司持股 = 0.2/1 = 20%

投资银行在筹备公司的IPO，或者私募股权基金准备入股一家公司时，都需要考虑公司融资后的股权状况，以分析出股权变化以后，股权投资者的持股情况。

1.2 企业价值

企业价值（Enterprise Value，EV，有时也被称为Firm Value或Aggregate Value），是指公司所有出资人（包括股东、债权人）共同拥有的公司运营所产生的价值，既包括前面提到的股权价值，也包括债权的价值。

在企业价值和股权价值之间，存在一个价值等式，这与资产负债表中的会计等式"资产 = 负债 + 所有者权益"形式很相近，但内涵有所不同。会计等式是账面值的概念，更强调该科目的历史成本，而价值等式是市场价值的概念，着眼于资产未来创造价值的能力。我们需要很好地理解、掌握这个价值等式，因为本书后面的很多章节，比如，无杠杆自由现金流折现模型等，都是在理解企业价值的基础上进行的。

1.2.1 价值等式的简单形式

简单的价值等式可以写为：

$$企业价值 = 净债务 + 股权价值$$

其中，净债务是指融资性债务与现金的差额，即

$$净债务 = 债务 - 现金$$

所以简单的价值等式也可以写为：

$$企业价值 + 现金 = 股权价值 + 债务$$

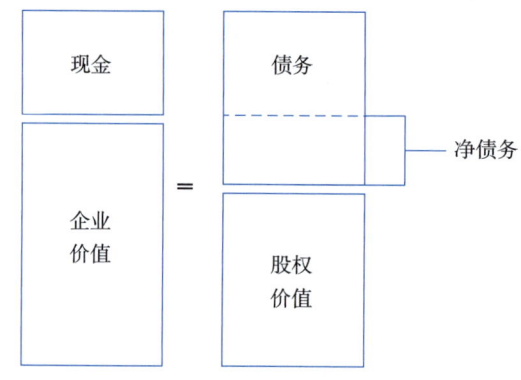

图 1-2 价值等式简单形式

这个价值恒等式中的所有科目都是基于市场价值而言的。注意这里的"债务"与资产负债表中的负债不同，这里的债务只包括具有付息义务的融资性负债，如短期借款、长期借款、应付债券等，这些负债都要求借款人按照一定的时限、方式还款并支付利息。而没有付息义务的经营性负债，如应付账款、应付票据等，则不包括在债务中，因为经营性负债通常是不用向债权人支付利息的，即使付息，债权方也不是以获得利息为目的，所以不构成债务。

 企业价值等式中的所有项目都应以市场价值衡量。价值等式中的"债务"只包括融资性负债。

这里的"现金"是指没有投入到公司运营中的多余的现金及其等价物，即从货币资金总额中扣除用于维持日常经营所需要的现金后剩下的余额。在一般情况下，对多余现金的处理我们往往采用比较简单的形式：用所有账上的货币资金代替。这样做的原因：一是通常一家公司的资产负债表中只有一个现金项，我们不能够从资产负债表中了解到多余的现

金是多少;二是虽然我们可以通过了解公司日常运行的规律估计出公司每天参与运营的现金的数量,并以此计算出多余现金,但是这种估计往往带有很强的主观性;三是在我国,很多公司习惯于将长期闲置不用的资金存在银行,对于这些公司,多余现金基本上等于所有的现金;四是相比于企业价值,所需现金往往很少,因此对多余现金进行近似的处理不会对企业价值的估计造成很大影响。

在了解债务和现金的含义后,让我们通过一个例子来进一步理解企业价值和股权价值的关系:

【例】假设某公司的企业价值(EV)为15亿元,另外其账上还有1亿元的现金,该公司融资性负债的价值为6亿元,经营性负债的价值为4亿元。请计算该公司的净债务和股权价值。

该公司的净债务 = 融资性负债的价值 - 现金 = 6 - 1 = 5(亿元)

该公司的股权价值 = 企业价值(EV) - 净债务 = 15 - 5 = 10(亿元)

需要注意的是,在价值等式的简单形式中,我们没有对公司的资产进行分类,其实这是一个不太严谨的定义。与主营业务不相关的资产在我们估值时需要区别对待。同时,有的公司除了债权人和股东外,还有其他资本投入者。因此,简单形式的价值等式隐含的假设是公司所有的资产都是主营业务相关的核心资产,没有非核心资产,并且仅有债务和股权两种资本。

下面,我们对价值等式做进一步的探讨。

1.2.2 价值等式的一般形式

从上面的讨论可以看出,简单形式的价值等式对于有着非核心资产的公司而言就不适用了。在实际的价值评估中,我国许多公司都是有非核心资产的,因此就需要我们对企业价值进行更为严格的定义:"**企业价值是指公司拥有的核心资产运营所产生的价值。**"核心资产对应的是主营业务,主营业务的价值即体现为企业价值;非核心资产对应的是非主营业务,比如,公司的交易性金融资产或者投资性房地产,其价值不应包含在企业价值当中。

 企业价值仅指公司核心资产所创造的价值,而不包括非核心资产的价值。

但核心资产与非核心资产的划分并不是绝对的,必须依据具体公司的情况具体分析。对于制造业公司而言,如果购买了房地产,不将其用于生产经营而仅作为投资,则该房地产就属于非核心资产;对于房地产公司而言,其购买的房地产就属于核心资产。同样地,对于非金融机构而言，在股票市场买卖其他公司的股票，这些交易性的金融资产就属于该公司的非核心资产；对于金融机构而言，尤其是保险公司对其保费收入进行投资管理时，在股票市场买入的其他公司的股票或者债券可能是其最主要的核心资产。

区分公司的核心资产与非核心资产，主要基于以下原因：其一，公司核心资产的运营（主营业务）是相对稳定的，其收入具有可预测性，而非核心资产（比如交易性金融资产）的规模相对不稳定，能够给公司带来的收益也有很强的不确定性，很难预测。其二，站在投资者的角度看，投资者要投资一个公司，是因为他们认为该公司在其主营业务方面有经验，做得专业、做得好，能够带来较好的回报。如果公司拿投资者的钱去投资交易性金融资产，那么投资者还不如直接把钱交给专业的投资机构打理，比如购买基金等。因此，我们看一个公司，看中的是该公司主营业务未来发展能够带来多少回报，即企业价值。而非核心资产不是我们评估的主要目标，其对应的价值不包含在企业价值中。

关于股权价值，在实际公司中，我们看到很多上市公司的合并财务报表中都有少数股东权益这一项。当母公司拥有子公司的投票权超过50%，不足100%时，母公司需要编制合并财务报表，此时子公司中不属于母公司的权益部分在母公司的合并资产负债表中即列为"少数股东权益"（简称少数股权）。对于有少数股东权益的公司，我们评估的股权价值只是属于母公司股东的股权价值。所以股权价值一般可以分为：股权价值 = 少数股权价值 + 归属于母公司股东的股权价值。在本书中，如无特殊说明，股权价值是指归属于母公司股东的股权价值。

所以，在价值评估中，价值的一般等式为：

企业价值 + 非核心资产价值 + 现金 = 债务 + 少数股权价值 + 归属于母公司股东的股权价值

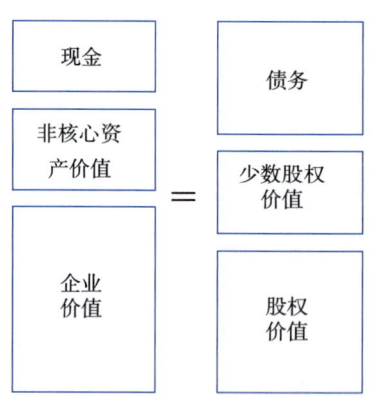

图1-3 价值等式一般形式

在实际的价值评估中，我们会经常使用这个价值等式在企业价值和股权价值之间进行转换。比如，我们想评估一个未上市公司的股权价值，那么我们可以首先使用某些估值方法（下面两章将要讲到的绝对估值法和相对估值法）评估出该公司的企业价值，然后利用上面的价值等式"从左到右"推出该公司的股权价值。而对于上市公司，我们既可以"从左到右"计算出公司属于母公司股东的股权价值，进而算出内含股价，判断该公司的股票是否低估或高估，也可以"从右到左"由公司的股权价值（公司的股票价格×已发行普通股股数）推出公司的企业价值。

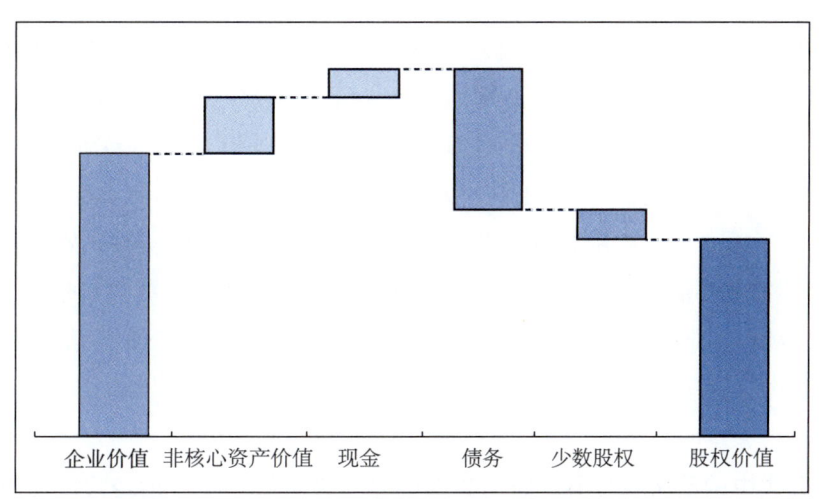

图1-4　企业价值与股权价值

【例】2004年，在竞标收购徐工机械（000425.SZ）时，某美资投行由徐工机械的企业价值估算其股权价值：徐工机械企业价值29.31亿元，加上非核心资产价值8.55亿元（主要指长期股权投资，包括其含有的徐工科技股份价值6.05亿元加上其合资公司股权价值2.5亿元），再减去净债务1.7亿元，可知徐工机械100%股权价值为36.16亿元。即

徐工机械的股权价值 = 企业价值 + 非核心资产 − 净债务
$$= 29.31 + (6.05 + 2.5) - 1.7 = 36.16（亿元）$$

除了一般的融资方式外，某些公司可能会发行一些带有选择权的资本工具，比如可转换债券、认股权证等。这些资本工具的持有人也要参与分享企业价值，在"从左到右"计算归属于母公司股东的股权价值时，不要忘记减去右边的可转换债券和认股权证的价值。这些金融工具的价值有相应的计算方法，比如可以用布莱克—斯科尔斯期权定价模型（Black—Scholes Option Pricing Model）、二叉树模型对它们进行估值。

此时，企业价值与股权价值的价值等式为：

企业价值 + 非核心资产价值 + 现金 = 短期债务 + 长期债务 + 可转换债券 + 期权
　　　　　　　　　　　　　　　　 + 少数股权价值 + 归属于母公司股东的股权价值

1.2.3 使用价值等式时需注意的事项

1. 价值等式中的所有项目均为其对应的市场价值

如果某些科目没有对应的市场价值，则需要运用相应的估值方法对其估值。比如，A 公司有一笔不小的与主营业务无关的长期股权投资，被投资的 B 公司是非上市公司，股权没有公开市场价格。那么我们首先需要对 B 公司的股权进行估值，然后乘以 A 公司拥有的 B 公司的股份比例以得出 A 公司长期股权投资的市场价值。

对于债务而言，我们往往用债务的账面价值代替市场价值。这样做的主要原因是，正常运营的公司，其债务的账面价值一般与其市场价值差别不大。但在特殊情况下，债务的账面价值和市场价值可能差别很大（比如某家公司濒临破产而其债务价值已被大打折扣），此时则应尽量使用债务的市场价值。

2. 牢记价值等式中的债务仅指具有付息义务的融资性负债，不包括经营性负债

这里的融资性负债一般有两个来源：一类是公司从银行等金融机构取得的、尚未偿还的贷款；另一类是公司所发行的债券，如短期融资券、中期票据、企业债、公司债等。这两类债务都有一个特点，就是债权人将资金投入到公司的目的是获得利息收入，即资本的增值。所以，带有付息义务是融资性债务的重要标志之一。而那些产生于采购、生产、销售过程的应付款、预收款等经营性负债，由于其债权人获得该债权的目的主要不是获得利息收入，而是进行其自身的产品销售或消费，所以通常不带有付息义务。当然，是否带有付息义务并不是绝对的判断标准，因为有时经营活动中的应付款项也可能由于时间较长或金额较大而需要支付利息，所以最终的判断标准还是其将资金投入到公司中的目的。

3. 对进行多元化业务的公司进行价值评估时的处理

实践中，某些大的公司往往会进行多元化业务的经营。对这类公司进行估值时，一般是将不同业务模块单独拎出来进行估值，然后将所有业务的价值加总（这种方法又称为 Sum of Parts）。通常我们还需要给一个适当的折扣，因为通常一家公司很难在不同业务上都能够做得同样出色。比如，一家既生产铜又生产铝的公司，生产铜和铝的工艺技术并不一样，我们投资该公司的股票，还不如构造这样一个投资组合：投资一家做得很好的专门生产铜的公司和一家很好的专门生产铝的公司的股票。换句话说，投资者不需要公司代他们进行分散投资。这个例子很好地印证了资本市场中的一句话：公司的业务越单一，市场给予的溢价水平就越高。

4. 企业价值和股权价值对应的指标

由于价值评估的方法不同，在评估中有些方法直接得出的是股权价值，而有些评估方法直接得出的是企业价值。此时，我们必须注意评估方法应遵循一致性原则。

比如，与息税折旧摊销前利润（Earnings Before Interest、Taxes、Depreciation and Amortization，EBITDA）、息税前利润（Earnings Before Interest and Taxes，EBIT）对应的是企业价值，因为这部分价值是所有出资人所共有的；而净利润就只归股权投资者所拥有，因为已经扣除了支付给债权人的利息和给政府的税收，所以净利润对应的价值为股权价值。

除此之外，息前税后利润（Earnings Before Interest After Taxes，EBIAT）、无杠杆自由现金流以及一些运营指标（比如零售行业的销售面积、能源行业的储量等）对应的也是企业价值，而净资产、红利、股权自由现金流对应的则是股权价值。

CHAPTER 2 第2章 绝对估值法

在上一章中我们介绍了企业价值与股权价值的概念，接下来我们将继续介绍如何估算这些价值。对于持续经营的公司，常用的估值方法主要包括绝对估值法和相对估值法两大类，本章介绍绝对估值法，下一章介绍相对估值法及其他估值法。

绝对估值法的主要方法有无杠杆自由现金流折现模型和红利折现模型。除此之外，本章还向大家介绍了股权自由现金流折现模型、净资产价值法、经济增加值折现法和调整现值法。

本章2.1节为绝对估值法概述，主要介绍绝对估值法的基本原理，2.2节至2.7节分别介绍上述绝对估值方法，2.8节为绝对估值法的扩展与总结，主要介绍绝对估值法在实际应用中的处理以及绝对估值法的优缺点。

为了帮助读者更快速地理解和掌握绝对估值法，本章2.2节至2.7节介绍常见估值方法的时候，假设公司专注于主营业务，没有非核心资产及与之相关的损益，这样在应用第1章所介绍的价值等式推导股权价值或企业价值时，就可以简化等式，不用考虑非核心资产的影响。但是在实际中，公司往往会有一些与主营业务无关的资产（非核心资产），本章2.8节将会介绍运用绝对估值法时如何处理这些问题。

2.1 绝对估值法概述

2.1.1 绝对估值法的基本原理

绝对估值法的应用非常广泛，可以用来计算企业价值、股权价值、资产价值等。绝对估值法的理论基础在于：它假设价值来源于未来流入的现金流，将这一笔笔的现金流分别以一定比率折回到现在，再进行加总就得到了相应价值。如果这些现金流是属于所有出资人的，折现加总得到的就是企业价值，如果这些现金流只是属于股权出资人的，折现加总得到的就是股权价值。

这里需要注意两点：第一，这个现金流入只能是未来的，不管这家公司在历史上产生过多少利润，或者其资产形成时耗费了多少成本，都与这家公司股权现在的价值没有直接关系；第二，既然是未来的现金流入，所以这个现金流入是不确定的，是包含了不确定性或风险的。此外，未来的确定的1元现金流的价值和现在的确定的1元现金流的价值也是不一样的。所以需要用一个折现率来综合反映这种风险成本和时间成本。

 将估值时点之后的未来现金流以合适的折现率进行折现，加总得到相应的价值，是绝对估值法的基本原理。

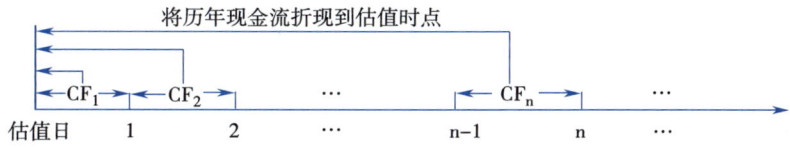

图 2-1 绝对估值法原理

绝对估值法原理下，价值的计算公式为：

$$V = \sum_{t=1}^{\infty} \frac{CF_t}{(1+r_t)^t}$$

其中，V 为总价值；t 为时期；CF_t 为第 t 期的现金流；r_t 为能够反映当期现金流不确定性的折现率。

在实际应用中通常用一个折现率代表所有时期的折现率。如果在可预见的未来该现金流的风险水平不会出现巨大变化，那么这种简化就是比较合理的。所以，上式可以简化为：

$$V = \sum_{t=1}^{\infty} \frac{CF_t}{(1+r)^t}$$

其中，V 为总价值；t 为时期；CF_t 为第 t 期的现金流；r 为未来所有时期的平均折现率。

2.1.2 绝对估值法的一般形式

在使用折现现金流法对公司进行价值评估时（无论是企业价值或是股权价值），一般都要预测所分析公司未来几年的财务状况，从而尽量准确地估算出每一年的现金流，但是预测的时间越长，对于其假设的把握性就越低。所以，在实际使用时都会设定一个预测期，在预测期内详细地预测公司各方面的财务状况。对于在预测期之后公司运行产生的价值，也就是终值，可以采用不同的方法进行估算。

两阶段模型是绝对估值法中较为常见的类型，它把时间分成两个阶段。第一阶段称为详细预测期，此期间通过对公司收入与成本、资产与负债等项目的详细预测，得出每一时间段的现金流。第二阶段称为终值期，这段期间的现金流在详细预测期最后一年的价值称为终值（Terminal Value，TV）。

图 2-2 详细预测期与终值期

于是，在两阶段模型中，价值的计算公式为

$$V = \sum_{t=1}^{n} \frac{CF_t}{(1+r)^t} + \frac{TV}{(1+r)^n}$$

其中，V 为总价值；CF_t 为第 t 期的现金流；r 为未来所有现金流的平均折现率；n 为预测期期数；TV 为终值。

上述公式只是一个比较通用的示例，在实际预测中，预测期期数可以不是整数，终值折现年份也可能不等于预测期期数。我们在后面会进一步介绍。

从上面的分析不难看出，在使用绝对估值法时，有四个要素需要提前确定：（1）预测期；（2）预测期内每期的现金流；（3）终值；（4）折现率。一旦确定了这四个要素，就可以通过计算，将预测期内每期的现金流和终值用相应的折现率折现，加总之后便得到相应的价值。

【例】假设某公司的未来现金流和终值如下表所示，现金流在每年年末产生，其适用的折现率为 9.3%。

时间（年）	1	2	3	4	5	6	7	8	9	10
现金流（百万元）	180	200	224	264	317	391	425	445	460	472
终值（百万元）										6 274

这里，预测期为 10 年，第 10 年底的终值为 6 274 百万元，我们可以使用两阶段模型计算该公司的价值：

$$V = \sum_{t=1}^{10} \frac{CF_t}{1.093^t} + \frac{TV}{1.093^{10}} = 1\,968.3 + 2\,578.4 = 4\,546.7 (百万元)$$

预测期内每期的现金流都是通过详尽的财务预测模型得到的,每期的折现率也应当与现金流相对应。对于终值的估计,通常来说有两种方法:一种是 Gordon 永续增长模型;另一种是终值倍数法。下面对这两种终值估计方法进行介绍。

1. Gordon 永续增长模型

Gordon 永续增长模型的原理是:假设公司在详细预测期之后,现金流以一个稳定的增长率(Perpetual Growth Rate)永续增长,将终值期所有现金流折现到详细预测期最后一年并加总,即可得到终值价值。

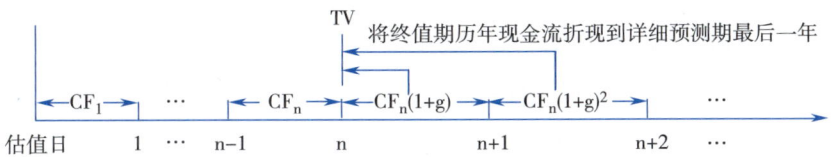

图 2-3　Gordon 永续增长模型原理

假设预测期共有 n 期,预测期最后一期现金流为 CF_n,永续增长率为 g,折现率为 r,则有:

$$TV = \frac{CF_n \times (1+g)}{1+r} + \frac{CF_n \times (1+g)^2}{(1+r)^2} + \frac{CF_n \times (1+g)^3}{(1+r)^3} + \cdots$$

一般情况下,永续增长率 g 小于 r,此时上面的求和序列就无限趋近于一个确定的有限值。通过等比数列求和公式可以计算出终值:

$$TV = \frac{CF_n \times (1+g)}{r-g}$$

此时,

$$V = \sum_{t=1}^{n} \frac{CF_t}{(1+r)^t} + \frac{CF_n \times (1+g)}{(r-g)(1+r)^n}$$

2. 终值倍数法

终值倍数法的原理是:假设在详细预测期最后一期的期末将公司出售,出售时的价格即为终值,常用详细预测期最后一期的某一业绩指标的倍数来估算终值,即

TV = 详细预测期最后一期的某一指标 × 该指标倍数

用终值倍数法估算终值实际上使用的是相对估值法,在运用时的主要工作就是估计一个合适的倍数。

如果是用红利折现或者股权自由现金流折现,则可用市盈率、市净率等估算终值。

如果是用无杠杆自由现金流折现,通常是将最后一年的营业利润或 EBIT 或 EBITDA 乘以适当的倍数，估算其终值。

$$V = \sum_{t=1}^{n} \frac{CF_t}{(1+r)^t} + \frac{指标_n \times 该指标对应的退出倍数}{(1+r)^n}$$

需要注意的是，选定的倍数应能恰当反映公司售出时的增长潜力。在终值期，公司的增长率很可能低于详细预测期，因此终值倍数很可能比当前的倍数低。

2.1.3 使用绝对估值法的步骤

使用绝对估值法计算股权价值时，一般包括六个步骤：

第一步，选择适用的绝对估值法。虽然从理论上讲，在相同的假设下各种绝对估值法应该得到相同的结果。但在实际应用中，由于参数选取的主观性等原因，不同的方法会得到不完全相同的结果。并且不同类型的公司适用不同的估值法（不同估值法的适用性我们会在后面讨论），因此，首先要选择合适的估值方法。

第二步，确定预测期，计算预测期内的现金流。不同的估值模型使用的现金流不同，比如红利折现模型使用的现金流是红利，股权自由现金流折现模型使用的现金流是股权自由现金流，而无杠杆自由现金流折现模型使用的是无杠杆自由现金流。

第三步，计算折现率。折现率的选择取决于使用的现金流的种类，二者要相匹配，这是使用折现现金流法最重要的一个原则。比如对红利和股权自由现金流折现使用的折现率为股权资本成本，而对无杠杆自由现金流折现使用的折现率为加权平均资本成本（Weighted Average Cost of Capital，WACC）。

第四步，计算预测期后的价值，也就是终值。

第五步，对预测期现金流及终值进行折现，加总得到未来所有期间的价值。

第六步，若折现现金流对应的不是股权价值，需要调整至股权价值。比如无杠杆自由现金流折现模型中现金流折现得到的是企业价值，需利用价值等式推出股权价值。

接下来的六节将详细介绍常用的六种绝对估值法。

2.2 红利折现模型

2.2.1 模型的一般形式

投资者购买股票，通常预期获得两种现金流：一种是持有股票期间的现金分红，另一种是持有期末卖出时的预期价格。二者的现值之和决定了目前该股票的市场价值。

所以，红利折现模型（Discounted Dividend Model，DDM）的一般形式为：

$$P_0 = \sum_{t=1}^{n} \frac{DPS_t}{(1+r)^t} + \frac{P_n}{(1+r)^n}$$

其中，P_0 为股票当前的价值；DPS_t 为第 t 期的每股现金红利；n 为详细预测期期数；r 为与红利相匹配的折现率，即股权要求回报率；P_n 为持有期末卖出股票时的预期价格。

持有期末卖出股票的预期价格也就是股票在预测期期末的价值，对于 P_n 的处理，如 2.1 节所述，主要有两种方法：Gordon 永续增长模型和终值倍数法。

2.2.2 终值的估计

1. Gordon 永续增长模型

Gordon 永续增长模型的假设是：公司的净利润按照稳定的增长率（g）永续增长，而公司的分红政策即红利分配比率（Payout Ratio，PO，也称分红比率，即红利/净利润，表示当年分配的红利占总净利润的比例）和留存比率（留存比率 = 1 - 红利分配率）也将保持稳定，那么红利在第 n 年后也将按照稳定的增长率 g 永续增长，这个模型也叫"稳定红利增长模型"。此时，

$$P_n = \frac{DPS_n \times (1+g)}{r-g}$$

$$P_0 = \sum_{t=1}^{n} \frac{DPS_t}{(1+r)^t} + \frac{DPS_n \times (1+g)}{(r-g) \times (1+r)^n}$$

【例】假设某公司未来 10 年每股发放的现金红利如下表所示，第 10 年后每年发放的红利以 2.5% 的增长率永续增长，股权要求回报率为 9.5%。该公司的分红发生在每年年末，请使用红利折现模型计算目前该公司股票的价值。

时间（年）	1	2	3	4	5	6	7	8	9	10
每股发放红利(元)	0.23	0.29	0.35	0.40	0.45	0.49	0.52	0.55	0.57	0.59

使用 Gordon 永续增长模型估算该公司股票在第 10 年年末价值：

$$P_{10} = \frac{DPS_{10} \times (1+g)}{r-g} = \frac{0.59 \times (1+2.5\%)}{9.5\% - 2.5\%} = 8.64 \text{（元／股）}$$

目前该公司股票的价值为：

$$P_0 = \sum_{t=1}^{10} \frac{DPS_t}{(1+9.5\%)^t} + \frac{8.64}{(1+9.5\%)^{10}} = 2.60 + 3.49 = 6.09 \text{（元／股）}$$

2. 终值倍数法

在终值倍数法下,需要对详细预测期期末的相关倍数进行预测。以 P/E 倍数(市盈率,表示每股市价和每股收益的比例,即 Price Per Share/Earnings Per Share)为例,假设详细预测期最后一年的该股票的市盈率为 PE_n,预测期最后一年的每股盈利为 EPS_n,那么

$$P_n = EPS_n \times PE_n$$

$$P_0 = \sum_{t=1}^{n} \frac{DPS_t}{(1+r)^t} + \frac{EPS_n \times PE_n}{(1+r)^n}$$

需要注意的是,市盈率是指净利润的倍数,所以不能用详细预测期最后一年的红利与市盈率倍数相乘得到终值。

【例】假设某公司未来10年每股发放的现金红利如下表所示。预测在第10年该公司股票的市盈率(P/E)倍数为14,每股盈利为0.76元,股权要求回报率为9.5%。该公司的分红发生在每年年末,请使用红利折现模型计算目前该公司股票的价值。

时间(年)	1	2	3	4	5	6	7	8	9	10
每股发放红利(元)	0.23	0.29	0.35	0.40	0.45	0.49	0.52	0.55	0.57	0.59

使用市盈率倍数法估算该公司股票在第10年年末的价值:

$$P_{10} = EPS_{10} \times PE_{10} = 0.76 \times 14 = 10.64(元/股)$$

目前该公司股票的价值为:

$$P_0 = \sum_{t=1}^{10} \frac{DPS_t}{(1+9.5\%)^t} + \frac{10.64}{(1+9.5\%)^{10}} = 2.60 + 4.29 = 6.89(元/股)$$

2.2.3 红利的估计

1. 固定红利支付率

一些成熟的大型公司有相对较稳定的红利政策,如果公司在较长时期内按照净利润(或者当期可分配净利润)等盈余的固定比率向股东派发红利,就属于固定红利支付率的红利支付方式。在这一红利政策下,各年红利支付的金额随公司经营业绩的好坏而上下波动,盈余多的年份红利高,盈余少的年份红利少,股东每年获得的红利与公司经营业绩息息相关。

假设在一定期限内,公司每期向股东支付的现金红利占其净利润的比例(分红比率)为 PO,第 t 期每股盈利为 EPS_t,则第 t 期的每股红利 $DPS_t = EPS_t \times PO$。

2. 最大红利支付

对有的行业来说，估值时假设采用最大红利支付的红利政策，即除去维持正常经营所需资金及监管要求下的资本积累外，余下的利润全部分配给股东。以银行为例，银行必须首先满足巴塞尔协议和所在国的监管要求，达到资本充足率的要求。根据资本充足率的要求，决定资本中权益资本的数量。这部分权益资本尽可能地用内部盈余来满足。如果盈余满足了资本充足率的要求后还有剩余，则剩余部分即为满足监管要求的最大可能支付的红利。最大红利支付是估值者给估值公司安排的一个红利分配假设，这种假设可以排除一些公司没有固定的红利政策的干扰，以及将过多没有投入到运营中的资本留存在公司内部而对估值的干扰。

$$红利 = 净利润 - 用于充实资本或新投资的支出$$

【例】 某银行的2010年年底的总风险加权资产为1 000亿元人民币，根据资本充足率的要求，该银行总资本不得低于115亿元人民币。若该银行2009年年底的总资本为112亿元人民币，则2010年该公司需要增加3亿元人民币补充资本金。若该银行2010年实现净利润10亿元人民币，其中3亿元人民币用于补足资本金，则剩下的7亿元人民币为可以向股东分配的最大红利。

2.2.4 模型中关键参数的估算

1. 永续增长率

红利折现模型一般应用于有稳定股利政策（如分红比例稳定）的公司。对这些公司估值时，我们较多使用稳定红利增长模型。所以，如何估计红利发放的永续增长率（g），是我们需要解决的问题。下面我们将介绍一种常用的计算方法。

在本章开始，我们假设公司只专注于主营业务，没有非核心资产，那么股东收益的增长就完全来源于其核心资产运营带来的收益。这部分收益除了发放红利外，剩下的都用于主营业务的再投资，如增加固定资产、营运资金投资等。假设原业务在不增加资本投入的情况下利润不变，新增加的资本产生新的利润，同时假设公司没有新的外部融资且股份总数不发生变化，那么下一年净利润与本年净利润之间就会有如下关系：

$$下一年净利润 = 本年净利润 + （本年净利润 - 现金红利发放）\times 权益的投资回报率$$

或者

$$EPS_1 = EPS_0 + (EPS_0 - DPS_0) \times ROE_1$$

其中，EPS_0为本年的每股盈利；EPS_1为下一年的每股盈利；DPS_0为本年的每股红利；

ROE_1 为下一年权益的投资回报率。

如果本年和下一年公司从净利润中发放现金红利的比例分别为 PO_0 和 PO_1，且 $PO_0 = PO_1$，则有：

$$PO_0 = \frac{DPS_0}{EPS_0}$$

上式可以改为：

$$DPS_1 = DPS_0 + DPS_0 \times (1 - PO_0) \times ROE_1$$

又有 $\frac{DPS_1}{DPS_0} = 1 + g$，可以推出：

$$g = (1 - PO_0) \times ROE_1$$

假设公司进入稳定增长期后，每年从净利润中发放现金红利的比例保持不变（为PO），权益的投资回报率也保持不变（为ROE），则可以推出：

$$g = (1 - PO) \times ROE$$

从以上讨论不难看出，以（1 – PO）×ROE 来计算永续增长率隐含着比较多的假设，它适合用来对红利政策稳定、权益的收益率也比较稳定的公司进行估值。但即使被分析公司不能满足这些条件，这种方法也提供了一种估算合理永续增长率大致范围的手段。

【例】假设某公司10年后进入稳定增长期，之后其现金分红比例将保持60%不变，权益的投资回报率也保持9%不变。请计算该公司进入稳定增长期后红利发放的永续增长率。

该公司10年后红利发放的永续增长率为：

$$g = (1 - PO) \times ROE = (1 - 60\%) \times 9\% = 3.6\%$$

2. 与红利相匹配的折现率

在红利折现模型中，现金流是向股东发放的红利，按照绝对估值法中折现率与现金流相匹配的原则，使用的折现率（r）应该是投资者在股票投资过程中所要求的投资回报率。投资者要求的回报率是指反映预期未来现金流风险的报酬率，也称为投资者愿意进行投资所必须赚取的最低报酬率，即必要报酬率。

在进行折现时，对于投资者所要求的投资回报率有很多种提法，如折现率、贴现率、必要报酬率、期望报酬率、资本成本等，但它们的意义、内涵是相同的，只是看的角度不同而已。对股东来说，投资股票所要求的投资回报率就是计算该股票价值时的折现率，即权益的必要报酬率；对公司（股票发行者）而言，这就是权益筹资所必须付出的成本，即权益的资本成本。

在计算投资者投资股票的必要报酬率时，我们常用资本资产定价模型（Capital Asset Pricing Model，CAPM）。CAPM 的基本假设包括：

(1) 证券市场是有效的，即信息完全对称。

(2) 存在无风险证券，投资者可以自由地按无风险利率借入或贷出资本。

(3) 投资总风险可以用方差或标准差表示，投资风险分为系统性风险和非系统性风险，系统性风险主要由经济形势、政治形势的变化引起，不可分散，其影响程度可用β系数表示；非系统性风险由经营风险和财务风险组成，可以通过投资组合进行分散。

(4) 所有的投资者都是理性地作出投资决策。

(5) 每种证券的收益率分布均服从正态分布。

(6) 交易成本可以忽略不计。

(7) 每项资产都是无限可分的。

资本资产定价模型主要表示单个证券或投资组合的收益率与系统风险报酬率之间的关系，即单个证券或投资组合的收益率分为两部分，无风险利率和系统风险的报酬率。当投资者承担更高的风险时，需要获得更多的预期收益来补偿。在这些假设下，CAPM 模型可表示为：

$$股票的预期收益率 = 无风险利率 + 市场风险溢价 \times 能够反映公司系统风险状况的调整系数$$

即

$$r = r_f + \beta \times (r_m - r_f)$$

其中，r 为股票的预期收益率；r_f 为无风险利率；r_m 为市场中资产组合的预期收益率；$r_m - r_f$ 为市场风险溢价；β 为该股票的贝塔系数，表示与市场相比该股票的风险程度。

【例】假设市场无风险利率为 4%，整个股票市场的收益率为 11%，某公司股票的 β 值为 1.2。使用 CAPM 理论估算该公司股票的预期收益率。

根据 CAPM 理论，该公司股票的预期收益率为：

$$r = 4\% + 1.2 \times (11\% - 4\%) = 12.4\%$$

所以该公司股票的预期收益率为 12.4%。

预期收益率是指投资者进行投资预期所能赚得的报酬率。在完善或者理想的资本市场中，所有价格都为公允价值。在这种情况下，人人都期望赚得与其所承担风险相应的报酬率，投资者的预期收益率就等于投资者的必要报酬率。

估计股票预期收益率所涉及到的参数包括无风险利率、市场收益率（市场风险溢价）和 β 值。

(1) 无风险利率

无风险利率（r_f）是指将资金投资于某一项没有任何风险的投资对象所能得到的利息率。这是一种理想的投资收益，在现实中并不存在这种毫无风险的情况。

我们通常可以选取适当的国债利率作为无风险利率。因为政府一般具有最高的信用等级，即便财政收入不足以偿还债务，它们也可以通过发行新的货币来偿还。所以在价值评估中，经常使用10年期国债的当前收益率作为无风险利率。

(2) 市场收益率（市场风险溢价）

对于市场收益率（r_m），一般使用证券市场指数的历史回报率作为市场收益率。对于我国A股市场等新兴市场，由于发展时间尚短，难以确定市场长期的平均回报率，尤其是我国A股市场受政策影响巨大，市场投机气氛浓重，使得市场大起大落。这种情况下若以证券市场历史收益率作为市场收益率，则其大小取决于历史时段的选取。

以上证指数为例，1990年年底到2010年年底，上证指数的复合年均收益率为16.77%；1992年年底到2010年年底，上证指数的复合年均收益率为7.37%；2000年年底到2010年年底，上证指数的复合年均收益率为3.08%；2005年年底到2010年年底，上证指数的复合年均收益率为19.32%。

因此，一个替代的方法是用成熟市场的长期平均市场风险溢价加上新兴市场溢价（一般为2%~5%）来估计新兴市场的市场风险溢价。比如，如果计算得到成熟资本市场的长期平均的市场风险溢价为6%，新兴市场溢价取3%，则可以估算得到新兴市场的市场风险溢价为9%。

(3) β值

β值表明的是该证券所含的系统风险大小，它反映了个别资产收益率的变化与证券市场上所有资产的平均收益率变化的关联程度。

如果β=0.8，就表明该资产的系统风险相当于总系统风险的80%。换句话说，如果市场资产组合的收益率上升10%，则该资产的收益率上升8%；反之，若市场资产组合的收益率下降10%，则该资产的收益率下降8%。由于β值的确定需要大量的数据支持，因此只有证券性资产，如上市公司股票，才能直接计算出其β值。

β值不仅受到公司经营风险的影响，同时还受到财务风险（财务杠杆）因素的影响，因为较高的财务杠杆会使股权投资者的风险加大，而这一风险和公司的经营无关，仅来自资本结构。我们把包含了财务杠杆信息的β值称为含杠杆的β值（Levered β，又称 Equity β），把不含财务杠杆信息的β值称为不含杠杆的β值（Unlevered β，又称 Asset β）。通常我们直接从数据库找到的都是含杠杆的β值，通过以下公式，可以在含杠杆的β值和不含杠杆的β值之间进行相互调整。

$$\beta_U = \frac{\beta_L}{1 + \frac{D}{E} \times (1 - MTR)} \quad (\text{去杠杆化}, Deleverage)$$

$$\beta_L = \beta_U \times \left[1 + \frac{D}{E} \times (1 - MTR)\right] \quad (\text{再杠杆化}, Releverage)$$

其中，β_L 表示含杠杆的 β 值，β_U 表示不含杠杆的 β 值，D 表示债务市值，E 表示股权市值，MTR 表示边际税率。

我们在数据库中一般可以找到上市公司含杠杆的 β 值，如果要估计非上市公司的 β 值，则可以以其同行业上市公司的 β 值作为参考。由于含杠杆的 β 值受到公司财务杠杆的影响，财务杠杆带来的风险在可比公司之间一般是不可比的，所以不能直接以可比公司含杠杆 β 值的平均值或中位数作为目标公司的参考值，而需要经过一个去杠杆化和再杠杆化的过程，一般步骤如下：

（1）从数据库中找到可比公司含杠杆的 β 值；

（2）利用可比公司自身杠杆水平，通过去杠杆化公式，对可比公司含杠杆的 β 值进行去杠杆化；

（3）计算可比公司不含杠杆的 β 值的平均值或中位数，作为目标公司不含杠杆的 β 值的参考值；

（4）将步骤（3）中得到的不含杠杆的 β 值代入目标公司的杠杆水平中进行再杠杆化，得到目标公司含杠杆的 β 值。

> 以可比公司的 β 值估算目标公司的 β 值时，应调整不同公司之间财务杠杆水平不同对 β 值的影响。

【例】某分析员以 A、B、C、D 四家上市公司作为可比公司，估算目标公司含杠杆的 β 值。他搜集到的数据如下表所示：

公司名称	β_L	税率（%）	股价（元/股）	股数（百万股）	债务（百万元）	D/E（%）
A	0.8299	25	8.11	2 816	4 245	
B	1.2073	25	19.70	7 838	20 595	
C	0.8248	25	11.87	645	2 366	
D	0.9753	25	10.04	6 759	27 489	
目标公司		25				20.0

首先需要对目标公司的 β_L 进行去杠杆化，以 A 公司为例，去杠杆公式为：

$$\beta_U = \frac{\beta_L}{1 + \frac{D}{E} \times (1 - MTR)} = \frac{0.8299}{1 + \frac{4\ 245}{8.11 \times 2\ 816} \times (1 - 25\%)} \approx 0.7284$$

类似地，可以计算得到 B、C、D 公司不含杠杆的 β 值分别为 1.0975，0.6696 和 0.7480，平均值为 0.8109。

以 0.8109 作为目标公司不含杠杆的 β 值的参考值，对其进行再杠杆化，计算过程如下：

$$\beta_L = \beta_U \times \left[1 + \frac{D}{E} \times (1 - MTR)\right]$$
$$= 0.8109 \times [1 + 20\% \times (1 - 25\%)]$$
$$\approx 0.9325$$

2.3 股权自由现金流折现模型

红利折现模型要求公司的分红政策相对稳定，但在实际情况下，大部分公司的红利发放政策都不稳定，很多公司甚至从不发放红利，把资本全部留在公司当中。在这种情况下，用红利折现模型估算出来的详细预测期现金流偏低，而终值偏高，使得估值结果受终值的个别参数影响过大，难以令人信服。为了避免这种情况，本节用股权自由现金流折现模型折现，估算股权的价值。

2.3.1 模型的一般形式

股权自由现金流（Free Cash Flow of Equity，FCFE）是可以自由分配给股权拥有者的最大化的现金流。FCFE 一般的计算公式为：

FCFE = 净利润 + 折旧 + 摊销 − 经营性营运资金的增加
　　　 + 长期经营性负债的增加
　　　 − 其他长期经营性资产的增加 − 资本性支出
　　　 + 新增付息债务 − 债务本金的偿还

对于股权自由现金流，我们可以从三个层面进行理解，一是"现金流"，二是"自由"，三是"股权"。

（1）**现金流**：折旧、摊销这类非现金性的支出只在会计账面上体现，在实际运营中，并未发生实际的现金流出，因此在计算 FCFE 时，应将此类支出从净利润加回。

（2）**自由**：只有扣除了公司持续经营所需要的资金以后，剩下的才是可以"自由"分配的现金流。所以在计算股权自由现金流时，还需要扣除经营性营运资金（Operating Working Capital，OWC，具体介绍见 5.4.5）的变化，以及资本性支出（通常指购建固定资产和无形资产等核心资产支付的现金）。若公司有长期经营性负债或其他长期经营性资产（主要指除资本性支出以外，与企业价值相关的其他长期经营性资产），也应进行调整。

（3）**股权**：由于是分配给股权所有者的现金流，所以应该是考虑了对债权人支付之后的现金流。净利润是扣除了利息和所得税后的利润,由于已经支付了债权人应分享的利息,所以净利润是属于股东的收益。加上新增付息债务,减去债务本金偿还则是因为这些变化会制约股权出资人在经营过程中的可支配现金。

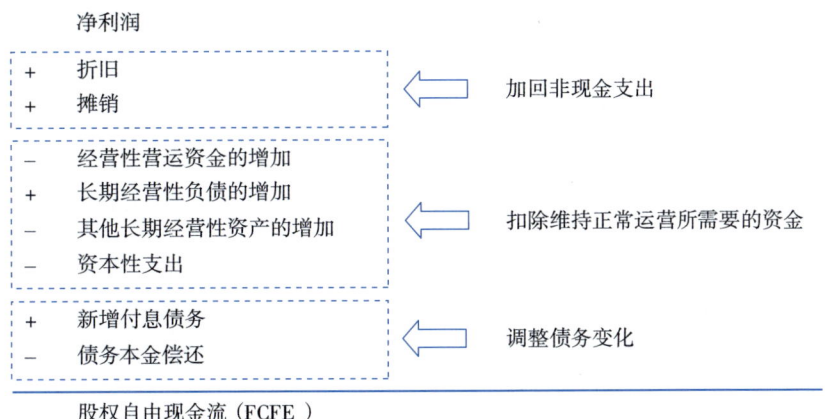

图 2-4 股权自由现金流调整原理

需要注意的是,如果上述公式中所有项目使用的都是合并报表的数据,则用其折现对应的股权价值包括少数股东权益的价值,计算归属于母公司股东的权益价值时需要扣除少数股东权益的价值。

【例】已知某公司的部分财务数据如下表所示,计算该公司 2010 年的股权自由现金流。

单位:百万元

	2009 年	2010 年
营业收入		4 000
营业成本(不含折旧、摊销)		2 000
销售及管理费用(不含折旧、摊销)		600
折旧		500
摊销		200
息税前利润(EBIT)		700
净利息费用		30
税前利润		670
所得税		167.5
净利润		502.5
资本性支出		600
经营性营运资金(OWC)	500	550
长期经营性负债	100	150
其他长期经营性资产	60	80
新增付息债务		600
债务本金的偿还		100

2010 年该公司的股权自由现金流为：

$$FCFE = 净利润 + 折旧 + 摊销 - 经营性营运资金的增加$$
$$+ 长期经营性负债的增加 - 其他长期经营性资产的增加$$
$$- 资本性支出 + 新增付息债务 - 债务本金的偿还$$
$$= 502.5 + 500 + 200 - (550 - 500) + (150 - 100)$$
$$- (80 - 60) - 600 + 600 - 100 = 1\,082.5（百万元）$$

股权自由现金流折现模型就是对股权自由现金流进行折现以评估股权的价值。我们认为，股东在未来年份能拿到多少钱，则股权就值多少钱，即股权市值等于未来年份股东预期收益的现值。此时，相当于我们为公司在未来每年向股东分配的现金流作出了如下假定：即公司在保持正常经营的情况下，向股东分配可以分配的最大现金，这很可能不等于公司支付给股东的现金红利。将未来的股权自由现金流分为详细预测期现金流和终值期现金流，可以得到股权自由现金流折现模型的一般形式：

$$股权价值 = \sum_{t=1}^{n} \frac{FCFE_t}{(1+r)^t} + \frac{TV}{(1+r)^n}$$

其中，$FCFE_t$ 为第 t 年的股权自由现金流；n 为详细预测期的期数；r 为权益的要求回报率，和红利折现模型中的 r 相同，可以用 CAPM 方法估算；TV 为股权自由现金流的终值。

对于股权自由现金流的终值，同样可以采用 Gordon 永续增长模型和终值倍数法进行估算。

2.3.2 终值的估算

1. Gordon 永续增长模型

在该假设下，公司的股权自由现金流按照稳定的增长率（g）永续增长。此时，

$$TV = \frac{FCFE_n \times (1+g)}{r-g}$$

$$股权价值 = \sum_{t=1}^{n} \frac{FCFE_t}{(1+r)^t} + \frac{FCFE_n \times (1+g)}{(r-g) \times (1+r)^n}$$

【例】假设某公司未来 10 年的 FCFE 如下表所示，第 10 年后 FCFE 以 2.5% 的增长率永续增长，权益的要求回报率为 10%。假设现金流在每年年底一次性发生，请用股权自由现金流折现模型计算目前该公司的股权价值。

时间（年）	1	2	3	4	5	6	7	8	9	10
FCFE（百万元）	62	68	75	82	87	92	96	99	102	105

使用 Gordon 永续增长模型估算公司在第 10 年股权自由现金流的终值：

$$TV = \frac{FCFE_{10} \times (1+g)}{r-g} = \frac{105 \times (1+2.5\%)}{10\% - 2.5\%} = 1\,435(百万元)$$

目前该公司的股权价值为：

$$\sum_{t=1}^{10} \frac{FCFE_t}{(1+10\%)^t} + \frac{1\,435}{(1+10\%)^{10}} = 510.1 + 553.3 = 1\,063.4(百万元)$$

2. 终值倍数法

在计算股权自由现金流的终值时，也可以对详细预测期最后一年相关倍数（如市盈率、市净率等）进行预测，计算股权自由现金流的终值。以市盈率为例，假设详细预测期最后一年该公司的市盈率为 PE_n，预测期最后一年（第 n 年）的净利润为 NI_n，则有：

$$TV = NI_n \times PE_n$$

$$公司的股权价值 = \sum_{t=1}^{n} \frac{FCFE_t}{(1+r)^t} + \frac{NI_n \times PE_n}{(1+r)^n}$$

需要注意的是，市盈率是指净利润的倍数，不能以详细预测期最后一年的 FCFE 与市盈率相乘得到终值。

【例】 假设某公司未来 10 年的 FCFE 如下表所示，预测在第 10 年该公司的市盈率 PE_{10} 为 15，净利润 NI_{10} 为 1.1 亿元，权益的要求回报率为 10%。假设现金流在每年年底一次性发生，请使用股权自由现金流折现模型计算目前该公司的股权价值。

时间（年）	1	2	3	4	5	6	7	8	9	10
FCFE（百万元）	62	68	75	82	87	92	96	99	102	105

使用终值倍数法估算公司在第 10 年股权自由现金流的终值：

$$TV = NI_{10} \times PE_{10} = 110 \times 15 = 1\,650 \text{（百万元）}$$

目前该公司的股权价值为：

$$\sum_{t=1}^{10} \frac{FCFE_t}{(1+10\%)^t} + \frac{1\,650}{(1+10\%)^{10}} = 510.1 + 636.1 = 1\,146.2 \text{（百万元）}$$

2.3.3 股权自由现金流折现模型与红利折现模型的比较

从理论上来讲，就同一公司而言，无论是使用红利折现模型还是股权自由现金流折现模型，计算出来的股权价值应该是一样的。然而，在实际操作中，这两种方法估算出来的股权价值可能不同。

这两种方法使用的折现率（权益的必要报酬率或权益的资本成本）是一样的，但如果每年发放的现金红利和 FCFE 不相等，则估算出来的股权价值也是不同的。

通常来说，公司实际支付的现金红利小于 FCFE，可能的原因包括：

（1）保持稳定性

公司通常愿意保持稳定的红利发放，原因有两点：其一，减少红利的发放通常会被投资者视为是公司经营业绩下降的信号，从而影响股价；其二，即使公司的盈利能力提升，公司一般也不会轻易提高红利的发放比例，因为它不确定这样高的盈利能够持续多久。这样一来，公司能够自由分配给股东的现金流 FCFE 与实际支付的红利之间就会存在一定的差异。

（2）未来的投资需求

如果管理层预期公司在未来的一段时间内会发生重大的投资行为，则它会倾向于保持一定的多余现金以备投资。否则，在不进行重大投资的年份把现金尽可能地分配，然后再在投资时通过债务融资或股权融资，会大大提高融资成本（比如发行成本等）。

（3）税收影响

由于股东收到分红时需缴税，而暂时留存在公司中可以推迟缴税。此外，不同国家和地区对红利和资本收益的税率也有不同规定，所以有时少分红可能带来实际税额的节省。

（4）管理层的利己行为

对于公司的管理层来说，他更可能从留存的现金流中获益，而不是发放给股东的红利。一方面，现金的留存可能带来公司未来的发展，从而实现管理层的目标。另一方面，当公司发展处于低谷时，管理层也需要备用资金，以帮助公司渡过难关，保持其管理地位。

2.4 无杠杆自由现金流折现模型

红利折现模型和股权自由现金流折现模型分别是对红利和股权自由现金流折现从而估算出股权价值，无杠杆自由现金流折现模型则是对无杠杆自由现金流（Unlevered Free Cash

Flow，UFCF）折现以评估企业价值。使用无杠杆自由现金流折现模型得到企业价值后，我们可以通过第 1 章介绍的价值等式推出股权价值。

通常，我们所说的折现现金流法（Discounted Cash Flow，DCF），主要包括股权自由现金流折现法和无杠杆自由现金流折现法。

2.4.1 模型的一般形式

无杠杆自由现金流（UFCF），又称公司自由现金流（Free Cash Flow of Firm，FCFF），是指公司在保持正常运营的情况下，可以向所有出资人（包括债权和股权出资人）进行自由分配的现金流。

一般情况下，无杠杆自由现金流的计算公式为：

$$UFCF = 息税前利润（EBIT） - 调整的所得税 + 折旧 + 摊销 \\ - 经营性营运资金的增加 + 长期经营性负债的增加 \\ - 其他长期经营性资产的增加 - 资本性支出$$

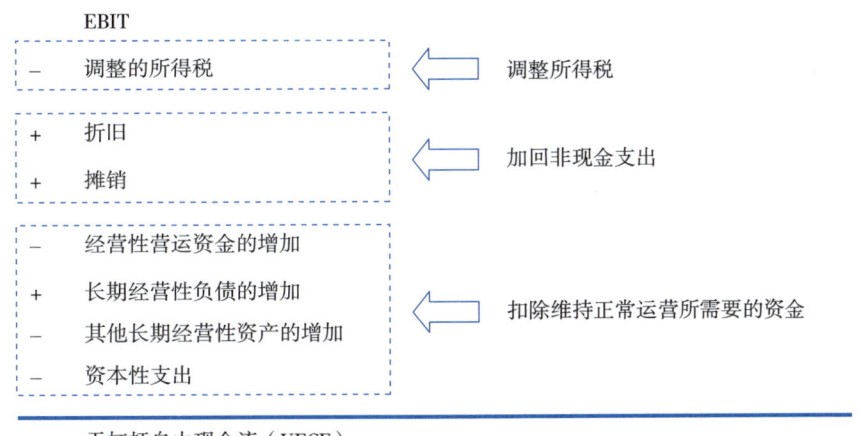

图 2-5 无杠杆自由现金流调整原理

类似于股权自由现金流，我们同样可以从三个层面来分析无杠杆自由现金流："现金流"、"自由"和"无杠杆"。

（1）**现金流**：折旧、摊销这类非现金的支出只在会计账面上体现，在实际运营中，并未发生实际的现金流出，因此在计算 UFCF 时，应将此类支出加回。

（2）**自由**：只有扣除了公司持续经营所需要的现金以后，剩下的才是可以"自由"分配的现金流。所以在计算 UFCF 时，还需要扣除经营性营运资金的变化，以及资本性支出。若有的公司有其他长期经营性资产或长期经营性负债，也应进行调整。

（3）**无杠杆**：是指不考虑公司的财务杠杆对于现金流的影响。我们从 EBIT 开始调整无杠杆自由现金流，正是因为 EBIT 没有考虑支付给债权人的财务费用，是债权人和股东可以共同分配的利润指标。

EBIT 是扣除所得税前的利润，所以需要进一步扣除 EBIT 对应的所得税。EBIT 扣除对应的所得税后，得到的利润指标称为息前税后利润（EBIAT）或扣除调整税后的净经营利润（Net Operating Profit Less Adjusted Taxes，NOPLAT）。

需要注意的是，由于无杠杆自由现金流不考虑资本结构的影响，在剔除了利息税盾的作用后，这里的所得税并不是利润表中的所得税。在计算调整的所得税时，有两种计算方法：第一种是直接用 EBIT 乘以当期有效税率，即不考虑公司的资本结构，对 EBIT 直接征税；第二种是在利润表中当期所得税的基础上进行调整，加回财务费用的税盾，再扣掉非经常损益对应的所得税。

 从 EBIT 调整到 EBIAT 时，扣除的所得税并不等于利润表中的所得税，而是在假设没有财务杠杆下，公司核心业务利润在当期应缴纳的所得税。

【例】已知某公司的部分财务数据如下表所示，请计算该公司 2010 年的无杠杆自由现金流。

单位：百万元

	2009 年	2010 年
营业收入		4 000
营业成本（不含折旧、摊销）		2 000
销售及管理费用（不含折旧、摊销）		600
折旧		500
摊销		200
息税前利润（EBIT）		700
净利息费用		100
税前利润		600
所得税		150
净利润		450
资本性支出		600
经营性营运资金（OWC）	500	550
长期经营性负债	100	150
其他长期经营性资产	60	80
所得税税率（%）		25

2010 年该公司的无杠杆自由现金流为：

$$\begin{aligned}
\text{UFCF} &= \text{EBIT} - (\text{EBIT} \times \text{T}) + 折旧 + 摊销 - 经营性营运资金增加 \\
&\quad + 长期经营性负债的增加 - 其他长期经营性资产的增加 \\
&\quad - 资本性支出 \\
&= 700 - (700 \times 25\%) + 500 + 200 - (550 - 500) \\
&\quad + (150 - 100) - (80 - 60) - 600 \\
&= 605 \text{（百万元）}
\end{aligned}$$

无杠杆自由现金流折现模型就是对无杠杆自由现金流折现，以估算企业价值（EV）。此时，相当于我们为公司在未来每年向所有出资人（通常包括债权人和股东）分配的现金流作出了如下假定：即公司在保持正常经营下，向所有出资人分配可以发放的最大现金，这很可能不等于公司每年向股东分配的现金流（如发放红利、股权再融资）和向债权人分配的现金流（如支付利息费用、新发债务以及债务本金的偿还）之和。所以将公司每年的无杠杆自由现金流进行折现，就可以得到所有出资人在未来年份能够得到的现金流现值，即企业价值。同样将无杠杆自由现金流分为预测期现金流和终值期现金流，可以得到无杠杆自由现金流折现模型的一般形式：

$$\text{企业价值（EV）} = \sum_{t=1}^{n} \frac{\text{UFCF}_t}{(1+\text{WACC})^t} + \frac{\text{TV}}{(1+\text{WACC})^n}$$

其中，UFCF_t 为第 t 年的无杠杆自由现金流；n 为详细预测期期数；WACC 为加权平均资本成本，即无杠杆自由现金流对应的折现率；TV 为无杠杆自由现金流的终值。

2.4.2 终值的估算

对于无杠杆自由现金流的终值同样可以采用 Gordon 永续增长模型和终值倍数法进行预测。

1. Gordon 永续增长模型

如果无杠杆自由现金流按照稳定的增长率（g）永续增长，此时，

$$\text{TV} = \frac{\text{UFCF}_n \times (1+g)}{\text{WACC} - g}$$

$$\text{EV} = \sum_{t=1}^{n} \frac{\text{UFCF}_t}{(1+\text{WACC})^t} + \frac{\text{UFCF}_n \times (1+g)}{(\text{WACC} - g) \times (1+\text{WACC})^n}$$

【例】假设某公司未来 10 年的无杠杆自由现金流如下表所示，第 10 年后 UFCF 以 2.4% 的增长率永续增长，加权平均资本成本（WACC）为 9.6%。假设现金流在每年年末

一次性发生，请使用无杠杆自由现金流折现模型计算目前该公司的企业价值（EV）。

时间（年）	1	2	3	4	5	6	7	8	9	10
UFCF（百万元）	67	73	80	88	93	97	102	106	109	111

使用 Gordon 永续增长模型估算公司在第 10 年无杠杆自由现金流的终值：

$$TV = \frac{UFCF_{10} \times (1+g)}{WACC - g} = \frac{111 \times (1+2.4\%)}{9.6\% - 2.4\%} = 1\,578.7 \quad (百万元)$$

目前该公司的企业价值为：

$$EV = \sum_{t=1}^{10} \frac{UFCF_t}{(1+9.6\%)^t} + \frac{1\,578.7}{(1+9.6\%)^{10}} = 555.2 + 631.2 = 1\,186.4 \quad (百万元)$$

2. 终值倍数法

也可以对详细预测期最后一年的相关倍数进行预测，计算无杠杆自由现金流的终值。以 EV/EBITDA 倍数为例，假设 M 为详细预测期最后一年该公司 EV/EBITDA 的退出倍数，$EBITDA_n$ 为预测期最后一年公司的息税折旧摊销前利润，则有：

$$TV = EBITDA_n \times M$$

$$EV = \sum_{t=1}^{n} \frac{UFCF_t}{(1+WACC)^t} + \frac{EBITDA_n \times M}{(1+WACC)^n}$$

【例】假设某公司未来 10 年的无杠杆自由现金流如下表所示，预测该公司在第 10 年的 EV/EBITDA 倍数为 8，EBITDA 为 2.12 亿元，加权平均资本成本（WACC）为 9.6%。假设现金流在每年年末一次性发生，请使用无杠杆自由现金流折现模型计算目前该公司的企业价值（EV）。

时间（年）	1	2	3	4	5	6	7	8	9	10
UFCF（百万元）	67	73	80	88	93	97	102	106	109	111

使用终值倍数法估算公司在第 10 年无杠杆自由现金流的终值：

$$TV = EBITDA_{10} \times M = 212 \times 8 = 1\,696 (百万元)$$

目前该公司的企业价值为：

$$EV = \sum_{t=1}^{10} \frac{UFCF_t}{(1+9.6\%)^t} + \frac{1\,696}{(1+9.6\%)^{10}} = 555.2 + 678.1 = 1\,233.3 (百万元)$$

2.4.3 加权平均资本成本的估算

1. 加权平均资本成本的计算公式

债权人和股东将资金投入某一公司，都期望能获得相应的回报率。加权平均资本成本（WACC）就是公司各种融资来源的资本成本的加权平均值。其计算公式为：

$$WACC = \sum_{i=1}^{n} k_i w_i$$

其中，k_i 为第 i 种投资资本的（税后）成本；w_i 为第 i 种投资资本占全部资本的权重。

另外，值得注意的是，在计算 WACC 时，每种投资资本的权重要以市场价值为基础，而不应该使用账面价值，除非该资本的市场价值和账面价值很接近时，才可以用账面价值代替市场价值。其原因有两个：一是账面价值记录的是投资资本的历史成本，并不能代表每种投资资本的现时价值；二是每种投资资本的权重应与资本成本的性质相一致。资本成本反映的是每种投资资本在现时市场状况下所面临的风险水平，是公司在现时的市场条件下进行融资的实际成本。

一般地，在只有股权和债务筹资方式的情况下，加权平均资本成本的公式可以写为：

$$WACC = \frac{D}{D+E} \times k_d \times (1-t) + \frac{E}{D+E} \times k_e$$

其中，D 为付息债务的市场价值；E 为股权的市场价值；k_d 为税前债务成本；t 为法定税率；k_e 为股权资本成本。

【例】某公司的资本价值共 10 000 万元，其中短期债务的市场价值为 2 000 万元，应付长期债券的市场价值为 1 000 万元，股东权益的市场价值为 7 000 万元；其成本分别为 6.7%、9.17%、11%。

则该公司的加权平均资本成本为：

$$WACC = 6.7\% \times \frac{2\,000}{10\,000} + 9.17\% \times \frac{1\,000}{10\,000} + 11\% \times \frac{7\,000}{10\,000} = 9.96\%$$

2. 债务成本的估算

在计算 WACC 时需要用到债务成本和权益成本，这里介绍一下债务成本的估算。

公司的债务融资主要有银行借款和发行债券两种方式。当公司从银行取得借款时，其向银行支付的利息就是用它的借款额乘以银行确定的利率，因此，银行给公司规定的利率就是公司从银行借款的债务成本。当公司发行债券进行融资时，投资者要求的投资回报率由债券的到期收益率来反映，所以债券的成本为它的到期收益率。

债券定价的公式为：

$$P = \sum_{t=1}^{n} \frac{I}{(1+r)^t} + \frac{B}{(1+r)^n}$$

其中，P为债券的市场价格；I为债券每年的利息收入；B为债券的面值；r为债券的到期收益率，即债券的资本成本k_d（税前）。

【例】假设某公司发行的债券单位面值为100元，发行价格为90元，期限为3年，票面年利率5%，每年付息一次，到期一次还本。则该债务的税前成本满足：

$$90 = \frac{100 \times 5\%}{1+k_d} + \frac{100 \times 5\%}{(1+k_d)^2} + \frac{100 \times 5\%}{(1+k_d)^3} + \frac{100}{(1+k_d)^3}$$

解得：$k_d = 8.95\%$。

值得注意的是，当债券平价发行，也就是按面值发行时，债券的资本成本等于其票面利率。

需要注意的是，在估算债务成本时，要区分清历史的债务成本和当前的债务成本。作为投资决策和企业价值评估依据的债务成本，只能是当前进行债务融资的成本。至于历史的债务成本，主要用于过去业绩的分析，与现行的债务成本是无关的。

债务成本主要受以下两个因素的影响：当前的市场利率水平和公司的信用等级。如果当前的市场利率水平较低，公司的信用等级较高（违约风险较低），那么公司进行债务融资的当前成本就比较低。另外，考虑到债务融资的税盾作用，税后的债务成本还受相关税收政策的影响。税率越高，相应的税后债务成本就越低。

3. 股权成本的估算

在前面红利折现模型中已介绍过，这里不再赘述。

4. 资本权重的计算

在计算一个公司的WACC时，会遇到两个棘手的问题：一是每期的无杠杆自由现金流对应的WACC可能不相同，因为每期公司的资本结构也可能不一样，相应地也会导致当期的β值不同，另外不同时期的债务成本也可能不同；二是WACC计算公式中的债务和权益必须使用市场价值，而我们估值的目的就是估算出该公司在估值时点权益的市场价值，会产生环状问题。

在实际应用此模型时，通常使用如下方式来解决这两个问题：

（1）对不同时期的现金流使用同一个WACC

对于绝大多数公司来说，不会在短期内大幅改变其资本结构，我们可以以某一个长期平均的资本结构计算出来的 WACC 对所有期间的现金流进行折现，以简化计算。

（2）使用目标资本结构

上面所说的长期平均的资本结构即为目标资本结构。在具体实践中，需要综合考虑以下三种方法来制定公司的目标资本结构。

- 尽量估算以现实市场价值为基础的公司资本结构。
- 参照可比公司的资本结构（将评估公司的资本结构与类似公司进行比较，有助于了解对资本结构的现行估计是否存在异常。可比公司之间资本结构并不完全相同，需要了解其不同的原因）。
- 了解管理层的筹资观念及其对目标资本结构的影响。

（3）对 WACC 做敏感性分析

WACC 是影响估值的关键因素，偏高（或偏低）会导致企业价值的低估（或高估）。为了避免一个结果的单薄，可计算 WACC 在某一区间内对应企业价值（或者相应的每股价值）的范围。

 计算用于折现所有期间的无杠杆自由现金流的 WACC 时，通常以目标资本结构为计算基础，并分析估值最终结果对 WACC 的敏感程度。

2.4.4　无杠杆自由现金流折现模型与股权自由现金流折现模型的比较

从理论上来讲，就同一公司而言，如果所有参数选择适当，无论是使用无杠杆自由现金流折现模型还是股权自由现金流折现模型，计算出来的股权价值应该是一样的，但实际中更多使用无杠杆自由现金流折现模型。一般来说，无杠杆自由现金流折现模型和股权自由现金流折现模型相比，有如下优点：

其一，无杠杆自由现金流折现模型更有利于分析企业价值的核心驱动因素。无杠杆自由现金流折现模型认为企业价值（EV）完全是由公司的经营状况来决定，使用该方法不仅可以得到企业价值的评估结果，还可以通过对影响价值核心因素的分析深入了解公司的价值来源。

其二，无杠杆自由现金流折现模型较少地受公司目前资本结构的影响，从而使评价结果之间更具有可比性。

其三，股权自由现金流折现模型受到债务偿还及新增计划的影响，可操控性较大。

2.5 净资产价值法

净资产价值（Net Asset Value，NAV）法是国际上较为通用的对房地产、石油、采矿等行业的估值方法。它假设被评估公司当前的资源储备（对于房地产公司来说，这种储备就是其现有的所有土地、在建项目等；对于石油和采矿公司来说，就是其所有现有资源储量，如油气储量、金属、非金属矿产储量等）在未来都能够顺利开发成产成品，以这些资源储备所能够带来的净现金流的现值作为对企业价值的估计，然后扣除净债务（净债务 = 债务 – 现金）从而得到公司的净资产价值。

2.5.1 NAV 的计算方法

NAV 估值的一般步骤是：

（1）确定公司现有所有资源储备。对于石油公司，纳入计算范围的资源的界定非常重要。原油储量按经济、技术可开采的可能性由高到低分探明储量（Proved Reserve）、可能储量（Probable Reserve）等多个等级，计算时需要明确是计算探明储量的 NAV，还是计算探明储量 + 可能储量的 NAV。

（2）对这些资源储备的未来开发进度、产品销售价格、后续费用等进行财务预测，从而得到这些资源在未来能为公司带来的现金流。现金流的计算方法与无杠杆自由现金流的计算方法相同。

（3）确定公司的加权平均资本成本并用其对现金流进行折现，得到现金流的现值，加总得到企业价值。

（4）由于 NAV 衡量的是公司净资产价值（股权价值），所以利用企业价值等式，将企业价值调整为公司的 NAV，即 NAV（股权价值） = 企业价值 + 现金 + 非核心资产 – 债务 – 少数股东权益。如不考虑非核心资产和其他权益，则 NAV = 企业价值 – 净债务。

（5）最后将公司的 NAV 除以已发行的普通股数，得到每股 NAV。

用公式表示的 NAV 计算公式为：

$$\text{NAV} = \sum_{m=1}^{M} \sum_{n=1}^{\infty} \frac{CF_{n,m}}{(1+r)^n} - 净债务$$

每股 NAV = NAV/已发行普通股数。

其中，m 代表项目或资源编号，M 代表所有现有项目数或资源量，n 代表年份，$CF_{n,m}$ 代表第 m 个项目或第 m 块资源于第 n 年产生的现金流，r 代表现金流对应的折现率。

2.5.2 NAV计算中的终值处理方法

对于资源储备剩余开发时间不是很长的公司,如房地产开发销售公司,可以把预测期覆盖所有现有项目的预计开发期,终值采用公司清算价值的口径。公司在现有资源储量开发完以后即停止经营,以剩余经营性资产的清算价值减去经营性负债,得到公司清算价值。

【例】某分析员于2010年年底分析某房地产公司下属某待开发项目。该项目于2010年年底的净债务为2.1亿元,预计该项目于2011年动工,2014年全部建成,2011~2014年该项目每年的无杠杆自由现金流分别为-1.68亿元、2.51亿元、3.03亿元和1.47亿元,假设现金流每年均匀产生。项目完工后该项目公司资产预计清算价值及未偿负债如下:现金4.11亿元,存货0.52亿元,固定资产0.17亿元,银行借款1.25亿元,应付账款0.11亿元,应付职工薪酬0.09亿元,应交税费0.27亿元。假设折现率为10%。请计算该项目于2010年年底的NAV。

$$2014年经营性资产清算价值 = 存货 + 固定资产$$
$$= 0.52 + 0.17$$
$$= 0.69（亿元）$$

$$2014年经营性负债清算价值 = 应付账款 + 应付职工薪酬 + 应交税费$$
$$= 0.11 + 0.09 + 0.27$$
$$= 0.47（亿元）$$

$$2014年公司清算价值 = 2014年经营性资产清算价值$$
$$- 2014年经营性负债清算价值$$
$$= 0.69 - 0.47$$
$$= 0.22（亿元）$$

$$2014年公司清算价值现值 = 0.22/(1+10\%)^4 \approx 0.15（亿元）$$

$$预测期现金流现值和 = -1.68/(1+10\%)^{0.5} + 2.51/(1+10\%)^{1.5}$$
$$+ 3.03/(1+10\%)^{2.5}$$
$$+ 1.47/(1+10\%)^{3.5}$$
$$\approx 4.01（亿元）$$

$$2010年年底NAV = 预测期现金流现值 + 2014年公司清算价值现值$$
$$- 预测时点净债务$$
$$= 4.01 + 0.15 - 2.1$$
$$= 2.06（亿元）$$

对于石油、矿产等资源行业，其资源可开采期较长，如果在模型的详细预测期内资源还没有开采完，我们把剩余未开采部分叫做剩余储量（Remainder），这部分资源的价值也应当体现到 NAV 中，这就是终值。由于这部分资源并不是可以永续开采的，因此终值的计算不宜像无杠杆自由现金流折现模型那样采用永续增长法。实践中，可以用其储量乘以单位储量的价值（即 EV/储量）得到这部分终值，再将终值折现并加入 NAV 中。

【例】某分析员对某石油开采公司进行估值，估计详细预测期结束时其剩余可开采储量约为 47 百万桶，每桶价值为 100 元人民币，则其终值 = 剩余可开采储量 × 单位储量价值 = $47 \times 100 = 4\,700$（百万元人民币）。

2.5.3 净资产价值法与无杠杆自由现金流折现模型的比较

NAV 估值应用的是 DCF 估值的原理，它与无杠杆自由现金流折现模型十分类似，其不同之处在于：

（1）NAV 仅考虑现有资源在未来开发的价值，不考虑公司未来有可能新增加的资源。比如，NAV 估值既不预测房地产公司未来可能新增加的土地及其所需的投资及开发成本，也不预测新增土地在未来销售所获得的收入。从这个角度讲，对于可以持续获得新的资源的公司，NAV 仅考虑了企业价值中的一部分，相对其真实价值有所低估。而对于某一房地产项目公司或某一处矿山估值，NAV 则非常合适。

（2）NAV 假设已有资源都能够顺利开发为产成品，不考虑开发失败的风险。比如，对于房地产公司，不考虑由于资金紧张而出现烂尾楼或直接将土地转让给其他开发商的风险。对于石油公司，不考虑已探明的储量可能因为漏油等操作原因而损失的风险。从这个角度讲，NAV 估值相对其真实价值有所高估。

对房地产、石油、采矿等行业采用净资产价值法而非无杠杆自由现金流折现模型进行估值的原因在于，土地、石油等稀缺性资源作为这些行业的公司最重要的原材料，其未来的获取带有巨大的不确定性，在无杠杆自由现金流折现模型中对获取新增资源所做的假设往往不易令人信服，而采用 NAV 法可以将对当前确定性资源的价值与未来不确定性资源的价值分开来，便于分析。

2.6 经济增加值折现法

2.6.1 经济增加值的概念

经济增加值（Economic Value Added，EVA），是指公司运用投入资本所创造的高于资本成本的价值，它等于投入资本回报率（Return on Invested Capital，ROIC）与资本成本之差乘以投入资本（Invested Capital，IC）。即

$$EVA = IC \times (ROIC - WACC)$$

其中，投入资本是指公司在核心经营活动（主要是固定资产、无形资产以及经营性营运资金）上已投资的累计数额。它包括股权人及债权人的投资，也就是用股东权益加上有付息义务的债权投资（严格地讲，在此基础上还需要扣除非核心资产和多余现金）。投入资本回报率等于调整税后净经营利润（NOPLAT）与投入资本的比值。即

$$ROIC = NOPLAT/IC$$

所以，EVA 也可以写为：

$$EVA = NOPLAT - IC \times WACC$$

调整税后净经营利润（NOPLAT）是指扣除与核心经营活动有关的所得税后公司核心经营活动产生的利润。若 EBIT 仅包括核心经营活动产生的利润，则有：

$$NOPLAT = EBIT \times (1 - Tax\ Rate) = EBIAT$$

【例】假设某公司上年年初的投入资本为 20 000 万元，核心经营活动产生的息税前利润为 3 200 万元，所得税税率为 25%，该公司的 WACC 为 9.6%。请计算该公司上年的经济增加值（EVA）。

该公司上年的经济增加值为：

$$\begin{aligned}EVA &= NOPLAT - IC \times WACC = 32 \times (1 - 25\%) - 200 \times 9.6\% \\ &= 4.8(百万元)\end{aligned}$$

2.6.2 经济增加值折现法的一般形式

经济增加值折现法评估企业价值的原理是：企业价值等于估值时点投入资本的账面值加上未来所有经济增加值的折现现值，折现率使用加权平均资本成本。

经济增加值折现法的一般形式为：

$$EV = IC_0 + \sum_{t=1}^{n} \frac{EVA_t}{(1+WACC)^t} + \frac{TV}{(1+WACC)^n}$$

其中，EV 表示企业价值；IC_0 表示估值时点投入资本的账面值；EVA_t 表示预测期第 t 期的经济增加值；n 表示详细预测期期数；WACC 表示加权平均资本成本；TV 表示经济增加值的终值。

在本书中，我们假定公司当年的经济增加值完全来自期初的投入资本，则上式中：

$$EVA_t = NOPLAT_t - IC_{t-1} \times WACC$$

在计算 EVA 的终值 TV 时，也可以采用 Gordon 永续增长模型和终值倍数法。

2.6.3 终值的估计

1. Gordon 永续增长模型

假设预测期末，公司进入稳定增长时期，EVA 以增长率（g）保持稳定增长。则：

$$TV = \frac{EVA_n \times (1+g)}{(WACC-g)}$$

因为 $EVA = NOPLAT - IC \times WACC$，$IC = NOPLAT/ROIC$

所以 $EVA = NOPLAT - (NOPLAT/ROIC) \times WACC$
      $= NOPLAT \times (1 - WACC/ROIC)$

$$TV = \frac{NOPLAT_n \times (1+g) \times (ROIC-WACC)}{(WACC-g) \times ROIC}$$

$$EV = IC_0 + \sum_{t=1}^{n} \frac{EVA_t}{(1+WACC)^t} + \frac{NOPLAT_n \times (1+g) \times (ROIC-WACC)}{(WACC-g) \times ROIC \times (1+WACC)^n}$$

其中，$NOPLAT_n$ 表示预测期最后一年的调整税后净经营利润；ROIC 表示预测期后稳定的投入资本回报率。

【例】某公司未来 10 年的 NOPLAT 和当年年初的投入资本如下表所示，第 10 年后 EVA 以 2% 的增长率永续增长，ROIC 为 14%，加权平均资本成本（WACC）为 9.6%。使用 EVA 折现法计算目前该公司的企业价值（EV）。

时间（年）	1	2	3	4	5	6	7	8	9	10
NOPLAT（百万元）	33	36	38	40	42	43	44	45	46	47
IC（百万元）	220	238	254	269	272	284	294	302	310	316

使用 Gordon 永续增长模型估算公司在第 10 年 EVA 的终值：

$$TV = \frac{NOPLAT_{10} \times (1 + g) \times (ROIC - WACC)}{(WACC - g) \times ROIC}$$

$$= \frac{47 \times (1 + 2\%) \times (14\% - 9.6\%)}{(9.6\% - 2\%) \times 14\%} = 198.2 \quad (百万元)$$

该公司目前的企业价值为:

$$EV = IC_0 + \sum_{t=1}^{10} \frac{EVA_t}{(1 + WACC)^t} + \frac{TV}{(1 + WACC)^{10}}$$

$$= 220 + \sum_{t=1}^{10} \frac{NOPLAT_t - IC_t \times 9.6\%}{(1 + 9.6\%)^t} + \frac{198.2}{(1 + 9.6\%)^{10}}$$

$$= 220 + 90.9 + 79.2$$

$$= 390.1 (百万元)$$

所以,使用 EVA 折现法计算的该公司目前的企业价值为 3.9 亿元。

2. 终值倍数法

终值倍数法下,

$$TV = EV_n - IC_n$$

其中,IC_n 为详细预测期最后一年年末的投入资本;EV_n 为详细预测期最后一年年末的企业价值,以 EV/EBITDA 倍数为例,假设预测期最后一年该公司 EV/EBITDA 退出倍数为 M,预测期最后一年的息税折旧摊销前利润为 $EBITDA_n$,则有:

$$EV_n = EBITDA_n \times M$$

$$EV = IC_0 + \sum_{t=1}^{n} \frac{EVA_t}{(1 + WACC)^t} + \frac{EBITDA_n \times M - IC_n}{(1 + WACC)^n}$$

【例】某公司目前的投入资本为 2.2 亿元,未来 10 年的 NOPLAT 和当年年初的投入资本如下表所示。预测第 10 年该公司的 EV/EBITDA 倍数为 8,EBITDA 为 6 600 万元,ROIC 为 14%,第 10 年年末的 IC 为 3.2 亿元。加权平均资本成本(WACC)为 9.6%。使用 EVA 折现法计算目前该公司的企业价值(EV)。

时间(年)	1	2	3	4	5	6	7	8	9	10
NOPLAT(百万元)	33	36	38	40	42	43	44	45	46	47
IC(百万元)	220	238	254	269	272	284	294	302	310	316

使用终值倍数法估算公司在第 10 年 EVA 的终值:

$$TV = EBITDA_{10} \times M - IC_{10} = 66 \times 8 - 320 = 208 \quad (百万元)$$

该公司目前的企业价值为:

$$EV = IC_0 + \sum_{t=1}^{10} \frac{NOPLAT_t - IC_t \times WACC}{(1 + WACC)^t} + \frac{TV}{(1 + WACC)^{10}}$$
$$= 220 + 90.9 + 83.2$$
$$= 394.1(百万元)$$

所以,使用 EVA 折现法计算的该公司目前的企业价值约为 3.9 亿元。

2.6.4 经济增加值折现法与无杠杆自由现金流折现模型的比较

与无杠杆自由现金流折现模型一样,EVA 折现法评估的也是企业价值,而且理论上讲两种方法应得到相同的结果。简单来说,因为 $UFCF_t = NOPLAT_t + IC_{t-1} - IC_t$。所以,EVA 折现法可以看成是将 UFCF 中的经济增加值 EVA 与投入资本的自身价值分开计算的估值方法。关于 EVA 折现法和 UFCF 折现模型在 WACC 不变的假设下可得到一致结果的详细证明可见麦肯锡的《价值评估》。

EVA 折现法的一个优势在于,EVA 可以直观地衡量公司每年的经营状况,是公司内部管理的关键绩效评价指标之一。

2.7 调整现值法

在使用无杠杆自由现金流折现模型或 EVA 折现法计算企业价值时,人们往往使用一个 WACC(常数)对所有的现金流折现。使用一个 WACC,是假定公司一直把它的债务比率固定在某个目标数值上。

但是对于某些公司,债务比率可能并不稳定。因此使用一个 WACC 估算企业价值也就不太合理。所以,本节介绍另一种估值方法:调整现值法(Adjusted Present Value,APV)。

2.7.1 调整现值法的原理与计算方法

调整现值法的原理是把企业价值分成两个部分:一部分是把公司的所有资本全部当做权益资本计算出来的企业价值;另一部分是由债务融资带来的利息费用的税盾价值。

企业价值 = 假设公司全股权经营时的企业价值 + 利息费用的税盾价值

可以看到，调整现值法将利息费用的税盾价值单独拆出来计算，而不是像前面提到的无杠杆自由现金流折现模型那样包含在无杠杆自由现金流中。

使用 APV 方法计算企业价值的一般形式为：

$$EV = \sum_{t=1}^{\infty} \left[\frac{UFCF_t}{(1+k_u)^t} + \frac{ITS_t}{(1+k_{txa})^t} \right]$$

其中，$UFCF_t$ 是公司第 t 年的无杠杆自由现金流；ITS_t 是公司第 t 年的利息税盾；k_u 是无负债的权益成本；k_{txa} 是利息税盾对应的成本。

如果债务占企业价值的比例为常数（债务随业务的增长而增长），那么税盾的价值将随企业价值同比例变化，则有：

$$k_u = k_{txa}$$

那么可以推出（具体推导过程可参考麦肯锡的《价值评估》）：

$$k_u = \frac{E}{E+D}k_e + \frac{D}{E+D}k_d$$

这里的 k_u 和我们在无杠杆自由现金流折现模型里面使用的 WACC 很像，是一个税前的 WACC。

所以，使用 APV 计算企业价值（EV）时一般常用的公式是：

$$EV = \sum_{t=1}^{n} \frac{UFCF_t + ITS_t}{(1+k_u)^t} + \frac{TV}{(1+k_u)^n}$$

其中，无杠杆自由现金流和利息的税盾合起来又称为资本现金流（Capital Cash Flow，CCF）。TV 为资本现金流的终值。关于终值 TV 的计算也可以用 Gordon 永续增长模型和终值倍数法，具体方法和计算这里就不再赘述了。

2.7.2 调整现值法和无杠杆自由现金流折现模型的比较

在理论上，调整现值法与无杠杆自由现金流折现模型得到的结果应是相同的。因为简单来说，调整现值法可以看成是将无杠杆自由现金流折现模型中利息的税盾单独拿出来计算的方法，详细证明可参考麦肯锡的《价值评估》。调整现值法相对于无杠杆自由现金流折现模型的优势在于可以更方便地分析资本结构在未来发生改变对于价值的影响，同时也更易于分析产生价值的关键驱动因素。但是调整现值法由于应用起来更复杂（需要估算公司未来资本结构的变化及利息的税盾），并且对于公司的资本结构是否影响公司的价值在理论上还存在争议，所以其实际应用不如无杠杆自由现金流折现模型广泛。

2.8 绝对估值法的扩展与总结

前面七节主要介绍了绝对估值法的基本原理和六种常见的绝对估值方法。在本节，我们将主要讨论一下在实际工作中，应用绝对估值法时可能遇到的一些问题：第一，确定详细预测期时应注意的问题；第二，区分公司的核心资产和非核心资产；第三，介绍三阶段估值模型；第四，退出倍数法和 Gordon 永续增长模型的选择。

2.8.1 详细预测期的选择

1. 详细预测期应长短适中

详细预测期的时间长短选取应以适中为原则。

（1）如果详细预测期太短，则最后总价值中终值占比将会很大，这时模型最后的结果将很大程度上取决于终值，而终值是以十分简单的假设估算的结果，这将会使折现模型的结果比较容易受到质疑。通常来说，终值占总价值的比例最好不要超过 60%。

（2）详细预测期也不是越长越好，因为期限越长，预测的可靠程度就越低，随着时间的延长，由于假设的可靠性下降，延长详细预测期已达不到提升模型准确程度的目的，相反，会使模型增加不必要的计算。

一般来说，详细预测期的结束以该公司进入稳定经营状态为基准。稳定经营状态是指公司的资产、收入的增长都保持相对稳定，在可预见的未来不会出现大的变动。此时，公司已没有可以获得远高于行业平均或社会平均回报率的投资项目，其业绩增长也趋于稳定、平缓。对于现阶段大部分的中国公司，8~12 年的详细预测期长度通常是比较合适的。

2. 周期性行业的详细预测期选择

对于周期性很明显的行业来说，我们可能看不到一个长期稳定的状态，但这并不影响我们做财务预测。在选择详细预测期时，应当至少包括一个完整的商业周期，让该周期的每个时期都反映在详细预测期内，这样不至于误选了高速增长期或者回落期从而导致财务预测的失真。对周期性行业公司进行预测时，周期性可体现在假设的设定上。

此外，在周期性行业财务预测模型中计算终值时，还需做周期平均处理，得到稳态现金流或周期内平均利润率下的利润，以避免详细预测期最后一年的现金流或利润受周期性影响，使终值过大或过小。

2.8.2 区分核心资产和非核心资产

本章初始介绍估值方法时，假设公司专注于核心业务的经营，没有非核心资产及其相关的损益。而在实际公司中，很多公司往往会有一些非核心的资产，比如交易性金融资产以及长期股权投资。因此，在实际中运用绝对估值方法对公司估值时，必须区分核心资产以及非核心资产，使用价值等式的一般形式："企业价值＋非核心资产价值＋现金＝债务＋少数股权价值＋股权价值"（详细介绍见第 1 章），在股权价值和企业价值之间进行转换。

下面我们以最常用的无杠杆自由现金流折现模型为例，介绍如何评估企业价值以及股权价值。首先需要明白两点：

第一，企业价值是指公司拥有的核心资产运营所产生的价值，即主营业务对应的价值；非核心资产对应的非主营业务没有体现在企业价值里面，而是单独估算，体现为非核心资产价值。

第二，无杠杆自由现金流折现模型评估的是企业价值。所以，无杠杆自由现金流（UFCF）必须是公司核心资产运营产生的现金流，非核心资产对应的现金流不包含在内。在 2.4 节我们讲过，一般情况下，无杠杆自由现金流的计算公式为：

$$UFCF = 息税前利润（EBIT）- 调整的所得税（EBIT \times 所得税税率）\\ + 折旧 + 摊销 - 经营性营运资金的增加 + 长期经营性负债的增加 \\ - 其他长期经营性资产的增加 - 资本性支出$$

其实，这里的息税前利润和我们会计中的 EBIT 并不一样，会计中的 EBIT 是指公司利息、税收扣除前的总利润，包括投资收益、公允价值变动等非经常性损益。但是 UFCF 计算公式中的 EBIT 仅指息税前的主营业务的经营利润。以这个 EBIT 为基础扣税，再加回非现金科目的调整，扣除维持公司正常运行所需的经营性营运资金变化及资本性支出等，得到的就是无杠杆自由现金流。

以加权平均资本成本 WACC 为折现率，对 UFCF 折现所得的现值和即为企业价值（核心资产运营产生的价值）。

对非核心资产、少数股权的估值，我们可以视其重要程度进行详细或简单估计，通常使用市净率、市盈率倍数等相对估值法（第 3 章将详细介绍）进行估值。然后再估计债务的市场价值，最后通过价值等式推出普通股的股权价值。

2.8.3 三阶段估值模型

前面介绍各种绝对估值法的公式时，都考虑的是两阶段模型。有时候，也可以考虑三阶段模型，即把时间分成三个阶段：第一阶段和两阶段模型中的第一阶段相同，为详细预测期，需要详细预测公司的财务状况；第二阶段对影响企业价值的某一个（例如现金流）或几个（例如收入增长率和 EBITDA 利润率等）关键因素逐期做假设，其他因素保持不变，从而估计这段时间产生的现金流的价值；第三阶段和两阶段模型中的第二阶段相同，为终值期，利用最简化的方式估计其价值。

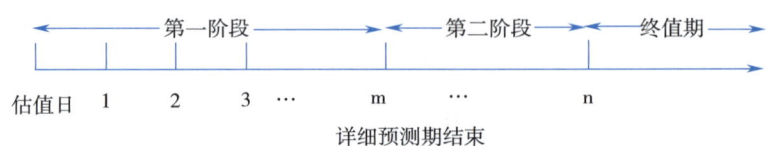

图 2-6　三阶段估值模型

在三阶段模型中，价值的计算公式为：

$$V = \sum_{t=1}^{m} \frac{CF_t}{(1+r_1)^t} + \sum_{t=m+1}^{n} \frac{CF_t}{(1+r_1)^m (1+r_2)^{t-m}} + \frac{TV}{(1+r_1)^m (1+r_2)^{n-m}}$$

其中，V 表示总价值；CF_t 表示第 t 期的现金流；r_1 为详细预测期的折现率，r_2 为第二阶段的折现率，二者可以相同也可以不同；m 为详细预测期期数；n 为详细预测期和第二阶段的期数之和；TV 为终值。

【例】假设某公司未来 5 年的无杠杆自由现金流如下表所示。第 1~5 年为高速增长的第一阶段，适用的折现率为 11.0%；第 6 年~第 10 年为第二阶段，增长率为 10%；第 10 年以后为终值期，终值为 5 534 百万元。第 6 年及其后适用的折现率为 9.0%。假设该公司每年的现金流在当年年底一次性产生，请计算该公司的企业价值。

时间（年）	1	2	3	4	5
现金流（百万元）	100	140	190	250	300

第 6 年~第 10 年无杠杆自由现金流的计算方法为：

$$CF_t = CF_{t-1} \times (1 + 10\%)$$

则公司未来 1~10 年的无杠杆自由现金流如下表所示：

时间（年）	1	2	3	4	5	6	7	8	9	10
现金流（百万元）	100	140	190	250	300	330	363	399	439	483
终值（百万元）										5 534

我们可以使用三阶段模型计算该公司的价值：

$$EV = \sum_{t=1}^{5} \frac{CF_t}{(1+11\%)^t} + \sum_{t=6}^{10} \frac{CF_t}{(1+11\%)^5 (1+9\%)^{t-5}}$$
$$+ \frac{TV}{(1+11\%)^5 \times (1+9\%)^{10-5}}$$
$$= 685.4 + 914.7 + 2\,134.5 = 3\,734.6 \quad (百万元)$$

相对两阶段模型来说，三阶段模型的特点是在详细预测期和终值期之间加入了一个第二阶段作为过渡。这样可以在一定程度上解决很多时候两阶段模型终值占比过大而其计算的假设又过于简单的问题。三阶段模型可以说是建立在两阶段模型上的一个变形。这一模型更适用于具有下列特征的公司：公司的当前盈利以很高的速度增长，这一增长速度预期将保持一段时间，但当公司的规模变得越来越大，进入的竞争者越来越多，公司开始逐渐失去其竞争优势的时候，公司预期增长率开始下降，最后逐渐到达稳定增长阶段。

2.8.4　Gordon 永续增长模型与退出倍数法的选择

在前面几节中，对于每一种估值方法，我们都介绍了两种终值的计算方法。在实际的价值评估中，我们应该如何选用，要注意哪些原则呢？

首先，要注意使用的前提。在使用 Gordon 永续增长模型计算终值时，前提条件是公司已经进入稳定增长阶段，而使用终值倍数法则可以不受这一条件的约束。使用终值倍数法计算终值更为简便，但未来 EBITDA 倍数或其他倍数却并不容易估计。

其次，要结合行业特点。有些行业特别适用 Gordon 永续增长模型计算终值，这些行业通常比较稳定，业务可不断延续，如农业、零售等行业。有些行业按照其特点并不适合采用 Gordon 永续增长模型，这些行业的业务通常不能永远持续经营下去，其经营到达一定年限后会终止，如只有有限资源开采权的矿产、有收费年限的高速公路等，这些行业更适合采用终值倍数法或净资产价值法中介绍的终值计算方法来计算终值。

最后，两种方法可以互相检验。无论是采用 Gordon 永续增长模型，还是采用终值倍数法，都是对详细预测期以后价值的估计。在实践运用中，通常通过一种方法对另一种方法进行验证。例如，在采用 Gordon 永续增长模型时计算在一定水平的永续增长率假设下隐含的 EV/EBITDA 倍数是多少，或者在使用终值倍数法时计算在一定的终值倍数假设下对应的永续增长率是多少，以验证假设是否合理。

【例】某分析员对 A 公司进行估值，详细预测期为 2011～2015 年。每一年的无杠杆自由现金流（UFCF）和 EBITDA 如下表所示，假设每一年的现金流均发生在当年年底。

单位：百万元

时间（年）	2011	2012	2013	2014	2015
UFCF	120	130	135	150	170
EBITDA	245	285	320	365	420

在计算终值时，该分析员采用了 EV/EBITDA 倍数法，假设该公司 2015 年年底的 EV/EBITDA 倍数为 5，公司适用的 WACC 为 10%。请帮该分析员计算该退出倍数所隐含的无杠杆自由现金流长期增长率，并与行业正常水平 1.6% 作比较，判断该假设是否合理。

退出倍数法下，终值 = $\text{EBITDA}_{2015} \times \text{EV/EBITDA}$ 倍数 $= 420 \times 5 = 2\,100$（百万元）。

Gordon 永续增长模型下，终值 $= \dfrac{\text{UFCF}_{2015} \times (1+g)}{\text{WACC} - g} = \dfrac{170 \times (1+g)}{(10\% - g)}$（百万元）。

解等式 $\dfrac{170 \times (1+g)}{(10\% - g)} = 2\,100$，即可得到 $g \approx 1.76\%$

5 倍的 EV/EBITDA 对应的长期增长率为 1.76%，较接近于行业正常水平，可以初步判断，5 倍 EV/EBITDA 倍数的假设是比较合理的。

2.8.5 绝对估值法总结

绝对估值法作为一种重要的估值方法，具有其自身的特点。下面我们系统地总结一下绝对估值法的优点和不足。

总的来说，绝对估值法的优点包括以下几个方面：

- 使用的是反映未来经营状况的现金流，而不是反映历史经营状况的历史会计记录，所以没有会计失真。
- 通过深入理解公司财务报表、制定假设，我们可以全面透视公司的财务数据和理解公司（或行业）的经营模式，帮助发现企业价值的核心驱动因素，从而为公司生产经营决策提供依据，有助于发现提升企业价值的方法。
- 可以体现公司未来发展战略对价值的影响。既可以对假设做情景分析（情景分析将在第 5 章介绍）来分析不同情景下公司财务状况和价值变化，也可以对影响企业价值的关键因素（如折现率和增长率或终值倍数）做敏感性分析，求得合理的估值区间。
- 绝对估值法评估的是内含价值，所以评估结果受市场短期变化和非经济因素的影响较小。

绝对估值法也有一些不足，具体包括：

- 绝对估值法通常要详细预测公司未来一定阶段的经营业绩，操作比较复杂。

- 财务预测过程中通常需要较多主观假设，不同建模者对于同一指标的假设可能相差较大，导致不同建模者得出的估值结果可能相差悬殊。
- 估值结果对终值很敏感。预测期不够长的话，终值可能占全部价值的60%以上，当公司在预测期有较大资本性支出、经营还没有进入稳定状态时尤其突出。这使得估值结果很大程度上受预测期后的现金流影响，从而使得终值计算的假设成为决定企业价值的关键，存在很大的不确定性。
- 很难准确地测定折现率。对于DDM和FCFE估值模型，折现率由无风险利率、市场风险溢价和β系数决定，除了无风险利率可用长期国债利率近似代替外，市场风险溢价和β系数的得出都需要大量的数据计算，而且难以准确得出。在使用UFCF估值模型和EVA估值模型时，折现率是加权平均资本成本（WACC）。WACC受到资本结构、无风险利率、风险溢价以及β值的影响，这些因素的变化为准确计算WACC带来了困难。而且在计算WACC中的各种资本的权重时，使用的是市场价值，会遇到棘手的循环问题。
- 绝对估值法评估的是内含价值，不能及时反映资本市场的变化，对短期交易价格的指导性相对较弱。

第3章 相对估值法及其他估值方法

本章主要包括两部分内容：相对估值法和其他估值方法。首先，本章对几种常用相对估值法进行了说明和对比分析，其中重点介绍了股票价格倍数法中的市盈率倍数法以及企业价值倍数法中的 EV/EBIT 倍数法，并简要介绍其他估值倍数法。然后还介绍了一些其他的估值方法——账面价值法、清算价值法和重置成本法。最后，对于如何在如此众多的估值方法中选取合适的方法进行估值，本章介绍了一些原则。

3.1 相对估值法概述

在第 2 章中我们提到，绝对估值法需要预测未来的现金流，在预测过程中往往需要较多的主观假设，而且绝对估值法比较复杂，工作量较大。在本章，我们将为大家介绍相对估值法，相对估值法的特点是用其他公司的价格作为目标公司定价的依据，相对于绝对估值法来说复杂程度较小。

相对估值法包括可比公司法和先例交易法。先例交易法我们会在《并购与股权投资》一书中介绍，这里介绍常用的相对估值法，也就是可比公司法（Comparable Company Method）。

可比公司法，顾名思义，就是找到可以与欲估值的公司（目标公司）进行比较的其他公司（可比公司），然后将两者进行比较。那么可比公司怎么找？找到以后又怎么比呢？

在平时买东西的时候，我们常常会"货比三家"，将两样或多样商品的价格放在一起进行比较。这些商品的属性、用途应当是相同或相似的。比如，我们会比较两台功能基本相同的电冰箱的价格，但不会去比较一台电冰箱和一台洗衣机的价格，因为这两者是不可比的，强行去比较也没有什么实际意义。同理，在资本市场上，我们选择的可比资产也应当是与目标资产在最大程度上有相同属性的。

可比公司法就是以可比公司在市场上的当前定价为基础，来评估目标公司的价值，这里的目标公司价值可以是股权价值也可以是企业价值。在使用可比公司法进行估值时，一般分四步：

第一步，选取可比公司。

可比公司是指与目标公司所处的行业、公司的主营业务或主导产品、公司规模、盈利能力、资本结构、市场环境以及风险度等方面相同或相近的公司。在实际估值中，我们在选取可比公司时，一般会先根据一定条件初步挑选可比公司，然后将初步挑选的可比公司分为两类：最可比公司类和次可比公司类。使用时，我们往往主要考虑最可比公司类，尽管有时候最可比公司可能只有 2~3 家。

比如，我们在对"中信银行"（601998.SH）做可比估值时，可以按如下步骤挑选可比公司：

（1）初步挑选可比公司——选取截至 2010 年底我国 A 股市场上其他所有的上市银行：工商银行（601398.SH）、农业银行（601288.SH）、中国银行（601988.SH）、建设银行（601939.SH）、交通银行（601328.SH）、招商银行（600036.SH）、浦发银行（600000.SH）、兴业银行（601166.SH）、民生银行（600016.SH）、光大银行（601818.SH）、华夏银行（600015.SH）、北京银行（601169.SH）、深圳发展银行（000001.SZ）、宁波银行（002142.SZ）、南京银行（601009.SH）。

（2）根据上市银行的组织结构，进一步对上市银行进行筛选。我国上市银行分为国有商业银行、股份制商业银行和城市商业银行。其中，招商银行、浦发银行、兴业银行、民生银行、光大银行、华夏银行和深圳发展银行与中信银行同属于股份制商业银行。

（3）选取股份制商业银行中与中信银行业务特点、盈利能力（ROE 等）接近的银行，作为最可比公司。

第二步，计算可比公司的估值指标。

一般情况下，常用的估值倍数主要包括市盈率（Price/Earnings，P/E）倍数、市净率（Price/Book Value，P/B）倍数、EV/EBITDA 倍数等，如果目标公司和可比公司属于某一特殊行业，还可使用符合该行业特点的估值指标，比如资源行业常计算 EV/储量指标。

第三步，计算适用于目标公司的可比指标。

通常，我们选取可比公司的可比指标的平均值或者中位数作为目标公司的指标参考值。在计算可比公司可比指标的平均值或中位数时，还需要注意剔除其中的异常值，包括负值（比如利润为负造成市盈率为负）、非正常大值和非正常小值。异常值一般是由异常因素或偶然事件造成的，不具有长期可持续性。使用异常值会造成目标公司的价值评估失真，所以需剔除异常值。

需要注意的是，我们可以根据目标公司与可比公司之间的特点进行比较分析，对选取的平均值或中位数进行相应调整。比如目标公司实力雄厚、技术领先，未来发展前景更好，是行业内的龙头公司，具有较强的持续竞争优势，则可以在计算得到的平均值或中位数的基础上，相应给予一定的溢价。

第四步，计算目标公司的企业价值或者股权价值。

用第三步中计算得到的可比指标值乘以目标公司相应的价值指标，从而计算出目标公司的企业价值（EV）或者股权价值。

可比公司法看起来是一种简单易用的估值方法，实则不然。首先，可比公司的选择并不容易。世界上没有两片完全相同的树叶，更何况有着复杂组织结构、运营机制的公司？每个公司都有自身的独特性，没有两家公司是完全相同的。因此在实际估值时，我们应尽可能寻找与目标公司共同点多的可比公司，按照可比程度将这些公司分为最可比公司、次可比公司等几类，重点参考最可比公司。其次，要获得一个合理、可信的估值倍数也很困难。估值倍数可能会受到会计处理差异、一次性事件和其他因素的影响而被扭曲，这时就需要根据各个可比公司的情况对其财务数据进行正常化调整，如果这些调整不完全或不具有一致性，那么计算出来的倍数就会被扭曲。

根据可比指标的不同，我们把可比公司法分为两类：一类基于股票价格或股权价值，可称为股票价格倍数法，如市盈率倍数和市净率倍数；另一类基于企业价值，可称为企业价值倍数法，如 EV/EBIT 倍数、EV/EBITDA 倍数、EV/某经营指标倍数。

3.2 股票价格倍数法

股票价格倍数法主要有市盈率（P/E）倍数法和市净率（P/B）倍数法，下面将分别讲述其原理和方法。

3.2.1 市盈率倍数法

1. 市盈率倍数法概述

市盈率倍数法是目前企业估值最常用的可比公司法之一，它反映了一家公司的股票市值对其净利润的倍数。

市盈率（P/E）倍数的计算公式为：

$$市盈率倍数 = 每股市价 \div 每股收益$$

或

$$市盈率倍数 = 股权市值 \div 净利润$$

需要注意的是，上述两个公式计算出的市盈率通常并不一致。

【例】 某公司 2010 年年报中显示，净利润为 2.5 亿元，每股收益为 1.3 元，该公司当前的股权市值为 52.0 亿元，股价为 26.4 元/股。试计算该公司的市盈率倍数。

$$市盈率倍数 = 股价 \div 每股收益 = 26.4 \div 1.3 = 20.3$$

$$市盈率倍数 = 股权市值 \div 净利润 = 52.0 \div 2.5 = 20.8$$

可以看到，用两种方法计算出的市盈率结果有微小差异。为什么会出现这样的差异呢？公司年报中公布的每股收益是用净利润除以全年加权平均普通股股数，而公司的股权市值是在估值时点的时点数，即当前的值，所以"股权市值÷净利润"相当于"每股市价÷以当前股数计算的每股收益"，如果计算每股收益的全年加权平均普通股股数和当前已发行普通股股数不同，则计算出的结果就会不一致。

发行在外普通股加权平均数可以按如下公式计算：

$$发行在外普通股加权平均数 = 期初发行在外普通股股数 + 当期新发行普通股股数$$
$$\times 已发行时间 \div 报告期时间 - 当期回购普通股股数$$
$$\times 已回购时间 \div 报告期时间$$

使用"股权价值÷净利润"计算出的市盈率通常更能代表当前该公司股票的投资价值（尤其是当股份数量变化是由股票红利所引起时），但是在实际估值时，股价和每股收益数据往往更容易获取。读者可以根据实际情况选择计算方法。

市盈率倍数法认为股权价值与净利润最为相关。市盈率倍数的倒数可用于衡量股票的收益率。我们做如下假设：投资者无限期持有股票，每年的每股收益均为 EPS，投资者投资股票的要求回报率为 R_e。那么股票的价值应为：

$$P = EPS/R_e$$

即

$$R_e = EPS/P = 1/市盈率倍数$$

【例】 某公司股票的每股收益为 0.6 元/股，股价为 12 元/股，那么市盈率倍数为 12÷0.6=20（倍）。假设该公司未来每年的盈利保持当前水平，并且以每股收益代表投资该股票的收益，则永久持有该公司股票的收益率为 5%，等于该公司市盈率的倒数。

在使用市盈率倍数法估值时，一般先选择一组可比公司，计算这一组公司市盈率的平均值或中位数，以该市盈率作为目标公司估值的市盈率倍数（有时可根据目标公司与可比公司之间的差别对该市盈率进行调整），然后使用下述公式：

$$股权价值 = 净利润 \times 市盈率倍数$$

或

$$每股价值 = 每股收益 \times 市盈率倍数$$

【例】某分析员采用市盈率倍数法估计目标公司 2010 年年末的股价，他筛选出一些与目标公司业务相似、规模相近的上市公司，这些公司的相关数据如下表所示：

	股价（元/股）	普通股股数（百万股）	净利润（百万元）
上市公司一	12.73	500	-152
上市公司二	32.52	230	332
上市公司三	19.88	159	152
上市公司四	7.65	632	202
上市公司五	15.86	192	20
目标公司		523	650

取可比公司市盈率倍数的平均值作为目标公司的市盈率倍数。考虑到目标公司的质量优于可比公司，所以对计算出的股价给予10%的溢价。请计算目标公司2010年年末的每股价值。

计算得到 5 家上市公司的市盈率倍数分别为：-41.9，22.5，20.8，23.9，152.3。

其中，-41.9 为负值，152.3 为非正常大值，在计算可比公司市盈率倍数平均值时应该剔除。所以可比公司市盈率倍数的平均值为：

$$(22.5 + 20.8 + 23.9)/3 = 22.4$$

目标公司的内含股价 = 可比公司市盈率倍数平均值 × 目标公司的净利润 /

目标公司的普通股股数 × (1 + 溢价率)

$$= 22.4 \times 650/523 \times (1 + 10\%)$$

$$\approx 30.62(元/股)$$

通常，增长性越好、风险越低的公司市盈率越高；反之，增长越缓慢、风险越高的公司市盈率越低。如果一家公司的股票交易价格对应的市盈率高于行业或市场平均水平，一般说明该公司成长性好，市场比较看好。但过高的市盈率倍数也可能说明该公司的股票被高估，存在泡沫。而过低的市盈率倍数，也可能是由于股票被低估，存在投资价值。

2. 使用市盈率倍数法时需注意的问题

（1）使用哪一时期的盈利数据？

根据市盈率倍数的计算公式，市盈率主要受每股股价和每股收益的影响。关于股价，投资机构通常都采用最新的股价数据。而对于每股收益，基于不同的考虑则可能采用不同时期的盈利数据。通常我们会面临三种选择：

- 最近一个完整会计年度的历史数据；

- 最近十二个月（Latest Twelve Months，LTM，或者 Trailing Twelve Months，TTM）的数据；
- 预测年度的盈利数据。

需要指出的是，在使用可比方法时，一定要保证可比公司指标的计算与目标公司是相同的。无论选择用哪一时期的盈利，可比公司与目标公司的盈利都应对应同一时期，也就是说，如果可比公司计算指标是采用历史年度的每股收益，那么推算目标公司股价时也应采用历史年度的每股收益。

使用历史数据的好处在于盈利数据和股价都是已知的，很客观。但质疑使用历史数据的观点认为，股票价格是股票未来价值的体现，从这个角度出发，使用预测的年度盈利数据更为合理。这种观点不无道理。同时，若使用历史数据计算市盈率，我们应尽可能使用最新公开的信息，通常会使用最近 12 个月的数据，具体方法如下例。

【例】某分析员准备用市盈率倍数法估算某公司的股权价值。在估值时点，该公司当年的第一季度报告刚刚发布，为了使用最新财务数据，该分析员准备对净利润进行调整，计算该公司最近 12 个月的净利润。该公司正常化调整后的净利润相关数据如下：

单位：万元

	上年第一季度	上年全年	当年第一季度
净利润	1 125	4 687	1 335

计算最近 12 个月净利润的方法是：用上年全年的净利润扣除上年第一季度的净利润，再加上本年第一季度的净利润。即

最近 12 个月净利润 = 4 687 − 1 125 + 1 335 = 4 897（万元）

显然，使用三种数据的难易程度并不相同：使用上年的历史数据最为简单，一般直接可得；使用最近 12 个月的数据则需要做时期调整；使用预测的年度盈利数据可能还要进行财务预测。实际估值时，我们多采用预测的盈利数据进行估值，该数据我们一般可以参考市场上分析师们的盈利预测得到。

（2）净利润的正常化

我们对公司进行可比分析时，应比较它们的可持续经营业务，但公司会计上的净利润受到非经常性损益的影响，可能不能完全真实反映公司的持续盈利能力。因此，需要对公司净利润中的这些因素以及相应产生的税收影响进行调整。

> 在使用市盈率倍数法时首先需要对公司的净利润进行正常化调整。在调整非经常性损益时，还需要同时调整其对应的税或税盾。

一些典型的需要调整的项目包括：
- 重组成本：上市公司资产重组获得的收益或亏损不属于经常性项目，应当扣除。
- 一次性的较大的资产减值损失。
- 处置固定资产获得的收入。
- 其他和经营无关的非经常性收入。

关于非经常性损益具体项目的调整可以参见证监会发布的《公开发行证券的公司信息披露解释性公告第1号——非经常性损益（2008）》。实际应用中，各家公司需要调整的项目可能不一致，需认真分析、区别对待。

【例】某公司2010年税前利润为1亿元，其中扣除了一次性的重组费用0.3亿元，公司所得税税率为25%，则没有调整前，公司所得税为 $1 \times 25\% = 0.25$（亿元），净利润为0.75亿元。但重组费用属于一次性发生的费用，不能完全反映公司的持续经营能力，因此需要进行调整，将重组费用加回税前利润中。调整后，公司的税前利润为 $1 + 0.3 = 1.3$（亿元）。相应地，我们还应调整重组费用的税收影响，相应的所得税调整额为 $0.3 \times 25\% = 0.075$（亿元），这样调整后的公司所得税为 $0.25 + 0.075 = 0.325$（亿元），则调整后的净利润为 $1.3 - 0.325 = 0.975$（亿元）。

一般情况下，我们所选的可比公司都是上市公司。在对上市公司合并的利润表进行正常化调整时，需要注意的是，有些需要调整的项目可能发生在控股子公司，如果控股子公司的所得税税率和母公司的所得税税率不一致，那么正常化调整就会比较复杂。

【例】某上市公司2010年合并的利润表中，利润总额、所得税费用、净利润、少数股东损益、归属于母公司股东的净利润分别为3.5亿元、0.7亿元、2.8亿元、0.5亿元和2.3亿元。在合并利润表中，有一项固定资产处置带来的收入为0.4亿元，这发生在一个控股子公司，母公司持有该子公司的比例为60%。该子公司适用的所得税税率为15%，母公司适用的所得税税率为25%。固定资产处置带来的收入需要调整，其引起的各科目调整如下表所示：

	调整前	调整	调整后
处置固定资产获得的收入	0.4	-0.4	0
利润总额	3.5	-0.4	3.1
所得税费用	0.7	-0.06	0.64
净利润	2.8		2.46
少数股东损益	0.5	-0.136	0.364
归属于母公司股东的净利润	2.3		2.096

由于处置固定资产获得的收入是发生在控股子公司的，由调整这笔收入引起的所得税费用的调整应同时使用该子公司适用的所得税税率，故所得税费用的调整为：

$$-0.4 \times 15\% = -0.06（亿元）$$

对应地，少数股东损益的调整为：

$$(1-60\%) \times [-0.4-(-0.06)] = 0.4 \times (-0.34) = -0.136（亿元）$$

（3）市盈率倍数法的应用与局限

市盈率倍数法在估值实践中应用比较广泛。其原因在于：首先，市盈率是一个将股票价格与公司盈利状况联系在一起的一种直观的统计比率；其次，对大多数股票来说，市盈率倍数易于计算且参数很容易得到，这使得股票之间的比较变得十分简单；最后，它能反映公司的一些其他特征，比如成长性及风险性。

但市盈率倍数法也有一些局限性，在使用时需要加以注意：

- 市盈率倍数法有被误用的可能性。可比公司的定义在本质上是主观的，同行业公司并不完全可比，因为同行业的公司可能在业务组合、风险程度和增长潜力方面存在很大的差异。
- 当公司的收益或预期收益为负值时，无法使用该方法。
- 净利润受公司折旧、摊销等不同会计估计的影响较大。比如对于固定资产中的房屋及建筑物，不同公司可能采用不同的折旧年限，折旧的计提会影响当年的净利润，从而导致不合理的结论。
- 市盈率方法使用短期收益作为参数，无法直接比较不同长期增长前景的公司。
- 未经正常化调整的市盈率不能区分经营性资产创造的盈利和非经营性资产创造的盈利，降低了公司之间的可比性。
- 市盈率方法无法反映公司运用财务杠杆的水平，当可比公司与目标公司的资本结构存在较大差异时可能导致错误的结论。

表面上市盈率仅由价格和收益决定。事实上，市盈率最终还是受折现现金流模型中决定企业价值的基本财务因素——预期增长率和风险的影响。由于公司的基本因素可能不同，公司的市盈率也会有所不同。纯粹依赖市盈率对公司进行直接比较而忽视公司间基本因素的差异会导致错误的结论。同时，因为基本因素的差异，不同行业和公司的市盈率各不相同——高增长率会导致较高的市盈率。当对公司间市盈率进行比较时，一定要考虑公司的风险、增长率等方面的差异。

3.2.2 市净率倍数法

1. 市净率倍数法概述

市净率倍数反映了一家公司的股票市值对其净资产的倍数。在需要更多关注净资产的时候，通常会使用市净率倍数法。市净率倍数也常用于衡量一家公司的经营成长性及对股东投入的运用能力，通常来说，高成长型的公司，市净率倍数较高，成熟稳定的公司，市净率倍数较低。

市净率（P/B）倍数的计算公式为：

$$市净率倍数 = 每股市价 \div 每股净资产$$

或

$$市净率倍数 = 股权市值 \div 净资产$$

【例】2010 年 12 月 31 日，某公司的股票收盘价为 6.25 元/股，公司股票总股数为 2 亿股，其资产和负债的账面价值分别为 8 亿元和 3.5 亿元，则该公司的账面净资产为 8 − 3.5 = 4.5（亿元），每股净资产为 4.5 ÷ 2 = 2.25（元/股），则市净率 = 6.25 ÷ 2.25 = 2.78。

在计算公司股权融资后的市净率时，需要考虑该笔融资对公司净资产的影响。

【例】某公司拟进行 IPO，在公开市场发行 5 000 万股股票，发行价格初定为 12.5 元/股。股票发行前，该公司的普通股股数为 2.5 亿股，净资产为 13.5 亿元。试以 IPO 发行价计算该公司 IPO 前、后的市净率倍数。

IPO 后，按 IPO 发行价计算的公司股权市值 = 普通股股数 × 股价 =（2.5 + 0.5）× 12.5 = 37.5（亿元）

公司净资产 = 发行前净资产 + 发行融资额 = 13.5 + 0.5 × 12.5 = 19.75（亿元）

该公司 IPO 前以 IPO 发行价计算的市净率 = 股权市值/发行前净资产 = 12.5 × 2.5/13.5 = 2.31

该公司 IPO 后以 IPO 发行价计算的市净率 = 股权市值/发行后净资产 = 37.5/19.75 = 1.90

使用市净率倍数法估值的步骤与市盈率倍数法类似。我们先选择一组可比公司，计算其平均市净率倍数（或中位数），为了反映目标公司与可比公司在基本因素方面的差异，我们可能需要对计算出的平均值（或中位数）进行调整，以此作为目标公司的市净率倍数，然后使用下述公式计算股权价值或每股价值：

$$股权价值 = 净资产 \times 市净率倍数$$

或

$$每股价值 = 每股净资产 \times 市净率倍数$$

2. 使用市净率倍数法时需注意的问题

（1）净资产的正常化

在使用市净率指标时，有时还需要对公司的账面净资产做一些调整。

举例来说，如果公司在收购过程中采用了合并法，则收购成本超出被收购方可辨认净资产份额的部分会直接抵减合并报表的资本公积，而不是计为商誉。这样一来，收购方合并报表的账面净资产就可能发生大幅下滑，使得市净率指标失去可比性。例如上市公司国美电器控股有限公司（00493.HK，简称国美电器控股）2006年收购其子公司国美电器有限公司（简称国美电器）少数股权的交易，由于二者受同一股东控制而按照同一控制下企业合并的会计准则相应调整收购方的净资产，从而导致收购后国美电器控股账面净资产值大幅下降了16.33亿元人民币，而其2005年底的账面净资产值仅为18.71亿元人民币，这使其市净率指标失去可比性。

另外，如果某公司最近刚进行过资产重估，那么它与最近没有进行资产重估的公司之间的净资产值就不具可比性，即使这些公司在业务、规模、盈利能力、资本结构等方面非常相似。

（2）市净率倍数法的应用

市净率倍数反映了股权的市场价值和账面价值之间的比率关系。市场价值和账面价值之间的关系常常吸引着投资者的注意力。资产的市场价值反映了资产的盈利能力和预期未来现金流的成长性和风险，而账面价值反映的是它的初始成本。因此，市场价值通常会与账面价值有显著差异。

账面价值往往被看做是市场价值的一个底线，虽然这个底线更准确地来讲应该是清算价值。在市场持续上涨或经济基本面较好时，投资者对公司的盈利能力比较乐观，因而更关心市盈率；而市场持续下跌或经济基本面较差时，投资者对公司的盈利能力没有信心，往往转而关心相对稳定、有把握的净资产，所以更愿意使用市净率。

对于银行、保险等金融机构来说，市净率具有更深刻的意义和更普遍的应用。以银行为例，由于银行的利润主要来源于其贷款等生息资产，而出于银行业特殊的公共性质和审慎的考虑，银行业往往面临相比其他行业更加严格的监管，这使得银行资产规模的扩张严格地受制于其资本的充足水平。此外，银行的大部分资产和负债为金融资产和金融负债，在计算净资产时已按照市场价值计量。所以，对于银行来说，其股权价值和净资产之间有着比一般行业更加紧密的联系。市净率法是银行业估值中最常用的方法之一。

（3）市净率倍数与ROE的关系

使用市净率倍数法时，需注意市净率倍数与ROE的关系。从理论上说，净资产相同的两个公司，ROE 较高的公司能够带来较多回报，价值也应该较高，即对应的市净率倍数较高。实证经验也表明 ROE 与市净率倍数之间存在着较强的正相关性。

所以，在使用市净率倍数法时，一种做法是选用与目标公司的 ROE 接近的公司作为可比公司，取这些可比公司市净率倍数的平均值或中位数作为目标公司的参考值；另一种做法是用可比公司的市净率倍数对 ROE 进行回归，然后将目标公司的 ROE 放入回归结果中推算出目标公司适用的市净率倍数。

（4）市净率倍数法的局限

市净率倍数法也存在一些局限性：

- 市净率倍数法以公司目前积累的净资产为基础，是一种"向后看"的估值方法。对大部分行业来说，公司积累的净资产并不能代表未来为股东带来回报的能力。
- 可比公司的选择带有主观性，使用同行业的公司作为可比公司并不能完全解决这一问题，因为即使是同行业的公司在经营组合、风险和增长速度上也存在很大差异，而且其中带有主观偏见的可能性很大。
- 不同公司的账面净资产会受不同的会计制度影响，造成公司之间的可比性降低。
- 账面净资产无法反映公司运用财务杠杆的水平，当可比公司与目标公司的资本结构存在较大差异时可能导致错误的结论。

3.3 企业价值倍数法

企业价值倍数法和前面介绍的股权价值倍数法类似，不同的是企业价值倍数法关注的是企业价值（EV），通常采用"企业价值（EV）/某种指标"的指标形式。

企业价值可以根据以下公式得出：

$$EV = 某种指标 \times （EV/某种指标倍数）$$

常用的与企业价值对应的指标包括 EBIT、EBITDA 等财务指标或与行业经营特征相关的经营类指标等。

3.3.1 企业价值/息税前利润倍数

1. 方法概述

息税前利润（EBIT）是在扣除债权人的回报（也就是利息费用）之前的利润，所有出资人对于该利润的形成都享有分配权,所以该利润对应的价值是企业价值。

使用企业价值/息税前利润(EV/EBIT)指标时,企业价值可以由以下公式得出:

$$EV = EBIT \times (EV/EBIT 倍数)$$

在用这一指标进行估值时,其步骤如下:

(1)计算行业可比公司的 EV/EBIT 倍数。在行业中选取业务、规模、投入资本回报率等方面可比的上市公司,根据其股价计算它们的股权价值,然后根据企业价值恒等式进行调整,加上债权价值,扣除现金及非核心资产得到企业价值(EV),并除以可比公司的息税前利润(EBIT)得到可比公司的 EV/EBIT 倍数。在调整可比公司企业价值时需要注意:

- 价值等式中的项目都需用市场价值。
- 在计算可比公司的 EV 时,如果某可比公司在多地上市,比如既有 A 股,又有 H 股,那么其股权价值有两种计算方式:一种是以目标公司所在市场的该可比公司股价乘以所有的普通股数,另一种是以可比公司各个市场的股价分别乘以该市场的普通股数。若两地市场价格差异较大,由于估值更多考虑目标公司所在市场情况,可比分析时可采用第一种方法。

(2)计算目标公司的 EV,反推目标公司的股价。根据可比公司的 EV/EBIT 倍数,选择平均值或中位数作为目标公司的 EV/EBIT 倍数,乘以目标公司的 EBIT 得到目标公司的企业价值,再加上现金及非核心资产,扣除债务价值得到股权价值,从而计算出目标公司的股价。

【例】A、B、C、D 公司为目标公司的可比公司。以可比公司 EV/EBIT 倍数的平均值作为目标公司的 EV/EBIT 倍数,请根据下面的信息,运用 EV/EBIT 倍数法估算目标公司的每股价值。

单位:万元

	股价(元/股)	普通股数(万股)	股权价值	现金及非核心资产	债务	EV	EBIT	EV/EBIT
A 公司	11.60	7 235		3 019	26 166		9 487	
B 公司	7.66	7 838		2 575	27 678		10 319	
C 公司	4.47	7 700		5 953	22 037		6 855	
D 公司	6.74	17 512		10 897	60 504		22 966	
目标公司		2 737		4 780	24 155		8 036	

第一步,计算可比公司的 EV/EBIT 倍数。根据 A、B、C、D 公司的股价和普通股数可以计算出它们的股权价值分别为 83 926 万元、60 039 万元、34 419 万元和 118 031 万元,然后加上债务的价值并扣除现金及非核心资产价值得到其各自 EV 为 107 073 万元、85 142 万元、50 503 万元和 167 638 万元,从而计算出它们的 EV/EBIT 倍数分别为 11.3 倍、8.3

倍、7.4 倍、7.3 倍。

单位：万元

	股价（元/股）	普通股数（万股）	股权价值	现金及非核心资产	债务	EV	EBIT	EV/EBIT
A 公司	11.60	7 235	83 926	3 019	26 166	107 073	9 487	11.3 倍
B 公司	7.66	7 838	60 039	2 575	27 678	85 142	10 319	8.3 倍
C 公司	4.47	7 700	34 419	5 953	22 037	50 503	6 855	7.4 倍
D 公司	6.74	17 512	118 031	10 897	60 504	167 638	22 966	7.3 倍
平均值								
目标公司		2 737		4 780	24 155		8 036	

第二步，计算可比公司 EV/EBIT 倍数的平均值，求出目标公司的 EV，反推公司股价。

可比公司 EV/EBIT 均值 = （11.3 + 8.3 + 7.4 + 7.3）÷ 4 ≈ 8.6

以可比公司的平均 EV/EBIT 倍数作为目标公司的 EV/EBIT，可以得到：

目标公司 EV ＝ 目标公司 EBIT ×（EV/EBIT 倍数）

$$= 8\ 036 \times 8.6$$

$$\approx 69\ 110（万元）$$

目标公司股权价值 ＝ EV + 现金及非核心资产 − 债务

$$= 69\ 110 + 4\ 780 − 24\ 155$$

$$= 49\ 735（万元）$$

目标公司每股价值 ＝ 股权价值 ÷ 普通股股数

$$= 49\ 735 ÷ 2\ 737$$

$$\approx 18.17（元/股）$$

单位：万元

	股价（元/股）	普通股数（万股）	股权价值	现金及非核心资产	债务	EV	EBIT	EV/EBIT
A 公司	11.60	7 235	83 926	3 019	26 166	107 073	9 487	11.3 倍
B 公司	7.66	7 838	60 039	2 575	27 678	85 142	10 319	8.3 倍
C 公司	4.47	7 700	34 419	5 953	22 037	50 503	6 855	7.4 倍
D 公司	6.74	17 512	118 031	10 897	60 504	167 638	22 966	7.3 倍
平均值								8.6 倍
目标公司	18.17	2 737	49 735	4 780	24 155	69 110	8 036	8.6 倍

2. EV/EBIT 倍数法与市盈率倍数法的比较

市盈率指标使用净利润作为估值基础，净利润包含了太多的信息，公司的资本结构会对它产生影响，而使用 EV/EBIT 指标可以剔除这种影响。因为净利润是属于股东的权益，无法反映债权人的求偿权；EV 是股权人和债权人共同享有的价值，EBIT 是向债权人和股权人分配前的利润，这两者的比值与资本结构无关。例如，两个公司从事相同的业务，经营、管理的能力也差不多，资本结构也大致相同，在用一家公司作为可比公司估计另一家公司的价值时，我们可以给它们设定相同的市盈率倍数。但如果两家公司中一家全靠自有资金，另一家采取高杠杆经营的方式，再使用相同的市盈率倍数就会导致误差。在这种情况下，用 EV/EBIT 倍数就合理得多。

3.3.2　企业价值/息税折旧摊销前利润倍数

1. 方法概述

息税折旧摊销前利润（EBITDA）同样也是在扣除利息费用之前的利润，所以它对应的也是企业价值。

使用企业价值/息税折旧摊销前利润（EV/EBITDA）指标时，企业价值可以根据以下公式得出：

$$EV = EBITDA \times (EV/EBITDA 倍数)$$

2. EV/EBITDA 倍数法与 EV/EBIT 倍数法的比较

相比于 EV/EBIT 倍数法，EV/EBITDA 倍数法更适用于重资产型行业，原因包括：

（1）EBITDA 指标剔除了公司间由于会计政策和估计不同而导致的折旧、摊销水平不同的影响。例如，中国铁建（601186.SH）、中国中铁（601390.SH）这两家公司业务和资产的性质十分相似，但折旧政策不同。粗略估计，若中国中铁按中国铁建的折旧政策计提折旧，2009 年将多计提 10 亿元左右折旧，约占当期实际折旧的 30%，占当期净利润的 13% 左右。

（2）EBITDA 指标剔除了不同发展阶段导致的折旧、摊销水平不同的影响。例如我国东北的很多老钢厂，固定资产的使用年限已经超出了折旧年限，但仍在继续使用，公司每年的折旧数额就会较小，而新建的钢厂折旧则会很大。假设两家钢铁公司的经营管理都类似，则老钢厂的折旧少，EBIT 高，如果使用 EV/EBIT 倍数法，并给予相同的 EV/EBIT 倍数，则会得出老钢厂价值更高的结论。很显然这个结论并不合适，使用 EV/EBITDA 倍数法则可以避免此种情形。

3. EV/EBITDA 倍数法在使用时应注意的问题

公司的资本密集程度、持续的资产投资需求、资本成本、税率、未来的增长性，都会对 EV/EBITDA 产生影响。通常来说，资本越密集，未来扩张时资产投资需求越高；资本成本越高、税率越高以及未来增长性越低的公司，EV/EBITDA 越低。在使用 EV/EBITDA 倍数法估值时，需考虑可比公司与目标公司在以上因素的可比性。

3.3.3 企业价值/某经营指标倍数

企业价值倍数还有很多其他形式，普遍适用的指标有企业价值/营业收入，其使用方法与企业价值/息税前利润、企业价值/息税折旧摊销前利润等指标是一样的。

此外，很多行业都有一些适用于自己行业的经营指标，这些经营指标很大程度上决定了本行业公司的价值。

【例】对于发电行业而言，行业内普遍使用装机容量作为价值估算标准，假设行业普遍认可的价值标准是 4 500 元每千瓦，那么一个装机容量为 10 万千瓦的电厂，使用上述价值估算标准估计它的企业价值应该在 4.5 亿元左右。

 经营指标是由公司所有出资人共同贡献和共同享有的，应与企业价值对应，而非股权价值。

运用这些带有行业特征的指标，可以很清楚地看到该行业中公司价值最重要的驱动因素是什么。不过，同时我们也应注意不同公司之间在其他方面的差异，有时这些差异恰恰体现了该公司的核心竞争力，所以不能机械地运用。

3.4　一些特殊的可比指标

3.4.1 A/H 指标

除了上面介绍的一般性可比指标外，在特殊环境下还可以选用一些特殊的指标。例如对于同时在香港市场和内地 A 股市场上市的公司，可以用 A/H 指标（A 股价格/H 股价格)。具体做法是先寻找一组同时在香港市场和内地 A 股市场上市的可比公司,根据它们的 A 股价格和 H 股价格计算 A/H 指标,取其平均值或中位数,再根据目标公司与可比公司的差异进行调整,以此作为估值时使用的 A/H 指标,然后使用下列公式:

A 股价值 = H 股的价格 × A/H 指标

【例】X 公司已在 H 股上市,现拟在 A 股上市。A、B、C、D、E 五个公司为 X 公司的可比公司且均在 A 股和 H 股上市,其相关信息如下表所示(H 股价格均折算为人民币单位):

公司	H 股价格(折算后:元/股)	A 股价格(元/股)	A/H 指标
A	4.91	7.81	1.591
B	7.82	13.88	1.775
C	10.55	17.61	1.669
D	15.26	28.80	1.887
E	32.58	39.15	1.202
平均值			1.625
中位数			1.669

已知 X 公司在 H 股的股价折算成人民币的价格为 8.47 元/股,使用可比公司平均的 A/H 指标为标准,则估计 X 公司的 A 股股价为 8.47 × 1.625 = 13.76(元/股)。

3.4.2 PEG 倍数法

市盈率指标无法直接反映公司收益的增长前景对价值的影响,对于高成长型公司或者可比公司的增长水平与目标公司差异很大时,使用可比公司的市盈率就不太合适,而完全主观地给出市盈率倍数又缺少依据。为了克服市盈率指标的这一缺陷,体现不同公司成长性的不同,可以采用 PEG(Price/Earnings/Growth Rate)倍数法。

$$PEG = 股权价值 \div (净利润 \times 盈利增长率)$$
$$= 每股市价 \div (每股收益 \times 盈利增长率)$$
$$= 市盈率 \div 盈利增长率$$

其中,盈利增长率是去除百分号的增长率(增长率数值的 100 倍),通常采用未来 3 ~ 5 年预期的年复合增长率,这样可以在一定程度上避免收益的短期波动对价值的影响。使用 PEG 指标计算股权价值的公式为:

$$股权价值 = 净利润 \times PEG \times 盈利增长率$$

或

$$每股价值 = 每股收益 \times PEG \times 盈利增长率$$

【例】某上市公司当年的净利润为 8 300 万元，预期未来三年净利润的复合增长率为 9%，根据可比公司计算得到的平均 PEG 为 1.2，以该 PEG 指标为基础，可得到该公司的股权价值为：

$$8\ 300 \times 9 \times 1.2 = 89\ 640\ （万元）$$

3.5 相对估值法总结

3.5.1 可比公司的选择

使用可比公司法进行估值时，首先需要面对的问题是选择哪些可比公司。

可比公司与目标公司应该在行业、主营业务或主导产品、公司规模、盈利能力、资本结构、市场环境以及风险度等方面具有相同或相似的特征。选取可比公司并不容易，不过我们仍可以通过一些渠道获取关于可比公司的信息，这些渠道主要包括：

- 财经资讯终端。如万得资讯（Wind）、彭博资讯（Bloomberg）、汤姆森—路透公司（Thomson Reuters）、FactSet 等。
- 投行的研究报告。在国内外很多券商的上市公司研究报告里，我们不仅可以看到它们选择了哪些可比公司，还可以看到使用可比公司法的过程以及估值的结果。
- 公司公告。招股说明书及年报中也可能涉及到可比公司的信息，特别是一些与本公司在业务、产品等方面有着竞争关系的公司信息。

3.5.2 可比指标的选择

在运用可比公司法进行估值的时候，常常面临的一个问题就是选取什么样的可比指标。

（1）不同的行业有一些具有本行业特色的估值倍数，不同行业常用的可比指标如表 3-1 所示：

表 3-1

行业	可比指标
水泥、钢铁等重资产制造业	EV/EBITDA、EV/产能
电力行业	EV/EBITDA、EV/装机容量
采矿业	EV/EBITDA、EV/矿产储量
石油、天然气等资源开采业	EV/EBITDA、EV/储量
连锁经营的零售业	EV/营业面积、EV/门店数量

续表

行业	可比指标
电信运营业	EV/EBITDA、EV/Sub（用户数）
互联网行业	EV/用户数、EV/点击量
房地产业	MV/NAV（市值/净资产价值）
银行业	P/B
保险业	MV/Embedded Value（市值/内含价值）

（2）还要考虑公司不同的发展阶段的影响。我们将净利润、EBIT、EBITDA、收入等指标按照利润表从下到上的顺序进行排列，一般来说，越是成熟的行业或公司，越适用靠下的指标（净利润等），越是初创型的行业或公司，越适用上面的指标（收入等）。这是因为越成熟的公司，下面的指标越稳定而且更具有参考意义；而处于高速发展或是初创型的公司，其靠下的指标具有很大波动性，甚至在目前是负值，所以这些公司不适用靠下的指标。

3.5.3　可比指标参考值的选取

选择可比指标后，我们就可以把各个可比公司的可比指标计算出来，从而得到这些指标的最小值、中间值、平均值以及最大值。那么我们该选择哪个值作为目标公司的参考值呢？

这就需要考虑目标公司和所选的可比公司在发展能力、持续竞争力等方面的差异。通常情况如下：

（1）如果目标公司在这些方面处于所选可比公司的中间水平，那么选用可比公司的可比指标的平均值或中位数比较合理。

（2）如果目标公司在这些方面显著优于大部分所选可比公司的水平，那么合理的做法是在可比公司的可比指标的平均值或中位数的基础上给予一定的溢价。

（3）如果目标公司在这些方面显著低于大部分所选可比公司的水平，那么合理的做法是在可比公司的可比指标的平均值或中位数的基础上给予一定的折价。

另外，我们对目标公司进行估值时，给出的结果通常是一个价值区间。所以，更常用的方法是选择可比公司的可比指标的最小值和最大值来算出价值区间的下限和上限。

此外，还需要考虑的是如果目标公司是非上市公司，那么通常的做法是在所选可比指标的基础上再给予一定的折价。

3.5.4 相对估值法的优点和局限性

与绝对估值法相比，相对估值法具有以下优点：
- 运用简单，易于理解。
- 主观因素较少，能够相对客观地反映市场情况。
- 可以及时反映出资本市场中投资者对公司看法的变化。例如，如果投资者对零售业股票持乐观态度，那么该行业公司股票的市盈率将较高，以反映市场的这种乐观情绪。通常情况下，可以作为即将上市公司首次公开发行和已上市公司增发的价格确定的良好参考。

同时，相对估值法也有如下局限性：
- 基于有效市场假说，受市场价格偏差影响。特别是当市场对某行业所有股票甚至市场上几乎所有股票的定价出现系统性偏差的时候，那么使用该行业公司股票的平均市盈率将会导致估值出现偏差；有的可比公司的估值可能会受到市值较小、缺乏研究跟踪、公众持股量小、交易不活跃等的影响，股票价格同时还会受到行业内并购、监管等外部因素的影响。
- 分析结果的可靠性受可比公司质量的影响，有时我们很难找到业务模式、规模、地理环境、市场环境都相似的大量可比公司。

3.6 其他估值法

除了绝对估值法和相对估值法外，在特殊情形下，我们还可以使用一些其他的估值方法。

3.6.1 账面价值法

账面价值法是指用资产负债表中公司的净资产账面价值作为股权价值的估计方法，它体现的是公司的所有者在历史上所投入的资本和历史上经营成果的累积，是从过去的角度进行的价值评估。因此这种方法是一种向后看的方法，忽略了价值的根本来源，并且对于绝大部分优秀的公司来说，采用账面价值评估股权价值往往会造成严重的低估。但是账面价值法操作简单、易于理解，因此在我国资本市场不发达的历史阶段具有广泛的应用。如在集团内部的资产重组或国有企业的改制重组时，就经常使用账面价值法。随着我国资本市场不断发展和价值理念的逐步深化，这种方法已经越来越少地被使用。

3.6.2 清算价值法

清算价值法是指公司立即进行清算所能得到的回收价值。它相对于账面价值法的不同之处在于，它考虑了部分资产在现时的市场环境中出售时能得到的价值不等于账面价值的情况。一般来说，交易越不活跃的资产，越不易变现，其出售价格就越低。比如具有特殊用途的机械设备，由于不存在活跃的转让市场，很难变现，所以其出售价格经常远低于账面价值。对于公司常见的资产——存货和应收账款，在进行公司清算时其出售价格也往往在账面值的基础上打一个不小的折扣。但是，对于一些交易活跃的资产，其出售价格可能高于其账面值。比如优良地段的房产，由于自身升值原因且易于找到买家，其出售价格往往会高于账面价值。需要注意的是，在用清算价值法估值时，需要考虑出售资产、偿还债务的清算费用。

清算价值法适用于濒临破产或因其他原因无法继续经营的公司的估值，同时它也可以作为股权价值的一个底线，如果股权价值低于该价值，则理论上可以通过收购该公司并立即进行清算，从而实现套利。

3.6.3 重置成本法

重置成本法是指在当前的市场环境下，用重新建造一个相同规模和经营水平的公司所需要投入的成本来对目标公司进行估值的方法。由于长期经营的公司除了拥有可以短期内重置的资产外，通常还拥有一些无法短期复制的价值，比如公司品牌、公司文化、经营管理效率、与上下游公司的良好商业关系以及客户忠诚度等，所以这种方法通常可以作为企业价值底线的参考，如果一个公司的价值低于重置成本，那么行业中的其他竞争者或潜在进入者在进行投资时，就可以考虑用收购该公司替代自己重新建厂。适用于重置成本法的公司一般价值主要体现在可复制的资产（例如生产线）上。

3.7　估值方法选择

在上一章和本章，我们相继介绍了绝对估值法、相对估值法以及其他估值法。估值方法结构图如图 3-1 所示。

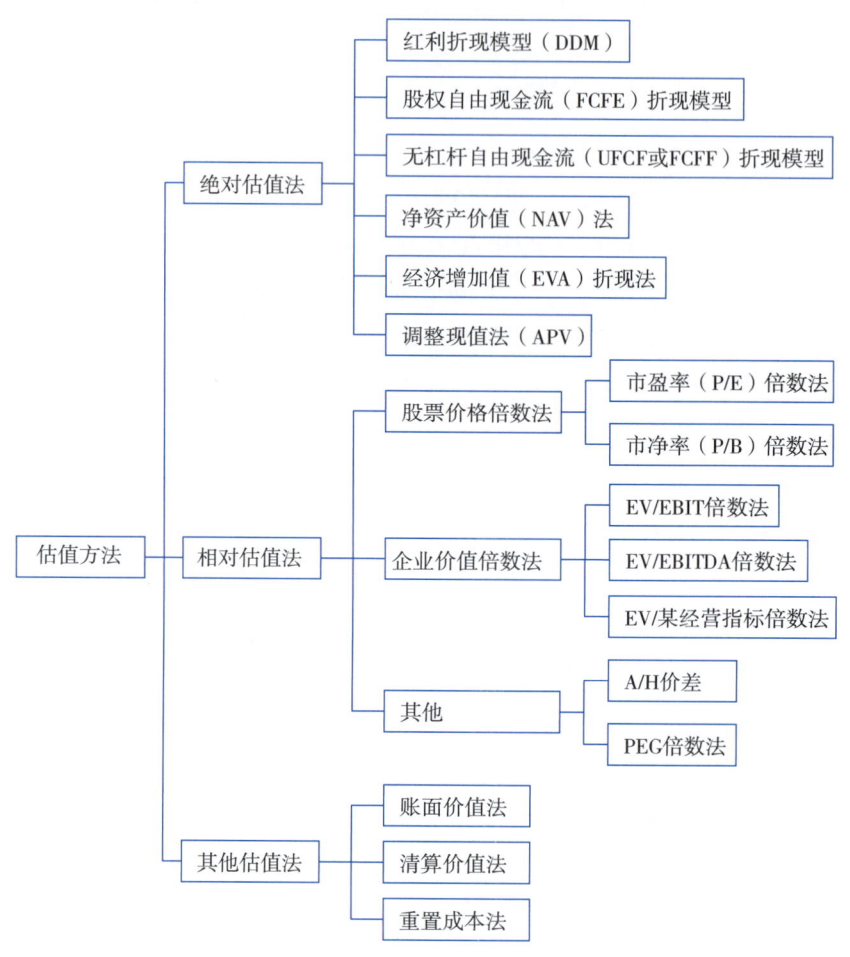

图 3-1 估值方法结构图

面对如此多的估值方法，在做价值评估时该如何选择使用呢？我们在之前介绍这些估值方法时，已分别讨论了它们各自的适用性或优缺点。除此之外，还需要把握以下几条较为通用的原则：

原则一：视具体目的而定

当我们想快速地估计目标公司的价值时，往往采用相对估值法，选择合适的可比指标（财务指标或适合该公司所在行业的运营指标）对其进行价值评估。当我们想挖掘价值的真正来源，理解关键驱动因素对价值的影响时，更多地是采用绝对估值法。若我们对市场价格所隐含的平均估值水平较认可，在此基础上判断目标公司是否便宜时，或以中短期交易为目的时，较适宜采用相对估值法。若我们想独立于市场波动，以长期持有目标公司股票甚至该公司时，较适宜采用绝对估值法。若我们考虑停止目标公司的运营，或者完全改变其经营管理时，较适宜采用账面价值法、清算价值法或重置成本法。

原则二：视具体行业而定

对于大部分收入驱动型行业而言，绝对估值法中的 UFCF 折现模型，相对估值法中的市盈率倍数法、EV/EBITDA 倍数法是比较适用和常用的。

但是对于某些行业而言，也会使用一些适合行业特点的估值方法：比如对于资源型行业（如房地产、矿产开采等），绝对估值法中经常使用 NAV 方法，相对估值法中会使用 EV/储量倍数法；对于资本监管严格的行业（如银行等），绝对估值法中的 DDM 模型使用较多，相对估值法中更关注市净率倍数。在本书"第 8 章　估值专题"中，我们探讨了对于房地产行业、金融机构的估值，供读者参考。

原则三：视信息掌握程度而定

当我们掌握的目标公司的经营和财务数据较少时，较难作出合理的绝对估值，几乎只能进行相对估值。在相对估值法中，EV/某经营指标倍数法和 PEG 倍数法有时也会受到数据的限制而难以使用。

原则四：多种方法结合使用

不同的估值方法都有其优点和不足，是从不同的角度对企业价值的评价。所以使用时往往不局限于一种估值方法，会将多种估值方法结合起来分析公司的价值。

CHAPTER 4 第4章 建模前期准备

在前面的三章中已经介绍了估值的基本原理和常用方法，接下来就需要将这些原理和方法运用到估值建模之中。在具体建模之前，我们需要先了解一下什么是建模，以及建模有哪些准备工作。本章主要介绍以下几个方面的内容：

- 建模前需要思考的问题。建模前需要考虑整个财务预测模型是为谁服务等一系列问题，这样才能选取合适的预测思路及估值方法。
- 对历史数据的整理。对历史数据的整理是一项非常重要的工作，从这些分析整理中，我们在很大程度上可以看出公司的经营模式，为假设数据提供依据。
- 获取假设数据的基本方法。除了上述从分析历史数据中找出假设的方法外，还可以从公司和行业特点、宏观经济形势等方面获取假设的依据。

建模前期准备将为整个财务预测模型打下基础，是决定一个财务预测模型是否可用的关键。

4.1 建模前的思考

4.1.1 建模内容、原因及工具

1. 什么是建模？

本书中的建模主要指财务建模，即建立财务模型。所谓财务模型，一般是指将公司的各种信息按照价值创造的主线进行分类、整理和链接，并在此基础上完成对公司财务状况的分析、预测及价值评估等功能。一般的财务模型包含三个方面：

图 4-1 建模过程

（1）历史分析

历史分析是对公司历史经营绩效进行全面分析。通过横向和纵向的比较，了解公司各种收入、费用、资产、负债等会计要素的组成状况，以及随时间的变化规律及趋势，从而推断影响公司历史绩效的各类因素及其影响方式和影响程度等，并为后续预测提供依据。

（2）财务预测

在历史分析的基础上，综合考虑公司的发展规划、特定战略、外界环境变化等因素，对公司未来的绩效水平作出假设（包括公司未来的收入增长、成本结构、资本支出、市场规模等），并最终完成对公司资产负债表、利润表以及现金流量表的预测。

（3）价值评估

根据财务预测的结果，估算公司的各类估值参数，选择适当的估值方法对公司的价值进行评估。同时可以分析重要参数变化对估值结果的影响。

2. 为什么要建模？

估值的目的是寻找公司（或资产、股权）的合理价值，为投资决策提供依据。在价值评估过程中，需要对影响价值的各种经营要素进行分析和量化。然而，现代公司的商业模式日趋复杂，影响价值的因素以及各因素之间的关系并非一目了然，估值难度越来越大。此时，财务模型为我们提供了很好的解决方法。财务模型的优势主要体现为以下几点：

（1）实现定量化分析

这种定量化并非仅指最后得到的价格数值，更重要的是指整个分析过程的定量化，整个估值工作也因此能更清晰和更深入。再配合定性分析，就可以从多角度对公司进行更立体的理解。

（2）实现系统化分析

举例来说，当一个制造业公司新上一条生产线时，它的影响是多方面的：该公司的固定资产会增加，未来的折旧也会相应增加；随着生产的进行，产量增加，收入会增加，相应的管理费用、销售费用和经营成本也会随之增加；同时，如果该公司建设这条生产线时进行了融资，资本结构发生了改变，那么财务费用也会发生变化，这一系列财务数据的变化会使得毛利率、资产收益率、资产负债率等财务指标也发生变化，可谓"牵一发而动全身"。如果不建立财务模型，恐怕很难周全考虑这些变化。建立财务模型，则可以将所有影响因素和指标变化都放在一个统一的体系内进行系统化分析，其结果也更有意义。

（3）提供严谨的分析框架

财务模型是理解公司的非常好的工具和方法。尽管估值的结果可能会因建模者对参数的选择、判断而有所不同，但是估值的流程框架基本上是一样的，它不仅反映了公司的财务状况，还从业务模式、公司战略和行业发展状况等角度揭示出影响企业价值的各种关键因素，这也是建模的核心意义所在。

3. 为什么使用 Excel 进行建模？

财务建模主要通过 Excel 软件进行。很多华尔街顶级投资银行、国际著名的投资机构也都使用 Excel 进行财务建模。这主要得益于 Excel 软件的强大功能及可操作性：

（1）Excel 提供了大量的计算函数和辅助分析工具，能很好地满足财务建模的需要；

（2）Excel 具有形象直观的操作界面，且提供了大量快捷键，能提高建模效率；

（3）Excel 与其他软件有很好的兼容性，无论从外部导入数据还是输出计算结果都很方便；

（4）最后，使用 Excel 建模能方便展示模型结果、重要假设和关键结果，便于建模者和其他人员进行交流与沟通，这个过程通常称为"对模型"。

因此，要想成为一名优秀的建模者，必须熟练使用 Excel。关于建模中常用的 Excel 技巧，可参阅本教材配套的《Excel 财务建模手册》（诚迅金融培训公司编写）。

需要指出的是，财务模型远不是 Excel 文件里那些枯燥、冰冷的公式或数字，隐藏在这些公式和数字背后的经济意义和估值思想才是关键。因此对建模人员来说，除了要熟练掌握 Excel 技巧、具备扎实的会计和财务知识、熟练掌握和理解各种估值方法之外，最重要的是准确把握公司乃至整个行业的商业模式。全面理解公司的运营模式、价值驱动因素，才能构建出一个合理、有效的财务模型。模型最后的质量就是建模者在上述几方面的综合能力的反映。

4.1.2 建模前问自己的问题

在开始动手建模之前，有一些准备工作需要完成，比如明确建模的目的、了解建模的对象等。如果这些工作没有完成就匆忙开始建模，结果往往是做了很长时间以后才发现从一开始模型就不能满足建模的需求，之前绝大多数工作都是在浪费时间。所以，要构建一个合适的模型，在动手打开 Excel 之前，通常需要问自己以下几个问题：

1. 建模最主要的目的是什么？

给一个公司建模，可能有多种目的，建模者需要想清楚自己建模的目的是什么。保荐人为一家准备首次公开发行上市的公司建模时，其主要目的是为公司进行定价并向投资者推荐公司。保荐人可以深入公司进行访谈并与公司长期紧密接触，可以详细了解公司的经营数据，并且其推荐对象主要是关注公司真实价值的投资者。这种情况下模型需要较为详细，并且也有足够的公司数据支持，需要采用多种估值方法相结合的方式，从而给出公司的价值区间。同时，保荐机构还应当估计融资规模以及募集资金投入经营活动后对公司的影响。

而对于二级市场投资者来说，需要判断投资该公司的股票是否可以获得盈利或者达到资产配置的目的。其依据主要来自公开信息及公司调研，所构建模型的数据支持不如保荐人充分，因此其模型的复杂程度也相应降低。二级市场投资者更多地根据可比估值法对目标公司作出基本估值判断。

在非公开市场，公司的财务顾问也可以深入公司获取足够的数据支持，其构建的财务模型用于向投资机构推荐公司，同时也为公司的发展战略提供建议。财务顾问所做的模型也应当详细展示公司的经营特点，挖掘影响该公司价值的关键因素，为融资确定合理的交易价格。

作为公司的财务投资者，其目的主要是通过购买公司的部分股权并在一定期限后退出以获取财务上的回报。因此财务投资者主要关注投资的价格、退出的时间和方式、退出时的股权价格以及测算投资回报率。财务投资者在刚接触公司时通常会构建一个较为简单的模型从而迅速对公司的价值作出初步判断，进入后续阶段会做十分详细的模型以期尽可能准确地判断公司的价值。进入尽职调查阶段后，财务投资者会根据具体模型的需求对公司进行调研，然后补充并修正模型。

不同的建模目的决定所需数据的详细程度、估值的具体方法和模型的复杂程度。建模者所处的不同地位决定可得数据的详细程度。所以，明确建模的目的是建模工作的第一步。

2. 建模对象是谁？

很多时候，我们要分析的公司有一些控股的子公司，这时我们就要决定是以母公司为建模对象，还是以母公司加上其子公司所组成的集团为建模对象。如果是前者，我们还要进一步考虑是否需要对其重要的控股子公司单独建模，以及如何计算其子公司的价值。

对于建模者来说，将多个行业的业务合在一起预测往往是不现实的，即使是很有经验的建模人员，面对一个跨多个行业的合并报表时，也很难分析其好坏或作出准确的价值评估。所以如果子公司和母公司不在同一个行业，业务也没有明显的关系，同时又能拿到子公司比较详细的材料，那么最好的处理方式就是对母公司和子公司分开建模。

如果母公司和子公司有明显的上下游承接关系，可以从业务上把两者看成一个整体，或者母公司只是一个形式上的控股公司，具体业务都分散在众多业务类似的子公司时，把整个集团作为建模的对象就更为可行。

比如房地产开发公司万科 A（000002.SZ），其房地产开发业务主要分散于在各城市设立或投资的子公司，这些子公司业务很相似，建模时把整个集团作为建模对象更合适。

 若母公司与子公司同质性很高，则可以以合并后的集团为主体建模，否则对母公司和子公司分开建模更为合适。

3. 目标公司的业务模式是什么？

想了解一家公司是怎样赚钱的，我们就需要知道该公司靠什么业务取得收入，实际上也就是需要了解该公司的业务模式。只有了解业务模式，我们才能决定建模的顺序和思路、搭建模型架构、设定假设。建模者应当找出决定公司成长速度的关键因素，并在模型中把它们影响收入、现金流的路径体现出来。简单来说，这个过程就是建模者把公司的经营过程从头到尾从财务和价值的角度模拟一遍。

举例来说，同样是房地产开发公司，几乎全部是住宅开发的万科与主营物业酒店管理的北辰实业在收入预测的结构上就不同。住宅开发的业务模式是投资买地→开发建设→销售→回款，而持有物业是投资买地→开发建设→出租→每年拿租金，这使得两种类型公司的现金流具有明显不同的特点。

 动手建模前需要分析企业的业务模式和盈利模式，不能对不同模式的企业使用同一模型框架。

4. 未来的基本假设如何？

根据现有的信息，在未来几年公司有没有重大的扩张、重组计划？其所处的宏观经济情况可能发生什么变化？其经营的外部行业环境会不会有很大的变化？其商业模式会不会因此而发生改变？公司管理层是否会发生变动以及是否会因此影响到公司的经营效率？这些信息都起着至关重要的作用。

5. 名义模型还是实际模型？

在给出基本假设数据之前，还需要确定我们所做的模型是名义模型还是实际模型，也就是说我们所给出的未来年份假设数据是否包含了通胀率。由于产品销售价格、原材料购买价格以及购买固定资产的价格都会受到通胀的影响，在构建名义模型时应当在给出假设数据时考虑通胀率。类似地，对于长期增长率来说，如果我们预计公司的实际增长率为1.2%，未来的通货膨胀率为2%，则给出的名义增长率假设应该为3.2%。由于折现率体现了投资人对于投入资本的要求回报率，也应当将通胀率反映到名义模型的折现率中。

6. 如何选择估值起点和预测期起点？

建模者应当根据实际情况选择合理的估值时点和预测期起点，并相应确定所选择的会计期间，这会影响到建模者所选择的财务数据以及现金流折现值。如果建模的时点不是在年初，则除了已经获得的上一年的年度财务报表外，可能还会获得本年第一季度的财务数据甚至中期、第三季度数据。此时，是将年初作为预测期起点，还是将最新的财报期末作为预测期起点？历史数据选择的期间长度是多少？还需要根据建模目的确定模型预测期的长度是多少。

在估值时，建模者需要确定估值时点如何选择。通常，将估值时点选择为预测期起点会比较方便。而在 IPO 或者并购交易中，需要根据项目的时间安排来确定估值时点，例如在预测时点的 1~2 个月之后。证券公司研究员在推荐股票时，有时会给出 6 个月目标价或者 12 个月目标价，这样估值时点就是在预测时点的 6 个月或者 12 个月之后。

4.2 历史数据的来源及整理

了解一家公司首先要了解它的历史。我们可以通过多种途径来获得历史数据，如上市公司的公告（年报、招股说明书等）、券商的研究报告、专业数据库、行业协会和国家统计局发布的行业及宏观经济统计、去目标公司内部实地调研及个人平时积累等。未加整理的历史数据是无序、难以应用的，只有对历史数据加以整理才能保证我们高效、准确地建立模型。

4.2.1 历史数据来源

1. 公司公告

这里主要指的是上市公司的定期报告和不定期的公告，因为上市公司有很严格的信息披露要求，公司每年、每半年、每季度都会发布相应的年报、半年报和季报。如果公司出现任何可能对自身有重大影响的事件，也会不定期地发布公告。这些年报、半年报、季报以及公告中包含了很多我们预测所需要的原始数据和信息。对于需要披露合并财务报表的公司，还会分别列出母公司财务报表和合并财务报表。从公司年报的财务报告部分，我们可以获得公司每年的财务报表数据。三张主要的财务报表（资产负债表、利润表和现金流量表）会给出基本的财务数据，但有些科目的具体内容和来源没有在这里面完全说明，因此我们还需要查看财务报表附注来了解这些科目具体是什么内容。在财务报表中会注明该科目是否有附注以及附注所在的位置。

 对于上市公司，我们不仅要看财务报表，也要看财务报表附注。

表 4-1 为长江电力（600900.SH）2008 年度利润表的一部分。

表 4-1　　　　　　　　　　　　　　利润表

编制单位：中国长江电力股份有限公司　　　　　　　　　　　　　　　金额单位：人民币元

项目	注释	2008 年度 母公司	2008 年度 合并	2007 年度
一、营业收入	28/d	8 807 092 497.47	8 807 092 497.47	8 735 391 685.41
减：营业成本	28/d	3 411 160 683.31	3 411 160 683.31	2 649 839 477.74
营业税金及附加	29	139 325 936.86	140 590 936.86	134 002 744.04
销售费用		1 435 538.30	1 435 538.30	2 188 336.27
管理费用		313 079 247.93	315 638 633.41	309 688 486.00
财务费用	30	930 101 429.48	901 765 868.32	865 544 709.62
资产减值损失	31	814 140.60	814 271.46	447 661.40
其他				
加：公允价值变动收益（损失以"-"号填列）				
投资收益（损失以"-"号填列）	32/e	432 187 604.54	439 191 751.10	2 094 768 034.10
其中：对联营企业和合营企业的投资收益		48 834 258.60	48 858 537.96	11 867 821.98
二、营业利润（亏损以"-"号填列）		4 443 363 125.53	4 474 878 316.91	6 868 448 303.64
加：营业外收入	33	725 548 882.38	725 548 882.38	744 115 131.36
减：营业外支出	34	15 437 344.29	15 437 344.29	19 706 412.88
其中：非流动资产处置损失		6 556 738.29	6 556 738.29	1 824 721.30
三、利润总额（亏损总额以"-"号填列）		5 153 474 663.62	5 184 989 855.00	7 592 857 022.12

资料来源：长江电力 2008 年年报第 52 页。

在表 4-1 中，我们看到 2008 年和 2007 年的财务数据。在财务报表中通常会对比列出当期和上一期的财务数据，这为我们做分析提供了方便。

此外，表中的"注释"一栏标出了对应科目在财务报表附注中的位置。如"加：营业外收入"部分，我们注意到注释一栏写了 33，这就说明我们可以到财务报表附注中注释 33 的位置查看该科目的细节（见表 4-2）。从注释中我们了解到该科目中绝大部分为政府补助利得。这部分政府补助利得是政府对其销售电力产品增值税的返还款，是与其经营业务密切相关的。

表 4-2　　　　　　　　　　　　　　　财务报表附注

33. 营业外收入		
项目	本年发生额	上年发生额
非流动资产处置利得合计	—	1 702 773.18
其中：固定资产处置利得	—	1 702 773.18
政府补助利得*	725 449 252.56	742 223 752.83
其他	99 629.82	188 605.35
合计	725 548 882.38	744 115 131.36

注*：政府补助利得是收到的增值税返还款。根据财政部、国家税务总局财税〔2002〕168 号文件批复，自 2003 年 1 月 1 日起，葛洲坝电站对外销售电力产品按应税收入的 17% 计算缴纳，税收负担超过 8% 部分实行即征即退政策。根据财政部、国家税务总局财税〔2002〕24 号文件批复，自发电之日起，三峡电站对外销售电力产品按应税收入的 17% 计算缴纳，税收负担超过 8% 部分实行即征即退政策。公司在实际收到税务机关返还款项后计入营业外收入。

资料来源：长江电力 2008 年年报第 87 页。

财务报表附注对财务建模起着重要作用：
- 在对重要科目进行预测时，通常需要根据财务报表附注的详细注释，对该重要科目进行相应拆分；
- 在进行正常化调整时，通常需要根据财务报表附注才能确定某个科目是否与主营业务相关，而不能单靠科目名称进行判断。

同时，在财务报告的"董事会报告"和"管理层讨论和分析"中，也可以看到公司的经营状况、对未来的规划以及融资计划等。这些可以作为模型预测数据的来源之一，对我们作出较为合理的假设有很重要的作用。

【例】海螺水泥（600585.SH）在其 2008 年年报的"管理层研讨与分析"部分披露："目前，本集团的在建项目大都集中于西部区域，预计可于 2009 年底和 2010 年初陆续投产，这些市场前景良好，项目建成后对提升本集团的效益将会发挥重要作用。2009 年，预计本集团将新增熟料产能 2 160 万吨，新增水泥产能 2 530 万吨，公司的规模优势更加明显。"这样一来，我们在 2008 年年底对海螺水泥做财务预测模型时，就应考虑将在建工程转为固定资产，以及相应带来的产能提升。

公司发生重大事件时，会及时在其不定期的公告中给出相应的描述以及具体的相关数据。比如公司发生重大资产重组事件时，则会发布相应的资产重组公告，公告中会给出资产重组的方案以及重组后的资产状况，这些都可以作为建模的原始数据来源。长江电力 2009 年 9 月 28 日发布《长江电力重大资产购买暨关联交易报告书》，披露了该公司购买三峡机组的数量、价格、支付方式等信息，其中的数据可以作为建模假设数据的参考。

如果公司在多处上市，由于披露要求不同，不同地区的公告会有所差别，所以需要阅读各个版本的公告，找寻适合建模目的的信息。在使用不同版本的公告时，需要注意当中所需遵循的会计制度的区别。

在给公司做财务模型的时候，最基本的历史数据往往来源于上面提到的这些公告。无论是历史的基本财务数据，还是细分的收入成本构成、详细的资产负债表科目明细，都可以在定期报告中获得，所以需要仔细阅读这些文件。这里我们再举几个实际公告的例子，从这些公告披露内容中可以找到在财务模型中可以参考的信息。

【例】下表是海螺水泥（600585.SH）2008 年年报财务报表附注中关于营业税金及附加的明细，这对于我们分析营业税金及附加的构成提供了数据。这里可以看到对于海螺水泥来说，营业税金及附加主要是由营业税、城市维护建设税以及教育费附加构成。

43. 营业税金及附加

	计缴标准	本集团		本公司	
		2008 年	2007 年	2008 年	2007 年
		人民币元	人民币元	人民币元	人民币元
营业税	应税收入的 3% 或 5%	13 530 558	10 485 263	170 342	5 307
城市维护建设税	缴纳增值税及营业税的 1% 至 7%	79 377 133	73 203 073	11 307 491	5 727 627
教育费附加	缴纳增值税及营业税的 3%	51 638 175	48 816 675	4 653 634	2 454 750
其他		3 889 586	1 574 144	1 809 305	—
合计		148 435 452	134 079 155	17 940 772	8 187 684

资料来源：海螺水泥 2008 年年报第 146 页。

【例】下表是海螺水泥（600585.SH）2009 年年报中关于固定资产处理的会计政策和会计估计说明，这对于我们分析历史折旧，对未来作出预测都提供了有用的信息。这里可以看到海螺水泥采用的是年限平均法计提折旧,并给出了各种固定资产的折旧政策。机器设备的折旧年限在 15 年,预计净残值率为 5%。

> **三、公司主要会计政策和会计估计**
>
> **13. 固定资产**
>
> (2) 固定资产的折旧方法
>
> 本集团对固定资产在其使用寿命内按年限平均法计提折旧,除非固定资产符合持有待售的条件(附注二、25)。
>
> 各类固定资产的折旧年限和残值率分别为:
>
> | 类别 | 折旧年限(年) | 残值率(%) | 年折旧率(%) |
> |---|---|---|---|
> | 房屋及建筑物 | 30 | 5 | 3.17 |
> | 机器设备 | 15 | 5 | 6.33 |
> | 办公设备及其他设备 | 5 | 5 | 19 |
> | 运输工具 | 5~10 | 5 | 9.5~19 |
>
> 本集团至少于每年年度终了对固定资产的使用寿命、预计净残值和折旧方法进行复核。

资料来源:海螺水泥 2009 年年报第 99 页。

2. 研究报告

市场上有些证券公司以及咨询公司有自己的研究部门,它们也会发布一些关于行业和公司的研究报告。这些研究报告中通常会有经过归纳和整理的相应的行业数据或者公司信息,使我们可以比较系统地获得整个行业的数据。

在使用这些研究报告的时候,应当同时对比多份研究报告。不同研究报告同一科目的数据有时候会不一样,这可能是由于统计口径不一致或其他原因所造成的。在这些研究报告中都会注明数据的来源,如果需要使用其中的数据,最好不要直接从研究报告中引用,而应当根据数据来源到最原始的数据出处查找核实,从而保证数据来源的真实性和可靠性。此外,我们使用的很多假设也可以参考各种研究报告,可以借鉴几家市场上被认同的机构的报告,然后取其平均值或选择其中更有说服力的数据作为假设的标准。

建模者最好多参考市场普遍认同的机构及个人编写的研究报告,而不要随便碰上一份研究报告就拿来引用。

 不同研究报告的统计口径不一致,建模者在阅读和借鉴研究报告时应尽量找到原始数据的出处。

3. 专业数据库

专业数据库也是提供原始数据的一个重要来源，数据库不仅包含了上市公司的财务数据，还包含行业、宏观的统计数据以及新闻报道等。常用的数据库有万得资讯（Wind）、彭博资讯（Bloomberg）和汤姆森—路透（Thomson Reuters）等。图4-2为用Bloomberg查看公司基本数据的界面。

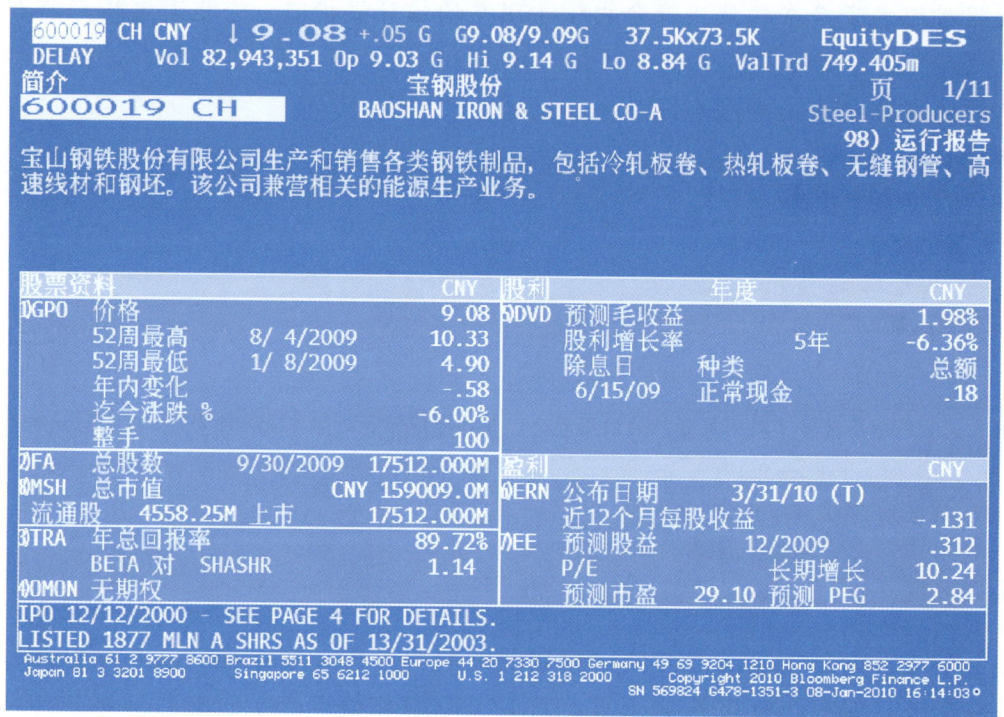

资料来源：Bloomberg。

图4-2 Bloomberg界面——公司基本数据

4. 行业统计及宏观经济统计

许多行业协会或者行业监管机构会拥有相应的行业数据。通常行业协会都有自己的网站，定期发布行业内的新闻、统计数据等，国家政府部门也会定期发布宏观经济统计数据。例如，国家统计局每季度会发布GDP增长率，每个月会发布CPI统计数据。这些都可以成为原始数据的来源。

在使用这些统计数据时，要注意不同机构的统计口径可能不一致，导致数据会有一定出入。建模者在建模时应当尽量使用同一口径下的数据。

5. 公司内部调研

在对公司建立模型的时候，应当对目标公司进行实地调研或者电话访谈。特别是涉及到公司的某些重要的具体数据和公司未来的重要规划时，必须与公司沟通以获取第一手资料。

作为建模者，还需要和公司保持较好的联系，从而及时了解公司发生的变化，更新自己的模型。

6. 公司相关方调研

通过对公司的各个相关方调研也可以获得建模所需的数据，这些相关方包括公司的供应商、监管部门、竞争对手以及下游客户等。一方面，这些外部相关方可以提供公司自身无法完全了解的产业链的整体信息，另一方面，也可以对公司内部提供的数据进行验证。此外，还可以专门聘请、访谈该行业的资深专家以获取相关历史数据及对未来假设的看法。

7. 个人和机构积累

有经验的建模者对于某个或者某些行业都有较为深入的认识，通过此前的工作已经归纳总结了这个行业或者某些行业的基本情况和规律。这时，建模者可以建立自己的行业、公司数据库，掌握行业、公司某些指标和数据的大概范围和变化规律。很多大型投资银行、商业银行内部也会建立自己的数据库，以保证数据的专业性、可靠性。

4.2.2 历史数据整理

公司历史的财务报表数据通常可以从年报中摘录，也可以从 Wind 等金融数据库中直接导入。

在得到公司的原始数据之后，一般不能直接拿来使用，还需要对原始历史数据进行整理，尤其是对财务报表中的数据，应根据建模需要进行重构。重构后的财务报表反映了建模者对目标公司财务预测模型及估值模型的构建思路，与企业会计准则规定的标准形式并不一定相同。常用的重构方法包括：

（1）科目合并。将数额较小的、驱动因素相同的科目合并。

（2）科目拆分。对重要的科目进行详细拆分，细分数据通常需要查看财务报表附注。

（3）顺序调换与重新归类。

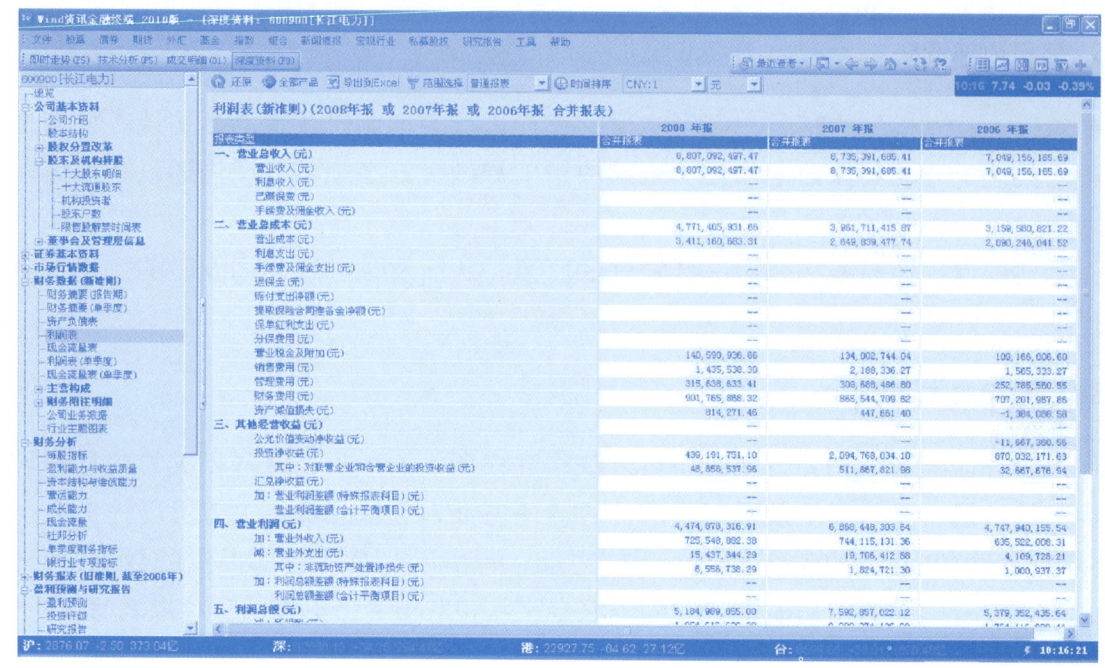

资料来源：Wind 资讯。

图 4-3　Wind 界面——导出财务数据

> 科目的拆分并不是越细越好，应根据自己所能找到的数据详细程度和拆分的必要性而定。
> 建模时，还可以将性质相近、驱动因素相同或对估值结果影响较小的科目进行合并。

下面我们通过一个例子来具体说明重构方法。表 4-3 和表 4-4 是长江电力 2006～2008 年的资产负债表和利润表数据：

表 4-3　　　　　　　　　　　资产负债表数据　　　　　　　　单位：元

	2006 年 12 月 31 日	2007 年 12 月 31 日	2008 年 12 月 31 日
资产			
流动资产			
货币资金	2 523 168 579	2 798 395 703	2 470 511 389
交易性金融资产			
应收票据	85 000 000	919 000 000	1 067 392 534
应收账款	1 114 355 979	1 004 407 557	1 548 683 397
预付款项	24 380 940	18 928 892	28 271 274
应收利息			
应收股利			
其他应收款	15 596 877	3 360 684	1 446 558
存货	175 305 547	180 474 066	203 074 617

续表

	2006年12月31日	2007年12月31日	2008年12月31日
一年内到期的非流动资产			
其他流动资产			
流动资产合计	**3 937 807 922**	**4 924 566 902**	**5 319 379 769**
非流动资产			
可供出售金融资产	8 862 996 640	10 974 113 035	5 137 996 377
持有至到期投资			
长期应收款			
长期股权投资	1 324 011 170	6 070 727 789	6 655 856 014
投资性房地产			
固定资产	33 401 958 253	42 252 707 527	40 454 360 212
在建工程	72 126 681	52 473 870	47 695 684
工程物资			
固定资产清理			
生产性生物资产			
油气资产			
无形资产	32 667 749	25 249 421	22 485 583
开发支出			
商誉			
长期待摊费用			
递延所得税资产	4 316 602	14 244 726	101 658 903
其他非流动资产			
非流动资产合计	**43 698 077 095**	**59 389 516 369**	**52 420 052 772**
资产总计	**47 635 885 018**	**64 314 083 271**	**57 739 432 541**
流动负债			
短期借款	5 766 466 667	8 053 813 208	5 590 783 288
交易性金融负债			
应付票据	414 610 268	15 360 506	182 026 096
应付账款	501 903 588	469 251 655	921 466 820
预收款项			
应付职工薪酬	37 472 845	39 586 877	40 015 273
应交税费	882 001 378	902 629 962	743 055 399
应付利息	44 972 945	128 674 808	70 699 186
应付股利			
其他应付款	317 619 981	444 848 236	1 021 452 486
一年内到期的非流动负债			
其他流动负债			
流动负债合计	**7 965 047 672**	**10 054 165 252**	**8 569 498 548**
非流动负债			
长期借款	8 500 000 000	6 800 000 000	6 800 000 000

	2006 年 12 月 31 日	2007 年 12 月 31 日	2008 年 12 月 31 日
应付债券		3 950 617 833	3 955 726 333
长期应付款			
专项应付款			
预计负债			
递延所得税负债	2 248 998 898	2 256 069 635	847 119 095
其他非流动负债			
非流动负债合计	**10 748 998 898**	**13 006 687 469**	**11 602 845 428**
负债合计	**18 714 046 569**	**23 060 852 721**	**20 172 343 976**
股东权益			
股本	8 186 737 600	9 412 085 457	9 412 085 457
资本公积	14 813 901 209	22 762 314 518	17 939 494 520
减：库存股			
盈余公积	1 695 254 791	2 769 751 368	3 551 104 307
未分配利润	4 225 944 849	6 309 079 207	6 664 404 282
股东权益合计	**28 921 838 449**	**41 253 230 550**	**37 567 088 565**
负债和股东权益总计	**47 635 885 018**	**64 314 083 271**	**57 739 432 541**

表 4-4　　　　　　　　　　　　　利润表数据

	2006 年	2007 年	2008 年
一、营业收入	7 049 156 166	8 735 391 685	8 807 092 497
减：营业成本	2 090 246 042	2 649 839 478	3 411 160 683
营业税金及附加	109 166 007	134 002 744	140 590 937
销售费用	1 565 333	2 188 336	1 435 538
管理费用	252 785 561	309 688 487	315 638 633
财务费用	707 201 968	865 544 710	901 765 868
资产减值损失	-1 384 089	447 661	814 271
其他			
加：公允价值变动收益	-11 667 361		
投资收益	870 032 172	2 094 768 034	439 191 751
其中：对联营企业和合营企业的投资收益	32 667 677	511 867 822	48 858 538
二、营业利润	4 747 940 156	6 868 448 304	4 474 878 317
加：营业外收入	635 522 008	744 115 131	725 548 882
减：营业外支出	4 109 728	19 706 413	15 437 344
其中：非流动资产处置损失	1 000 937	1 824 721	6 556 738

续表

	2006 年	2007 年	2008 年
三、利润总额	5 379 352 436	7 592 857 022	5 184 989 855
减：所得税费用	1 764 116 882	2 220 374 137	1 254 616 636
四、净利润	3 615 235 553	5 372 482 885	3 930 373 219
其中：被合并方在合并前实现的净利润			
减：少数股东损益			
五、归属于母公司所有者的净利润	3 615 235 553	5 372 482 885	3 930 373 219
六、每股收益			
（一）基本每股收益	0.4416	0.6035	0.4176
（二）稀释每股收益	0.4321	0.5844	0.4176

拿到这样一份财务数据以后，我们可以从以下几个方面进行调整：

（1）删除每年数据均为0的科目。该公司的财务报表科目完全按照会计准则进行列示，很多科目在本公司是没有数据的，所以首先可以删除这类科目，简化财务报表。比如该公司资产负债表中的"长期应收款"、"生产性生物资产"等科目，2006～2008年均为0，因此，可以在整理资产负债表时将这类科目删除。

（2）整合性质相近的科目。对于资产负债表中的应收票据和应收账款，驱动因素一般都是公司的营业收入，只是收取的方式有所不同。将两个科目合并起来，可以整体假设为占营业收入的一定比例，这样的合并通常对于我们的整个财务预测也没有实质影响。所以在进行财务预测时，我们可以将应收票据和应收账款合计为一个科目——应收款项。类似地，应付票据和应付账款也可以合计为应付款项。

（3）整合数据较小的科目。该公司的预付款项、其他应收款和存货数据都较小，对预测结果并没有重大影响，所以可以合为一个科目——其他流动资产。

下面，我们分资产负债表调整和利润表调整两部分，具体列示出整个调整过程。

1. 资产负债表调整

在对上述公司的资产负债表进行整理时，进行了如下调整：

（1）增加了"融资缺口"科目

融资缺口又称循环贷款，反映了公司现金相对于所需现金不足额的部分，是财务预测模型中的配平项。除此之外，在资产方也有一个配平项，为货币资金。配平项是通过现金流量表完成的，用来配平资产负债表。在下一章我们会对配平项作进一步介绍。

由于历史年份没有融资缺口这个科目，我们通常假设历史年份该科目为0。

（2）对某些科目进行了简化处理

对资产负债表的简化处理主要包括：

- 省略了一些每年数据均为0的项目。如商誉、其他非流动资产等科目。
- 合并了一些性质相近的科目。例如，把应收账款和应收票据合并为应收款项，将应付账款和应付票据合并为应付款项，将股本和资本公积合并为股本及资本公积，将盈余公积和未分配利润合并为留存收益，等等。
- 合并了一些不重要的科目。例如，将不重要的流动资产科目合并到其他流动资产中。

省略和合并某些科目是为了突出建模的主体思路。在实际建模中，根据各公司特点的不同，对这些项目也可以逐项预测，方式和思路与其他科目类似。

在上述调整中，除了增加配平项以外，其他的调整在实际建模中并非必需步骤，建模者完全可以根据实际需要自行调整。

将整理好的财务数据导入到模型中，我们就可以得到如表4-5所示的公司历史三年资产负债表数据。

2. 利润表调整

类似地，我们对该公司的利润表进行重构，主要包括以下几个方面：

- 将政府补助调整到营业收入中，相应地调减营业外收入的金额，以便合理地反映公司实际核心业务经营情况。
- 把折旧、摊销从营业成本、管理费用和销售费用中剥离出来。这样做一方面是因为折旧、摊销属于非现金的成本费用，实际上并不影响现金流，在我们根据净利润调整经营活动现金流时，这两项就需要加回。另一方面是因为折旧、摊销的预测方式也与其他的现金成本费用不同。
- 计算EBITDA和EBIT指标。这是因为EBITDA和EBIT指标是在财务分析及估值过程中经常用到的指标。
- 调整非经常性或非经营性损益。计算出的EBITDA和EBIT是针对公司核心业务的，所以我们将与公司核心业务无关的损益进行了调整，合并成了一个"非经常性或非经营性损益"项目列在EBIT之后。所有非经常性的损益和所有非经营性的损益都在该项目中体现，包括标准利润表中的资产减值损失、公允价值变动收益、投资收益、营业外收入和营业外支出等科目。由于这些项目与公司的核心业务无关，我们只需进行简单的预测即可。这里要说明的是，区分核心业务和非核心业务是为了更

表 4-5　　　　　　　　　　　　经调整的公司历史三年资产负债表数据

	A	B	C	D	E	F	G
1							
3		**资产负债表**					
5		单位:百万元人民币(特殊说明除外)		2006A	2007A	2008A	2009E
12							
13		**资产**					
14		货币资金		2 523.2	2 798.4	2 470.5	
15		应收款项		1 199.4	1 923.4	2 616.1	
16		其他流动资产		215.3	202.8	232.8	
17		**流动资产合计**		3 937.8	4 924.6	5 319.4	
18							
19		可供出售金融资产		8 863.0	10 974.1	5 138.0	
20		长期股权投资		1 324.0	6 070.7	6 655.9	
21		固定资产净值		33 474.1	42 305.2	40 502.1	
22		无形资产净值		32.7	25.2	22.5	
23		递延所得税资产		4.3	14.2	101.7	
24		**资产总计**		47 635.9	64 314.1	57 739.4	
25							
26		**负债和股东权益**					
27		融资缺口		0.0	0.0	0.0	
28		短期借款		5 766.5	8 053.8	5 590.8	
29		应付款项		916.5	484.6	1 103.5	
30		应付职工薪酬		37.5	39.6	40.0	
31		应交税费		882.0	902.6	743.1	
32		应付利息		45.0	128.7	70.7	
33		其他应付款		317.6	444.8	1 021.5	
34		**流动负债合计**		7 965.1	10 054.2	8 569.5	
35							
36		长期借款		8 500.0	6 800.0	6 800.0	
37		应付债券		0.0	3 950.6	3 955.7	
38		递延所得税负债		2 249.0	2 256.1	847.1	
39		**负债合计**		18 714.1	23 060.8	20 172.4	
40							
41		股本及资本公积		23 000.6	32 174.4	27 351.6	
42		留存收益		5 921.2	9 078.8	10 215.5	
43		**股东权益合计**		28 921.8	41 253.2	37 567.1	
44							
45		**负债和股东权益总计**		47 635.9	64 314.1	57 739.5	
46							
47		平衡吗?		OK	OK	OK	

好地对其价值及驱动因素进行分析,需要调整哪些损益取决于该损益的具体信息及建模者的判断。调整后的利润表数据如表 4-6 所示。

建模者应当根据公司特点进行有针对性的历史数据整理,遵循重要性原则,将时间和精力集中在公司的核心业务和对估值有重要影响的参数上。

表 4-6　　　　　　　　　　经调整的公司历史三年利润表数据

	A	B	C	D	E	F	G
1							
3		利润表					
5		单位：百万元人民币（特殊说明除外）		2006A	2007A	2008A	2009E
21							
22		收入					
23		营业收入		7 049.2	8 735.4	8 807.1	
24		补贴收入		619.8	742.2	725.4	
25		营业收入		7 669.0	9 477.6	9 532.5	
26							
27		营业成本		764.8	912.8	1 503.5	
28		营业税金及附加		109.2	134.0	140.6	
29		销售费用		1.6	2.2	1.4	
30		管理费用		248.6	297.7	303.6	
31		EBITDA		6 544.8	8 130.9	7 583.3	
32							
33		折旧		1 325.4	1 737.0	1 907.6	
34		摊销		4.1	12.0	12.0	
35		EBIT		5 215.2	6 381.9	5 663.7	
36							
37		财务费用		707.2	865.5	901.8	
38		非经常性或非经营性损益		871.4	2 076.5	423.0	
39		利润总额		5 379.4	7 592.9	5 185.0	
40							
41		所得税费用		1 764.1	2 220.4	1 254.6	
42							
43		净利润		3 615.2	5 372.5	3 930.4	
44							

4.2.3　历史数据分析

1. 历史数据分析的用途

分析历史财务报告至少能给财务预测带来三方面的好处：提供准确的历史数据、指导财务模型的结构、指导预测未来的假设。

（1）提供准确的历史数据

由于我国会计制度和准则正在不断修改和完善，商业诚信环境尚在不断改善，建模者经常会发现公司的历史报表有很多不够准确、不易使用或不够真实的数据。为保证数据的准确性，我们要对财务报表进行正常化调整，对那些不够准确、不易使用或不够真实的数据予以调整。另外还要根据建模的需要对相关数据进行合并以及简化等。如果遇到公司重组、公司管理层或公司经营环境发生重大变化等会导致前后不同会计期间财务报表不具有可比性的情况，则需要编制"模拟财务报表"。

在进行历史数据分析时，首先需要对历史报表进行重构，必要时还应编制模拟财务报表。

（2）指导财务模型的结构

通过对历史数据的整理和分析，建模者可以厘清哪些因素是对企业价值有重大影响、需要详细预测的。例如收入预测的第一步，通常是分析历史营业收入构成以了解公司的收入结构，确定收入增长的驱动因素，从而厘清预测思路，设计合理的模型结构。

（3）指导预测未来的假设

历史数据是未来预测数据的一个重要依据，除非有特殊的可令人信服的原因，一般认为一个管理层稳定、正常持续经营的公司在未来将延续目前的发展趋势。根据过往几年数据计算的一些指标（如增长率、毛利率、周转率等）将提供预测假设的基础。

2. 历史数据分析的方法

对公司财务数据常用的分析方法包括水平分析、垂直分析和比率分析等。

水平分析（Horizontal Analysis），是把公司当期财务状况与前期或历史某一时期的财务状况作对比，并对其变动进行分析，即把报表中不同时期的同项数据进行对比，找出变化趋势和变化异常的数据。计算收入增长率、利润增长率等便属于水平分析。

在使用水平分析法时，还需特别关注相关科目的可比性。尤其是当会计政策或会计估计方法发生变化时，不同时期财务报表的某些科目可能不再具有可比性，如果不经过处理就比较，比较结果就会失去意义。

垂直分析（Vertical Analysis）又叫共同比分析，是对同一年的财务状况进行分析，用财务报表中各项目的数据，与总体或是某一重要指标相比较，以得出该项目在总体中的比例及重要性，如将利润表中所有项目均除以收入，得到各项成本、费用、利润占收入的比例。我们通常把垂直分析与水平分析结合起来使用，分析各项目比重的变化趋势，以了解公司财务结构的变动情况，进而了解财务状况。

财务报表中的大量数据可以组成许多有意义的财务比率，由此可以进行比率分析（Ratio Analysis），这些比率和公司经营管理的各个方面相关。根据这些财务比率所反映的内容，常见的教科书一般把这些比率分为四类：盈利能力指标、资产管理指标、短期偿债能力指标和长期偿债能力指标。为方便理解和记忆，我们把这四大类财务比率简化为三大类，每一类各分为两小类。表4-7列出了一些常用的财务比率。

表 4-7

盈利能力指标	销售回报指标	毛利率
		息税前利润率
		营业利润率
		税前利润率
		净利润率
	投资回报指标	总资产收益率
		净资产收益率
		投入资本回报率
资产管理指标	短期指标	应收款项周转率
		应收款项周转天数
		存货周转率
		存货周转天数
		应付款项周转率
		应付款项周转天数
		现金转换周期
	长期指标	固定资产周转率
		总资产周转率
偿债能力指标	短期指标	流动比率
		速动比率
		现金比率
	长期指标	资产负债率
		产权比率
		利息覆盖倍数

在使用上面的三种分析方法（水平分析、垂直分析、比率分析）时，都需要将得到的变动量或是比率与一些参考值进行比较，也就是采用比较分析（Comparative Analysis）。我们可以将计算得到的指标与计划数额、前期指标、历史最高最低水平、竞争对手指标以及行业平均指标相比较，从而了解公司与自身历史、竞争对手以及整个行业的差距。这是财务分析中最常用的方法，也是其他分析方法的基础。如果只是计算而不作比较，那么这些指标的意义是不大的。

4.3 假设数据来源

4.3.1 公司历史数据

之前在历史数据的来源及整理中,我们看到经过整理分析后,历史数据可以反映公司过去发展的趋势。正如在 4.2.3 中提到的,历史数据可以指导预测未来的假设。稳定经营的公司通常可以保持过去的变化趋势,尤其对于成熟稳定的行业来说,公司的毛利率、周转率等都会稳定保持在一定的水平。在预测时,通常会基于历史数据分析和对公司未来发展的判断给出相应的假设。在第 5 章"财务预测模型"中,基本模型部分的假设就主要是采取这种方式得到的。

【例】假设我们需要在 2009 年年初预测中联重科(000157.SZ)2009 年的营业成本,根据对历史数据的分析,我们得到下表:

(除百分比外单位为百万元人民币)

	2006 年	2007 年	2008 年
营业收入	4 657.6	8 973.6	13 548.8
营业成本	3 412.3	6 404.8	9 841.6
营业成本/营业收入(%)	73.3	71.4	72.6

数据来源:中联重科 2007 年、2008 年年报,诚迅金融培训公司整理。

从上表中看到中联重科 2006~2008 年营业成本占营业收入的比重稳定在 71%~74% 之间。考虑到机械制造行业处于稳定增长的发展状况,行业竞争环境保持稳定,再加上中联重科在机械制造行业的龙头地位,如果建模者认为在 2009 年中联重科可以维持目前营业成本占营业收入的比例,则在预测 2009 年营业成本时,相应成本占收入比例的假设数据可以考虑在 72% 左右。这里就是运用历史数据在财务预测模型中推测假设。

4.3.2 公司发展规划

在生产经营活动中,公司在不同的发展阶段会制定相应的发展规划来实现其发展壮大的目标,比如追加投资、更新设备、改造技术或者扩大生产经营规模等,而这些发展规划可以作为假设数据的重要来源之一。尤其是当这些发展规划已经有了相应的具体计划时,更是进行预测的依据。

许多上市公司与其控股集团有着密切的关系，上市公司可能会与集团签订协议，约定上市公司在未来可以购买集团公司的资产以支持自身的发展壮大。这样的发展规划以及合同相关的数据也可以作为预测假设数据的来源。比如长江电力公司（600900.SH）在2009年公布了重组方案，根据该重组方案，长江电力公司在2009年需要用约1 000亿元资金来收购母公司资产，因此，我们建立该公司模型时，可以将这个方案中关于机组收购的情况放到收入预测的假设中，而在融资计划部分，也需要根据该公司的融资方案预测其债务、股权的变化。

4.3.3　行业特点及发展规律

不同行业有不同的运行和发展的规律，同一行业处于不同发展阶段时也会有不同的特点。我们通常根据历史上这个行业的发展情况来研究和总结这些规律，从而为预测提供依据。

例如，房地产行业的周期性较强，并且与宏观经济的相关性较高，在对房地产行业进行预测时，我们可以根据以往房地产与宏观经济指标之间的相关关系，结合房地产行业的周期性，给出未来房屋需求和销售情况的假设数据。

又例如，电信行业前期需要投入大量的资金进行基站等通讯设备的建设，而当稳定运营之后，除了技术的更新换代和设备维护之外，不需要有太多的固定资产投入，此时的资本性支出较少。同时，稳定运营后的现金流和预收账款状况一般也很好。在假设时，可以考虑这些因素，根据所建模公司的发展阶段对资本性支出进行假设，并根据该行业业务运行模式设定预收账款等科目的假设指标。

此外，我们还要分析国家对行业的监管和鼓励政策，这也会影响到行业的发展，从而影响到我们的假设。例如纺织类公司可能会享受一些出口退税政策，一些重点行业的项目上马都需要国家或地方政府审批，银行业的资本充足性需满足监管要求等。

了解行业的特点对进行财务预测有很重要的作用，在下一章我们就会看到，不同行业的公司在使用拆分法进行收入预测时，拆分的方式是很不同的。

4.3.4　宏观经济预测

由于大多数行业均受到宏观经济环境的影响，在预测公司未来经营状况时，我们通常要对未来的宏观经济运行情况进行假设。宏观经济环境既包括经济周期波动这种纯粹的经济因素，也包括政府经济政策及特定的财政金融行为等混合因素。我们通常使用一些指标来反映宏观经济，基本的宏观经济指标有：GDP增长率、货币发行量、通货膨胀率、汇率、进出口额和失业率等。宏观经济因素对企业价值的影响主要体现在以下三个方面：

首先，宏观经济状况会影响各行业的市场状况，从而影响到公司的收入。如果宏观经济运行良好，则居民和下游公司的收入水平和购买力提高，市场需求就会更为旺盛，我们就会预期公司的销售收入增长较快。反之，如果宏观经济恶化，失业率上升，居民消费能力就会下降，我们就会预期公司销售收入增长较慢甚至负增长。如果我们能够根据历史数据或研究成果把握宏观经济指标（如 GDP）与公司销售收入增长率之间的关系，就能更好地描述宏观经济对该公司的影响。

其次，宏观经济状况会影响到公司的成本，从而影响公司的经营和投融资决策。例如，当央行宣布提高利率时，市场中的流动性就会下降，公司借贷资金的成本就会提高，此时公司在经营和投融资决策上也会作出相应的调整，我们在估值中使用的相关假设（如折现率）就会变化。

最后，宏观经济政策的变动对某些行业会带来较大的影响。比如，我国的房地产行业受宏观调控的影响较大。如果国家采取紧缩的货币政策，缩减贷款资金规模，则房地产开发商将面临较大的资金压力，可能被迫降价销售房屋或者寻找其他的融资渠道，这就要求我们在预测房地产开发公司的财务数据时，要关注国家宏观经济政策的变化。

鉴于宏观经济形势对公司的价值有着深刻的影响，因此，在宏观经济形势不明朗、未来经济状况可能出现多种情形时，我们需要对可能出现的不同宏观经济状况进行预测，这就要用到本书后面介绍的情景分析方法，对不同的宏观经济情形进行不同假设情景的预测分析。

本章所介绍的建模前期准备工作看似简单，却对一个模型能否做好起着关键作用。能否在纷繁的历史数据中去伪存真从而给出准确的预测，能够体现建模者的建模水平，也能体现出建模者能否深刻理解公司商业模式和发展规划并把它体现到模型中，以及能否准确把握宏观经济走向、行业发展前景。

第 5 章 财务预测模型

本章将重点讲解如何构建财务预测模型。对于一个从空白 Excel 文件开始建模的人来说,都会面对以下问题:

- 目的地是哪里?即一个构建好的财务预测模型应该是什么样子?
- 如何到达目的地?即如何构建这样的财务预测模型,其步骤是什么?
- 建模时遇到的一些具体问题如何处理?

为回答前两个问题,我们将使用一个基本模型作为实例,该模型以某制造业公司为背景。为了帮助读者更快、更集中地理解建模过程,我们暂不考虑一些在做具体公司建模工作时可能遇到的繁杂的细节问题,而将讲解重点集中于构建财务模型的一般性步骤。基本模型的简化处理和假设包括:

- 该公司的管理层将主要精力集中于核心业务,未来不准备对其非核心资产追加或收回投资。
- 该公司不准备对其控股、但并非 100% 控股的子公司追加或收回投资,这些子公司在未来也不进行任何的现金利润分配。
- 该公司在历史上和预测期均不产生递延所得税资产和递延所得税负债,因此利润表中的所得税费用仅包括当期所得税费用。
- 该公司历史上没有非同一控制下的企业合并,在预测的未来也不会进行这样的兼并收购,所以没有商誉。

该基本模型将贯穿本章和下一章的始末。

> 为了更好地演示和讲解财务预测的一般方法,我们以某制造业公司为背景,构建了一个财务预测与估值基本模型,文中称为基本模型。本章以基本模型为例,讲解如何进行一般的财务预测,下一章仍以基本模型为例,讲解如何在财务预测的基础上进行估值。

上一章曾经提到,财务预测模型不仅应反映公司的财务状况,还应体现公司具体的业务模式和发展规划等状况。没有两家公司在业务模式和发展规划上是完全一致的,从这个意义上来说,基本模型暂不考虑的一些具体细节又是至关重要的,因为目标公司的本质就体现在这些细节中。因此,我们在围绕基本模型介绍建模步骤时,会针对在实际建模中可能遇到的具体问题进行进一步的讨论,这可以帮助回答上面的第三个问题。

在实际建模时,也应遵循上面的思路,即先搭建起一个简单模型,然后再结合目标公司具体因素对简单模型进行扩展和丰富。最初的简单模型只是一个框架,它相当于本章的基本模型,而完成的最终模型则都可以看做是基本模型的扩展。根据建模的需要和可获得的信息,模型最终的复杂程度会有所不同。

5.1 财务预测模型的结构

财务预测模型有两类结构:表间结构和表内结构。表间结构是指模型由哪些工作表构成;表内结构是指每一张工作表主要由哪些内容构成。表间结构和表内结构结合在一起,形成了模型的总体结构。

5.1.1 表间结构

我们通常看到的财务预测模型可能各式各样,有用于快速分析的简单模型,也有详细预测的复杂模型,但一般都至少包括以下内容:

- 三张核心财务报表,包括利润表(Income Statement,IS)、资产负债表(Balance Sheet,BS)和现金流量表(Cash Flow Statement,CFS)
- 辅助表,基本模型中为中间计算表(Calculations,Cals)
- 分析表(Analysis)

利润表、资产负债表和现金流量表涵盖了公司最重要的财务信息,无论上市公司或非上市公司,这三张财务报表都是了解该公司财务状况的首要资料。预测公司未来的财务状况,首先就要预测这三张报表。

辅助表是为预测核心财务报表服务的辅助性表格,又称辅助模块。对于财务报表中的一些科目,由于需要较详细的预测,所需信息和步骤较多,所以通常会把这些科目的预测放在辅助表中进行。一些复杂的模型可能有很多张辅助表,但辅助表并不是越多越好,其数量取决于建模的需要、目标公司业务模式的复杂程度以及建模者所掌握数据信息的详细程度等。例如,证券公司为拟上市公司IPO所建的模型,由于可以掌握大量该公司的信息,同时需要通过模型理解公司的业务及发展，因此模型通常会比较复杂，有很多张辅助表，一般为几十张甚至上百张。

辅助表（辅助模块）和核心财务报表之间的关系如图 5-1 所示。

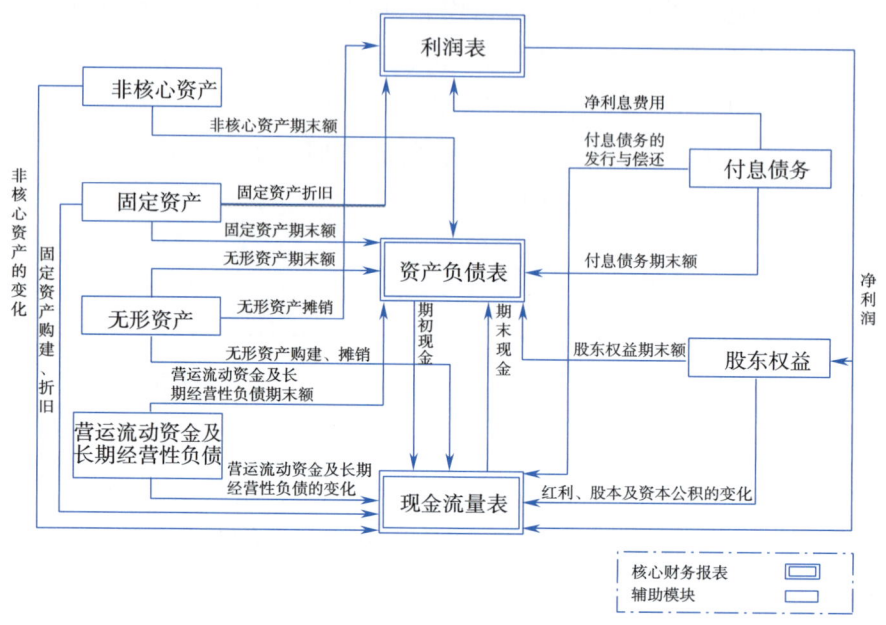

图 5-1 核心财务报表与辅助模块的关系

如图 5-1 所示，利润表、资产负债表和现金流量表的预测为模型主线。以资产负债表为例，其表中各模块的预测在辅助表中进行。建模者既可以把每一个模块做成一张辅助表，也可以把全部或部分模块放在同一张辅助表中，这取决于模型的需要。

由于辅助模块和核心财务报表之间的勾稽关系比较复杂，在后面的相关预测模型中我们会分步完成。

> **建模技巧提示：使用辅助表**
>
> 对于利润表、资产负债表和现金流量表来说，如果其中某些科目的计算较为复杂，我们建议将该计算过程放在辅助表中进行，这样做的好处是模型中三张核心财务报表会显得整洁，在模型扩展时也更方便。

分析表主要用于计算目标公司的各种重要财务和运营指标。基于历史报表计算的指标不仅可以反映公司历史期间的财务和运营状况，还可以为预测提供假设依据。基于预测报表计算的指标不仅可以体现分析预测的结果，还能印证财务预测的合理性。

本章的基本模型包含上述核心内容。由于建模工作是在 Excel 中完成的，我们来看看基本模型工作表的构成。

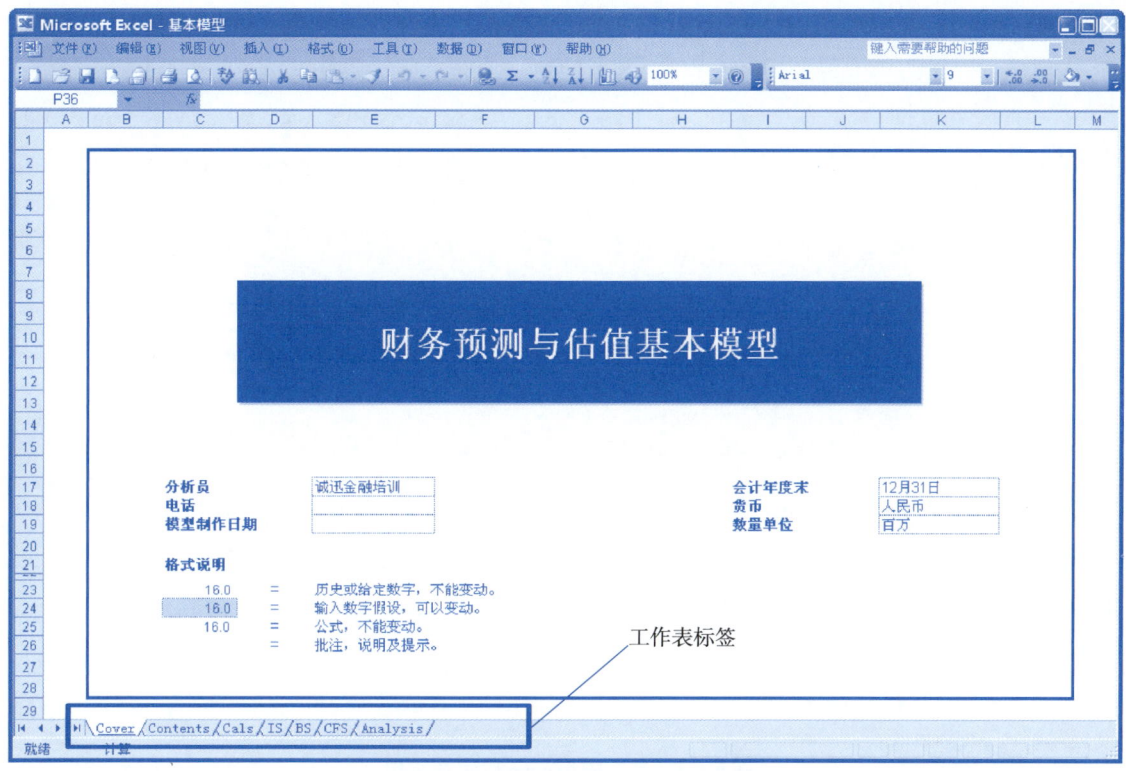

图 5-2 基本模型——Excel 工作表

图 5-2 显示了一个 Excel 界面，这个 Excel 文件就是基本模型。在图的左下角，我们用黑色方框围住的部分，就是基本模型的工作表标签。可以看到，基本模型共有 7 张工作表。其中，IS、BS 和 CFS 分别为利润表、资产负债表和现金流量表，Cals 为辅助表（此处称为中间计算表），Analysis 为分析表。这 5 张工作表是基本模型的核心部分，模型的所有计算都在这 5 张工作表中完成。另外的 Cover 和 Contents 两张工作表分别为封面页和目录页，以使模型更具整体感和友好性。由于通常这两张表在模型主体部分完成之后才能确定，因此关于这两张工作表将在第 7 章介绍。

5.1.2 表内结构

我们用基本模型来说明财务预测模型的表内结构，以利润表为例。

图 5-3 展示了基本模型完成后利润表的全貌。从图中可以看出，模型中的工作表一般包括以下内容：

（1）表头信息

这部分内容是与模型相关的基本信息。工作表前 5 行列示了模型名称（基本模型）、工

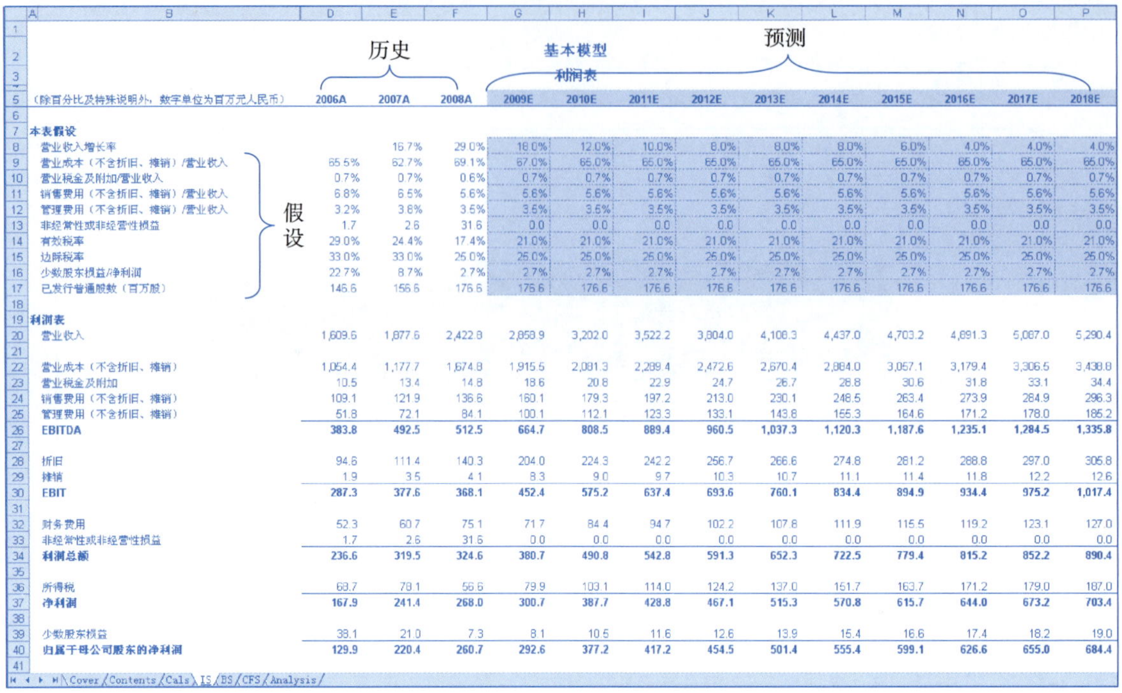

	B	D	E	F	G	H	I	J	K	L	M	N	O	P
5	（除百分比及特殊说明外，数字单位为百万元人民币）	2006A	2007A	2008A	2009E	2010E	2011E	2012E	2013E	2014E	2015E	2016E	2017E	2018E
7	**本表假设**													
8	营业收入增长率		16.7%	29.0%	18.0%	12.0%	10.0%	8.0%	8.0%	8.0%	6.0%	4.0%	4.0%	4.0%
9	营业成本（不含折旧、摊销）/营业收入	65.5%	62.7%	69.1%	67.0%	65.0%	65.0%	65.0%	65.0%	65.0%	65.0%	65.0%	65.0%	65.0%
10	营业税金及附加/营业收入	0.7%	0.7%	0.6%	0.7%	0.7%	0.7%	0.7%	0.7%	0.7%	0.7%	0.7%	0.7%	0.7%
11	销售费用（不含折旧、摊销）/营业收入	6.8%	6.5%	5.6%	5.6%	5.6%	5.6%	5.6%	5.6%	5.6%	5.6%	5.6%	5.6%	5.6%
12	管理费用（不含折旧、摊销）/营业收入	3.2%	3.8%	3.5%	3.5%	3.5%	3.5%	3.5%	3.5%	3.5%	3.5%	3.5%	3.5%	3.5%
13	非经常性或非经营性损益	1.7	2.6	31.6	0.0	0.0	0.0	0.0	0.0	0.0	0.0	0.0	0.0	0.0
14	有效税率	29.0%	24.4%	17.4%	21.0%	21.0%	21.0%	21.0%	21.0%	21.0%	21.0%	21.0%	21.0%	21.0%
15	边际税率	33.0%	33.0%	25.0%	25.0%	25.0%	25.0%	25.0%	25.0%	25.0%	25.0%	25.0%	25.0%	25.0%
16	少数股东损益/净利润	22.7%	8.7%	2.7%	2.7%	2.7%	2.7%	2.7%	2.7%	2.7%	2.7%	2.7%	2.7%	2.7%
17	已发行普通股数（百万股）	146.6	156.6	176.6	176.6	176.6	176.6	176.6	176.6	176.6	176.6	176.6	176.6	176.6
19	**利润表**													
20	营业收入	1,609.6	1,877.6	2,422.8	2,858.9	3,202.0	3,522.2	3,804.0	4,108.3	4,437.0	4,703.2	4,891.3	5,087.0	5,290.4
22	营业成本（不含折旧、摊销）	1,054.4	1,177.7	1,674.8	1,915.5	2,081.3	2,289.4	2,472.6	2,670.4	2,884.0	3,057.1	3,179.4	3,306.5	3,438.8
23	营业税金及附加	10.5	13.4	14.8	18.6	20.8	22.9	24.7	26.7	28.8	30.6	31.8	33.1	34.4
24	销售费用（不含折旧、摊销）	109.1	121.9	136.6	160.1	179.3	197.2	213.0	230.1	248.5	263.4	273.9	284.9	296.3
25	管理费用（不含折旧、摊销）	51.8	72.1	84.1	100.1	112.1	123.3	133.1	143.8	155.3	164.6	171.2	178.0	185.2
26	**EBITDA**	**383.8**	**492.5**	**512.5**	**664.7**	**808.5**	**889.4**	**960.5**	**1,037.3**	**1,120.3**	**1,187.6**	**1,235.1**	**1,284.5**	**1,335.8**
28	折旧	94.6	111.4	140.3	204.0	224.3	242.2	256.7	266.6	274.8	281.2	288.8	297.0	305.8
29	摊销	1.9	3.5	4.1	8.3	9.0	9.7	10.3	10.7	11.1	11.4	11.8	12.2	12.6
30	**EBIT**	**287.3**	**377.6**	**368.1**	**452.4**	**575.2**	**637.4**	**693.6**	**760.1**	**834.4**	**894.9**	**934.4**	**975.2**	**1,017.4**
32	财务费用	52.3	60.7	75.1	71.7	84.4	94.7	102.2	107.8	111.9	115.5	119.2	123.1	127.0
33	非经常性或非经营性损益	1.7	2.6	31.6	0.0	0.0	0.0	0.0	0.0	0.0	0.0	0.0	0.0	0.0
34	**利润总额**	**236.6**	**319.5**	**324.6**	**380.7**	**490.8**	**542.8**	**591.3**	**652.3**	**722.5**	**779.4**	**815.2**	**852.2**	**890.4**
36	所得税	68.7	78.1	56.6	79.9	103.1	114.0	124.2	137.0	151.7	163.7	171.2	179.0	187.0
37	**净利润**	**167.9**	**241.4**	**268.0**	**300.7**	**387.7**	**428.8**	**467.1**	**515.3**	**570.8**	**615.7**	**644.0**	**673.2**	**703.4**
39	少数股东损益	38.1	21.0	7.3	8.1	10.5	11.6	12.6	13.9	15.4	16.6	17.4	18.2	19.0
40	**归属于母公司股东的净利润**	**129.9**	**220.4**	**260.7**	**292.6**	**377.2**	**417.2**	**454.5**	**501.4**	**555.4**	**599.1**	**626.6**	**655.0**	**684.4**

Cover / Contents / Cals / IS / BS / CFS / Analysis

图 5-3　基本模型——利润表结构

作表名称（利润表）、主要计量单位（除百分比及特殊说明外，数字单位为百万元人民币）、历史年份（2006～2008 年，在年份数之后加上单词“Actual”的首字母 A 代表本年为历史年份，本年数据为实际数据）和预测年份（2009～2018 年，在年份数之后加上单词“Estimated”的首字母 E 代表本年为预测年份，本年数据为预测数据）等。基本模型中包含 3 年历史和 10 年预测。

（2）假设

即工作表中的第 8 行～第 17 行，又分为两部分，其中 D8：F17 区域为历史情况，G8：P17 区域为预测假设。前者是根据历史财务数据算出来的，为公式形式，标识为无底色黑色字体；后者是在综合考虑历史情况和战略规划等各种信息后直接给出的，为数值形式，标识为浅蓝色底色、蓝色字体，加边框。①

（3）预测（主体部分）

即工作表中的第 20 行～第 40 行，也分为两部分，其中 D20：F40 区域为历史数据，G20：P40 区域为预测数据。前者是根据历史财务报表直接输入的，为数值形式，标识为无底色蓝色字体；后者则是根据历史数据和预测假设计算出来的，为公式形式，标识为无底

① 编者注：惯例为此处文字介绍的颜色设置，不以图片颜色为准，余同。

色黑色字体。注意历史数据部分也有一些为黑色字体（主要是各种合计项），是因为它们是用公式计算的而非直接输入的数值。

建模技巧提示：对单元格进行格式区分

在建模过程中，我们通常按照数据的类别把单元格分为三类：

第一类，单元格中的数据为手动输入的数值，且属于历史数据，不可更改。

第二类，单元格中的数据为公式形式，模型结构一旦确定就不再更改。

第三类，单元格中的数据为手动输入的数值，且属于假设数据，在模型结构确定后仍然可以更改。

在基本模型中，针对上述三类数据分别设置了不同的格式，通过格式区分，一眼就能看出模型中哪些是假设数据、哪些是历史数据以及哪些是计算公式。建模者在建模过程中应进行这种格式区分，这是一个很好的习惯，模型会因此更清晰、更容易理解。至于具体选用哪种格式进行区分，不同的建模者会有不同的偏好。通常的惯例是手工输入的历史数据为蓝色，手工输入的假设数据为蓝色且单元格加边框，公式计算的结果为黑色。

建模技巧提示：使用导航列

在使用 Excel 建模时，我们常常把 A 列（第 1 列）设为导航列。导航列不仅可以把工作表中的内容进行分类，还能提高建模和模型检查的效率。如图 5-3 所示，如果把光标定位到 A7 单元格，使用"Ctrl + ↓"的组合键，就可以将光标迅速切换到 A19 单元格。如果工作表的行数很多，使用导航列会十分方便。使用导航列是一种很好的建模习惯。关于导航列和快捷键的详细说明可查阅《Excel 财务建模手册》。

由于习惯的不同，有些建模者可能会把各张工作表中的假设统归到额外的一张工作表（称为假设表）中。在本书中，我们将各张工作表中用到的假设放在本表中，这样可减少跨表引用，更易于读者学习。

当公式中涉及跨表引用时，会造成一些不便：一是在建模过程中输入公式时，如果总是需要引用其他工作表的数据，会降低建模的速度与效率；二是在检查模型时，如果公式中经常包含其他工作表的数据，检查起来会很不方便。所以我们应尽量减少跨表引用，在基本模型中，我们将各张工作表中用到的假设放在本表中，主要目的即在于此。

根据我国企业会计准则的要求，利润表、资产负债表和现金流量表三张财务报表都有其标准的形式规范。但在实际建模过程中，通常需要对报表的结构做一些调整，这个过程我们称为财务报表的"重构"。历史数据的整理就包含财务报表重构的过程，我们已在上一章中介绍过其方法和原则。

5.2 财务预测的步骤

在建立财务预测模型的过程中，建模人员需要遵循一定的顺序。不同类型的公司，其财务预测顺序也不同。根据公司经营发展的特点，我们把公司分为两类：收入驱动型和资产驱动型。

收入驱动型公司的特征是其资产负债规模的发展主要取决于收入规模的扩张，当收入变化时，资产负债也会相应变化。对于收入驱动型公司，其收入规模可以代表其业务规模。传统生产型行业如制造业，以及商业、非金融服务业均属于收入驱动型。

资产驱动型公司的特征是其收入的规模直接取决于资产负债的规模，其资产负债的规模可以代表业务规模。银行业是典型的资产驱动型行业。（关于资产驱动型可参见 8.3 金融机构估值）

除非特殊说明，本书中的基本模型和相关实例均为收入驱动型，收入驱动型公司的财务预测的一般步骤为：

第一步，从预测营业收入出发，预测成本和费用，完成利润表的预测；

第二步，预测资产负债表，除了预留的配平项目（货币资金和融资缺口）外，完成所有科目的预测；

第三步，用间接法编制现金流量表，在此基础上计算货币资金和融资缺口；

第四步，在资产负债表中补齐空缺的货币资金和融资缺口，配平资产负债表。

下面，我们结合基本模型的构建过程，来说明如何从无到有、一步一步建立财务预测模型。我们首先从利润表的预测开始。

 在基本模型中所给的假设，只是通常使用较多的假设方式。在对具体公司预测时，需要根据具体情况选择最合适的假设方式。

收入驱动型公司三张财务报表的预测顺序为：利润表→资产负债表→现金流量表。

5.3 利润表预测

5.3.1 导入历史数据

构建财务预测模型，首先需要有历史数据作为预测基础，因此要找到公司的历史报表，并将利润表、资产负债表及其他相关数据导入 Excel 工作表。本书第 4 章介绍了历史数据的来源和整理。历史数据的导入方式则有很多种,我们既可以逐条手动输入到 Excel 工作表中,也可以利用数据库进行批量导入。我们建议至少使用 3 年的历史数据。

现在基本模型中已经有两个工作表中输入了数据,分别是利润表 IS 和资产负债表 BS。接下来再调整工作表中单元格的格式,好的格式能使模型结构更加清晰。以利润表为例,其完成后的形式见图 5-4。

	A	B	D	E	F	G	H	I
1								
2				基本模型				
3				利润表				
5		(除百分比及特殊说明外,数字单位为百万元人民币)	2006A	2007A	2008A	2009E	2010E	2011E
19	**利润表**							
20		营业收入	1,609.6	1,877.6	2,422.8			
21								
22		营业成本(不含折旧、摊销)	1,054.4	1,177.7	1,674.8			
23		营业税金及附加	10.5	13.4	14.8			
24		销售费用(不含折旧、摊销)	109.1	121.9	136.6			
25		管理费用(不含折旧、摊销)	51.8	72.1	84.1			
26		**EBITDA**	383.8	492.5	512.5			
27								
28		折旧	94.6	111.4	140.3			
29		摊销	1.9	3.5	4.1			
30		**EBIT**	287.3	377.6	368.1			
31								
32		财务费用	52.3	60.7	75.1			
33		非经常性或非经营性损益	1.7	2.6	31.6			
34		**利润总额**	236.6	319.5	324.6			
35								
36		所得税	68.7	78.1	56.6			
37		**净利润**	167.9	241.4	268.0			
38								
39		少数股东损益	38.1	21.0	7.3			
40		**归属于母公司股东的净利润**	129.9	220.4	260.7			

图 5-4 基本模型——导入历史数据后的利润表

在图 5-4 中,我们隐藏了工作表中的一些内容(如工作表第 6 行~第 18 行、第 C 列、第 J 列~第 P 列),这是为了更清楚地向读者展示模型。

> 在后面的建模步骤展示中,也会根据需要对一些无关的行或列进行隐藏,以突出与该步骤相关的内容。读者在看相应示意图时,请注意行号列标。

细心的读者还会发现,图 5-4 中的利润表的形式和企业会计准则规定的标准形式并不相同,这是因为我们已经对利润表进行了重构,关于利润表重构的具体方法可参见 4.2.2。

除了重构之外,我们还需要调整工作表数据格式,使其更清晰和美观。

> **建模技巧提示：统一数字格式**
>
> 在 Excel 中，计算结果都是以数字的样式呈现。如果这些数字的格式不统一，千奇百怪，甚至同一个科目在不同预测年份的数字格式都大相径庭，那么模型会给人留下很不专业、很不规范的印象。作为建模者，应避免这种情形的出现，在建模过程中对模型中的数字格式进行统一，至少应注意：
>
> - 对于一般的数值，通常使用千位分隔符，小数位数保留相同的位数。
> - 对于百分比数据，小数位数保留相同的位数。
> - 除非特殊需要，字体、字号等应统一。
> - 注意某些特定指标可能会有所不同，比如以元计的价格通常保留两位小数，利率也保留两位小数等。

在基本模型中，无论是一般的数值还是百分比数据，我们都保留一位小数（特殊说明除外）。字体统一为 Arial，字号统一为 9 号。

下面我们按照利润表由上至下的顺序，逐个科目分析，并进行相应的预测。

5.3.2 营业收入预测

对利润表的预测一般从营业收入开始。营业收入的预测非常重要，财务报表中的其他科目大多会受到营业收入的影响。

基本模型中的营业收入预测如图 5-5 所示。

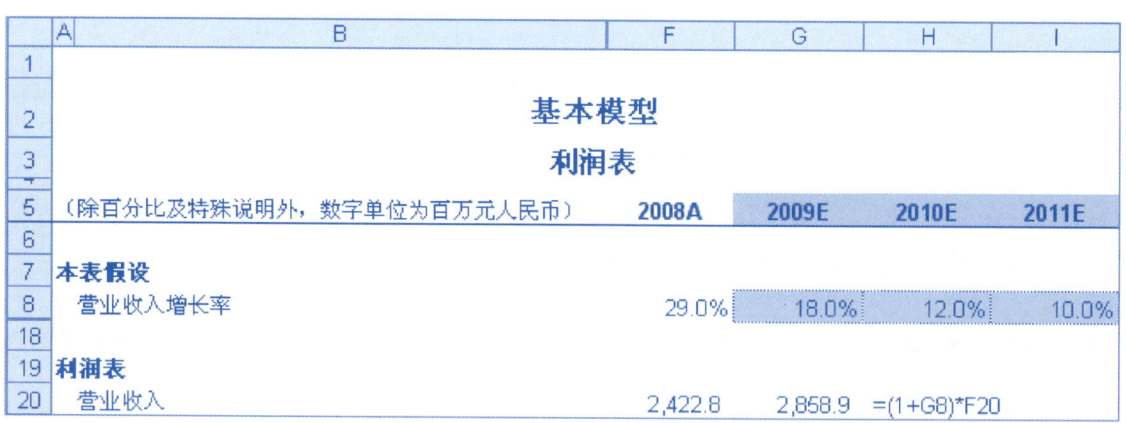

图 5-5 基本模型——收入预测

利润表第 8 行给出了营业收入增长率的假设，这样在预测营业收入时，只需要以上一年的营业收入为基数，乘以（1 + 增长率）。

我们在 H20 单元格中给出了 2009 年营业收入（G20 单元格）的计算公式。在单元格中显示公式，是为了方便读者理解，后面都会使用这种方法进行演示，但在实际建模过程中则无须如此。另外在建模时，一般先把所有科目第一年的数据预测好，然后再一起向右复制，而无须每个科目做完第一年预测就向右复制，这样可以大大提高建模的速度。所以，除非特别说明，我们接下来都是在做 2009 年的预测。

从上面的基本模型可以看出，每一个具体科目预测的基础是历史数据和相应的预测假设。历史数据是既定的数值，无法改变，因此预测的结果取决于我们设定的假设。在预测各具体科目时，重点在于如何给出这些科目的假设。

在基本模型中，为了简化起见，我们用增长率假设来预测营业收入。而在实际建模中，由于收入对整个财务模型的影响很大，收入预测不合理会极大地扭曲整个公司的财务预测，所以通常会对收入这类非常重要、数量很大的项目进行详细的预测。

除增长率方法外，我们在预测收入时常常会使用"自上而下"或"自下而上"的方法。对于业务比较复杂的公司，我们还会按产品线或者业务模式对其收入进行拆分，然后对每种产品或业务采用"自上而下"法或"自下而上"法进行预测。

下面对这些预测方法进行详细介绍。

1. 收入增长率法

第一种收入预测方法就是基本模型中使用的增长率方法。对一些产品比较单一的公司，我们可以根据其历史经营情况和对未来的预期给出一个预计增长率，然后用这个增长率预测公司未来收入。

要给出合理的增长率假设，建模者必须详细考虑收入增长背后的驱动因素。在使用增长率方法预测营业收入时，应关注产能的未来扩张情况，对制造业公司尤其如此。因为在没有证据表明产品价格明显上涨或公司原有产能由于需求不足长期得不到充分利用的情况下，公司往往通过追加新的投入提升产能以提高营业收入。要掌握这些情况，就需要分析公司的发展战略。

一般可以使用以下几种方法预测增长率：

（1）使用历史增长率

根据历史增长率来预测未来增长率有多种方法，比如可以计算公司历史增长率的平均值或计算复合增长率，或构建线性回归模型、时间序列模型等。在公司没有发生重大变化（管理层稳定、运营平稳等）的情况下，历史数据是预测的重要依据，因此预期增长率要与历史数据反映的趋势符合，如果不符合则要有合适理由。

（2）使用专业分析人员对公司增长率的预测数据

专业分析人员在预测增长率时，除了使用历史数据之外，还会使用最新公布的公司信息、影响未来增长率的宏观经济信息、竞争对手披露的有关未来前景的信息以及访谈、调研收集到的信息等。但是在使用时要注意，不同专业人员的预测也可能大相径庭，需分辨预测的客观性、逻辑性和可靠性，然后再决定如何使用这些数据。

（3）了解增长率的决定因素，做综合性分析

公司的收入是由公司的销量和价格等多种因素来决定的，综合考量公司的政策和现状，结合历史数据和专业分析人员的结论，可以得到更合理的预测值。

2. "自上而下"（Top-down）法

"自上而下"法的预测思路如下：

$$销售收入 = 市场总量 \times 市场份额$$

注意，这里的市场总量指的是该产品市场的总容量。

根据需要，还可将市场总量进一步分拆为：

$$本期市场总量 = 前一期市场总量 \times (1 + 市场总量增长率)$$

在此思路下，我们从分析市场开始，预测市场总量的大小，再确定市场份额，最终得到目标公司的销售收入。我们需要给出两个假设：行业增长率和市场份额。

"自上而下"法预测收入是从市场总量分析入手，再根据市场份额计算公司的收入。

对成熟行业来说，市场总量增长缓慢，并且与经济增长等长期趋势紧密相关。这时，我们可以集中精力研究本公司和竞争对手的市场份额，分析公司是否能够提供占有一定市场份额所需的产品和服务，以及竞争对手的产品和服务是否会替代本公司在市场中的地位。在短期分析中，我们可以结合公司的增长目标和增长能力进行预测。

在新兴产品市场中，我们应尽可能利用可比市场的历史信息，分析产品是否能被客户所接受，竞争对手情况如何，以及期望价格如何等问题，来确定市场份额和市场容量。新兴产品市场与成熟产品市场相比，增长率一般比较高。

【例】某电脑公司财务模型的营业收入预测如图 a 所示。

本例中，营业收入的预测采用"自上而下"法。先根据市场总量增长率计算出下一年预测市场总量，然后再乘以假设中给出的下一年市场份额预测值，即可得到下一年预测营业收入。

这里，营业收入的计算需要进行分步计算，而拆分中涉及的市场总量、市场份额等变量并非利润表中的科目。这时，我们通常把营业收入的计算放在辅助表中进行，细心的读者或许已经发现本表的表头信息为"中间计算表"。在利润表中，"营业收入"科目只需引用中间计算表中已经计算好的营业收入即可，如图 b 所示。

3. "自下而上"（Bottom-up）法

"自下而上"法的预测思路如下：

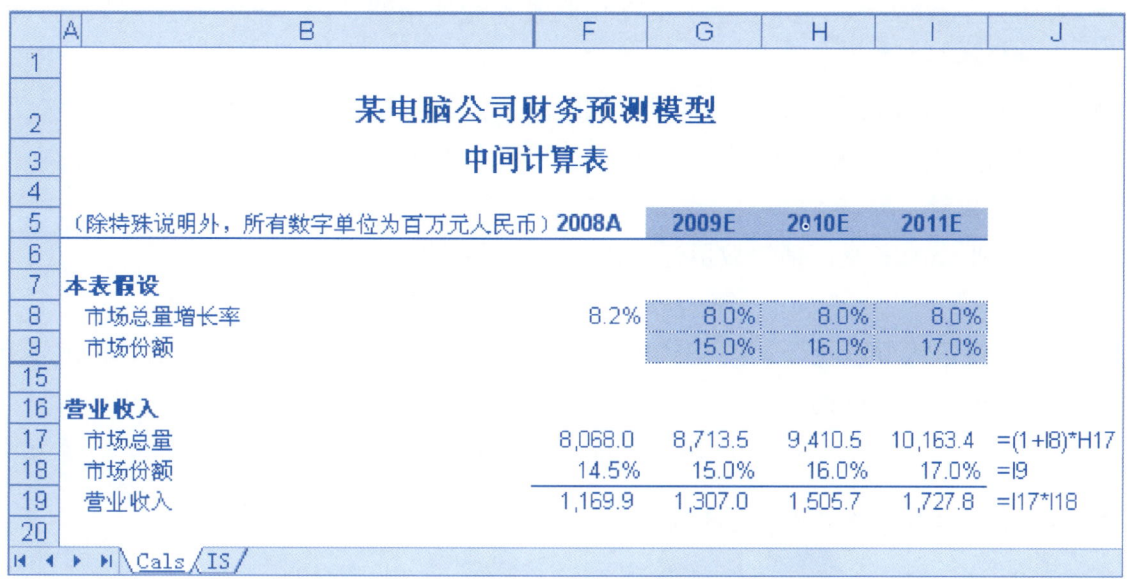

图 a 某电脑公司营业收入预测（1）

图 b 某电脑公司营业收入预测（2）

$$销售收入 = 销售数量 \times 单位价格$$

价格数量法是"自下而上"法的一种，使用价格数量法预测收入时，我们需要对产品价格和销售数量作出假设。

通常来说，如果公司主要通过扩张自身产能的方式来提升收入，则适合采用"自下而上"的预测方法。

（1）价格

价格的确定通常考虑以下几点：

- 产品特点：如原材料、农产品、工业产品以及 IT 产品的价格，它们的决定因素各不相同。

- 公司竞争策略：如差异化竞争策略和低成本竞争策略，前一种价格一般较高，而后一种价格一般较低。
- 定价方法：常见的定价方法有成本加成法、目标收益法、通行价格法等。
- 历史价格走势：在预测价格时，我们还可以参考公司销售价格的历史走势。

（2）销售数量

对于制造业公司来说，销售数量还可以进一步分拆为：

$$销售数量 = 产量 \times 产销率$$

产销率与竞争状况以及公司的营销能力有关。而产量则与公司的生产能力和市场状况有关，产量可进一步分拆为：

$$产量 = 产能 \times 产能利用率$$

4. 多产品和多业务公司的收入预测

当目标公司有多种产品或多个业务时，我们就要根据其产品线或业务模式对收入进行拆分，即

$$营业收入 = 产品1收入 + 产品2收入 + \cdots + 产品n收入$$

或

$$营业收入 = 业务1收入 + 业务2收入 + \cdots + 业务n收入$$

产品线的拆分方式并不一定要从产品形态来看，还可以考虑价格、数量、区域等销售特征，寻找最合理的拆分方式。例如，某公司的主要市场为A地区，现在其致力于打入B地区市场，为了实现目标，其在B地区实行低价渗透策略，这时，我们就可以根据区域特点对营业收入进行拆分，即营业收入 = A地区产品销售收入 + B地区产品销售收入。又如，某公司生产同一产品，在销售时采用批发和零售两种方式，两种方式的价格和结算方式不同，这时候我们可以根据销售方式对营业收入进行拆分，即营业收入 = 批发收入 + 零售收入。

这样，对营业收入的预测就被分解为对每一产品（业务、地区）销售收入的预测，而对某一产品销售收入的预测可采取前面介绍的增长率法、"自上而下"法和"自下而上"法等。

详细的拆分能够帮助我们对目标公司的收入模式进行梳理，更准确地对收入进行预测。但是，拆分也不是越细越好，其详细程度取决于建模者能够得到的数据或信息支持以及建模者的需要。如果没有数据支持，过分详细地拆分科目进行预测是没有意义的。在拆分时，关键在于拆分的模型是否已经反映了全部关键驱动因素和业务收入构成的逻辑关系，要做到合理而有据。

我们来看一个使用拆分思路和"自下而上"法的例子。

【例】 某造纸公司的营业收入预测如下图所示。

	A	B	E	F	G	H	I
1							
2			某造纸公司财务预测模型				
3			中间计算表				
4							
5		(除特殊说明外,所有数字单位为百万元人民币)	2008A	2009E	2010E	2011E	
6							
7		**本表假设**					
8		轻涂纸产能(万吨)		35.0	38.0	40.0	
9		轻涂纸销量/产能		100.0%	100.0%	100.0%	
10		轻涂纸平均价格(元/吨)		5,600.0	5,800.0	6,000.0	
11		双胶纸产能(万吨)		38.0	40.0	43.0	
12		双胶纸销量/产能		100.0%	100.0%	100.0%	
13		双胶纸平均价格(元/吨)		5,600.0	6,000.0	6,300.0	
14		其他纸种销售收入增长率	20.2%	18.0%	12.0%	10.0%	
15							
16		**营业收入**					
17		轻涂纸销量(万吨)		35.0	38.0	40.0	=H8*H9
18		轻涂纸平均价格(元/吨)		5,600.0	5,800.0	6,000.0	=H10
19		轻涂纸收入	1,758.6	1,960.0	2,204.0	2,400.0	=H17*H18/100
20							
21		双胶纸销量(万吨)		38.0	40.0	43.0	=H11*H12
22		双胶纸平均价格(元/吨)		5,600.0	6,000.0	6,300.0	=H13
23		双胶纸收入	2,060.4	2,128.0	2,400.0	2,709.0	=H21*H22/100
24							
25		主要纸种销售收入	3,819.0	4,088.0	4,604.0	5,109.0	=SUM(H19,H23)
26		其他纸种销售收入	840.7	992.0	1,111.1	1,222.2	=(1+H14)*G26
27							
28		营业收入	4,659.7	5,080.0	5,715.1	6,331.2	=H25+H26

某造纸公司营业收入预测

从上图中可以看出,该造纸公司生产的主要纸种为轻涂纸和双胶纸,此外还有一些其他纸种。因此,该公司的营业收入分拆思路为:

营业收入 = 主要纸种销售收入 + 其他纸种销售收入

主要纸种销售收入 = 轻涂纸收入 + 双胶纸收入

其中,轻涂纸收入和双胶纸收入均根据价格和销量假设计算,其他纸种销售收入则根据增长率的假设计算。

同样地,由于营业收入的计算比较复杂,因此我们将计算过程放在了中间计算表,利润表中只需要引用即可。建模者也可以根据需要单独做一张辅助表:收入预测表。

> **建模技巧提示：复杂计算分步进行**
>
> 将复杂的计算分为多步进行，是一个很好的建模习惯。如图所示，工作表第17行～第28行用于计算营业收入，实际上用一个公式就可以计算出来，即
>
> 营业收入 = 轻涂纸平均价格 × 轻涂纸产能 × （轻涂纸销量/产能）
>
> + 双胶纸平均价格 × 双胶纸产能 × （双胶纸销量/产能）
>
> + 上一年其他纸种销售收入
>
> × （1 + 其他纸种销售收入增长率）
>
> 也就是说，可以只用一行就能替代第17行～第28行的工作，但我们却没有这样做，而是将这个公式分拆，一步一步进行计算。
>
> 这样做的好处一是减少了复杂公式输入错误的机率，二是模型的逻辑更加简单明了，建模者过一段时间后再来看模型或其他人看模型时，不用费力气去思考复杂公式的意义。

5.3.3 营业成本预测

在完成了对收入的预测后就是营业成本的预测。

细心的读者应该记得，在导入历史报表数据时，我们对利润表进行了重构，其中一个调整就是将折旧和摊销从营业成本及其他费用中剥离了出来。因此，这里的营业成本是不含折旧和摊销的。

建模时，要给出营业成本的合理假设，首先应清楚营业成本的构成。对制造业公司来说，营业成本是在生产经营过程中形成的，主要包括：

- 直接材料：包括公司生产经营过程中实际消耗的直接用于产品的生产，构成产品实体的原材料、辅助材料、备品备件、外购半成品、燃料、动力、包装物以及其他直接材料等。
- 直接工资：包括公司直接从事产品生产人员的工资、奖金、津贴和补贴。
- 其他直接支出：包括直接从事产品生产人员的职工福利费、能源运输费、房租等。
- 制造费用：包括生产车间管理人员的工资等职工薪酬，生产车间支付的办公费、修理费、水电费，以及生产成本中除了直接材料、直接工资、其他直接支出外的一切其他成本。我们从营业成本中剔除的折旧和摊销项原本也属于制造费用。

需要注意的是，公司的折旧和摊销并不仅仅在营业成本中，也可能包含在销售费用和管理费用当中。对于大多数制造业公司而言，绝大部分的折旧和摊销包含在营业成本当中，但对于商业公司而言，比如苏宁电器一类的家电连锁公司，其折旧、摊销主要包含在销售费用和管理费用当中，实际建模时应区别对待。

对营业成本的预测一般有以下几种思路：

1. 比例法或毛利法

对于一个持续稳定发展的公司来说，营业成本占营业收入的比例应保持在一定范围内，这一点容易理解，因为营业成本占营业收入的比例 = 1 - 毛利率，而当行业发展趋于稳定时，行业中公司的毛利水平一般也比较稳定。在这种情形下，我们可以假设营业成本占营业收入的比例来预测营业成本。

那么这一比例的具体数值如何给出呢？我们一般先分析该比例的历史水平，然后再结合上下游的未来发展趋势以及该公司所处行业的竞争环境对毛利率进行预测，在此基础上给出相应的假设数值。通常来说，市场供给的增加会降低行业毛利率水平，而需求的增加则会抬高毛利率。

我们的基本模型就采用了这种思路，见图 5-6。

	A	B	F	G	H	I
1						
2			基本模型			
3			利润表			
5		（除百分比及特殊说明外，数字单位为百万元人民币）	2008A	2009E	2010E	2011E
6						
7		本表假设				
9		营业成本（不含折旧、摊销）/营业收入	69.1%	67.0%	65.0%	65.0%
18						
19		利润表				
20		营业收入	2,422.8	2,858.9		
21						
22		营业成本（不含折旧、摊销）	1,674.8	1,915.5	=G9*G20	

图 5-6 基本模型——营业成本（不含折旧、摊销）预测

2. 成本拆分

比例法是一种相对简单的处理方式。如果要进行更详细的预测，我们就需要根据成本的构成情况对成本进行拆分。拆分的目的是为了找到影响成本的关键因素，因此我们会把重点放到那些比例比较大的成本项目上。我们看另一个例子。

【例】某水泥公司生产的某一种水泥的成本构成以电、煤消耗和原材料为主。其营业成本预测如下图所示。

对该水泥公司营业成本进行预测时，我们首先将营业成本进行如下分拆：

营业成本 = 用电成本 + 用煤成本 + 原材料成本 + 其他营业成本

该分拆思路体现在工作表第 23 行～第 27 行，具体可参见相应单元格展示的公式。

	A	B	F	G	H	I	J	K
1								
2			某水泥公司财务预测模型					
3			中间计算表					
4								
5		（除特殊说明外，所有数字单位为百万元人民币）	2008A	2009E	2010E	2011E		
6								
7		本表假设						
8		水泥销量增长率		10.0%	8.0%	8.0%		
9		水泥价格（元/吨）		202.0	205.0	210.0		
10		水泥耗电量指标（度/吨）		80.0	80.0	80.0		
11		水泥耗煤量指标（吨/吨）		0.12	0.12	0.12		
12		平均电价（元/度）		0.60	0.60	0.60		
13		平均煤价（元/吨）		510.0	510.0	510.0		
14		原材料成本/营业收入		11.8%	11.8%	11.8%		
15		其他营业成本/营业收入		9.7%	9.7%	9.7%		
16								
17		营业收入						
18		销量（万吨）	3,624.0	3,986.4	4,305.3	4,649.7	=(1+I8)*H18	
19		水泥价格（元/吨）		202.0	205.0	210.0	=I9	
20		营业收入		8,052.5	8,825.9	9,764.4	=I18*I19/100	
21								
22		营业成本						
23		用电成本		1,913.5	2,066.5	2,231.9	=I10*I12*I18/100	
24		用煤成本		2,439.7	2,634.9	2,845.6	=I11*I13*I18/100	
25		原材料成本		950.2	1,041.5	1,152.2	=I14*I20	
26		其他营业成本		781.1	856.1	947.2	=I15*I20	
27		营业成本合计		6,084.4	6,599.0	7,176.9	=SUM(I23:I26)	

某水泥公司营业成本（不含折旧、摊销）预测

- 对用电成本，我们进一步分拆为，用电成本＝水泥销量×单位耗电量×平均电价。该思路体现在 J23 单元格的公式中。相应地，在假设中给出了水泥销量增长率、单位耗电量（水泥耗电量指标）和平均电价的假设以支持预测。
- 用煤成本的思路和用电成本相同，即用煤成本＝水泥销量×单位耗煤量×平均煤价，具体可见 J24 单元格中的公式。
- 对原材料成本和其他营业成本的预测，都是假设其占营业收入的比例，而后再进行计算，具体可见 J25 和 J26 单元格中的公式。

和收入分拆一样，成本分拆也并非越细越好，关键是能在模型中体现出影响营业成本的关键驱动因素。例如在上例中，通过分拆我们可以理解，对水泥公司来说，煤价、电价是影响其成本的关键因素，水泥耗电量、耗煤量指标都是公司运营的关键指标，与公司应用的技术、管理能力都密切相关。对于这些关键因素和关键指标，我们可以从公司或行业中了解并分别进行预测。而对一些不重要的成本项目，我们完全可以合并后预测，例如上例中我们将不重要的成本项目合并成为"其他营业成本"。

成本拆分要注意与收入拆分相对应。如果收入按照不同产品线或业务线拆分，并且不同产品线或业务线的毛利率不同或成本结构很不同，则将成本对应拆分是一种比较合适的预测方式。

5.3.4 营业税金及附加预测

营业税金及附加是公司在销售基础上按比例提交的税金及附加的费用（通常包括营业税、消费税、城市维护建设税、资源税和教育费附加等相关税费），因此该科目同营业收入直接相关，通常可以假设其占营业收入的比例。比如长江电力（600900.SH）母公司2007~2009年的营业税金及附加占营业收入的比例分别为1.53%、1.58%和1.58%，比较稳定。

基本模型中对营业税金及附加的预测见图5-7。

	A	B	F	G	H	I
1						
2			基本模型			
3			利润表			
5		（除百分比及特殊说明外，数字单位为百万元人民币）	2008A	2009E	2010E	2011E
6						
7		本表假设				
10		营业税金及附加/营业收入	0.6%	0.7%	0.7%	0.7%
18						
19		利润表				
20		营业收入	2,422.8	2,858.9		
21						
22		营业成本（不含折旧、摊销）	1,674.8	1,915.5		
23		营业税金及附加	14.8	18.6	=G10*G20	

图5-7 基本模型——营业税金及附加预测

5.3.5 销售费用预测

经过利润表的重构，销售费用中已不包含折旧和摊销，而主要包括广告费、包装费、运输费等费用。销售费用与销售规模有关，对一些处于成熟行业中的公司，其经营、销售网络比较稳定，销售费用占营业收入的比例也比较稳定，就可以在假设中按收入的比例预测。以三一重工（600031.SH）为例，其2007~2009年销售费用（未剔除折旧和摊销）占营业收入的比例分别为9.65%、9.69%和10.19%。

除假设比例外，有时我们也可以假设销售费用的增长率，或制作销售费用测算表。比如对于有明确销售推广计划，需要在不同地区自建销售渠道的公司，其销售费用的增长率就可能远高于营业收入的增长率。对于这样的公司，假设销售费用的增长率就更为适用。

采用比例假设还是其他假设方式，是根据销售费用的驱动因素而定的。尤其对于餐饮、零售等行业的公司来说，大部分的费用在销售费用核算，需要详细预测其销售费用，此时找准销售费用的驱动因素及采用合理的假设方式就显得尤为重要。

在基本模型中，给出了销售费用占营业收入比重的假设，如图 5-8 所示。

	B	F	G	H	I
		\multicolumn{4}{c}{**基本模型**}
		\multicolumn{4}{c}{**利润表**}
5	（除百分比及特殊说明外，数字单位为百万元人民币）	2008A	2009E	2010E	2011E
7	**本表假设**				
11	销售费用（不含折旧、摊销）/营业收入	5.6%	5.6%	5.6%	5.6%
18					
19	**利润表**				
20	营业收入	2,422.8	2,858.9		
21					
22	营业成本（不含折旧、摊销）	1,674.8	1,915.5		
23	营业税金及附加	14.8	18.6		
24	销售费用（不含折旧、摊销）	136.6	160.1	=G11*G20	

图 5-8 基本模型——销售费用（不含折旧、摊销）预测

5.3.6 管理费用预测

经过对利润表的重构，管理费用中已不包括折旧（主要是办公产品、总部大楼的折旧）和摊销，而主要包括管理人员薪酬、业务招待费、一些计入管理费用的税收支出（如房产税、车船使用税、土地使用税和印花税等）以及其他管理费用。

对管理费用的预测可以有不同的假设方法。若管理费用受公司规模影响较大，随着营业收入的增长，公司也需相应增加管理资源，管理费用随之增加。在这种情况下，可以用管理费用占营业收入比重的假设。以苏宁电器（002024.SZ）为例，2007～2009 年其管理费用（未剔除折旧和摊销）占营业收入的比例分别为 1.23%、1.57% 和 1.56%。

有些公司管理资源的增长未必与收入增长直接相关，这时使用上述比重假设就不太合适。比如长江电力（600900.SH），该公司管理的机组不仅包括自有的葛洲坝发电机组、三

峡发电机组中属于上市公司的部分，还包括三峡机组属于其母公司三峡集团委托其代为管理的部分，所以当长江电力上市公司收购三峡集团的三峡机组后，其营业收入会有大比例的增长，但管理的机组没有增多，所以管理费用不会与营业收入同比例增长。但随着经济水平的提高，薪酬水平也会水涨船高，管理费用仍会增加。在这种情况下，我们可以给出管理费用增长率的假设来进行预测。

有时候，由于销售费用和管理费用在整个成本费用中的比重不大，我们可以将两者合并起来进行预测，合并后的项目称做销售及一般管理费用（Selling，General & Administrative Expenses，SG&A）。

在基本模型中，管理费用按照营业收入的比例预测，如图5-9所示。

	A	B	F	G	H	I
1						
2			**基本模型**			
3			**利润表**			
5		（除百分比及特殊说明外，数字单位为百万元人民币）	2008A	2009E	2010E	2011E
6						
7		**本表假设**				
12		管理费用（不含折旧、摊销）/营业收入	3.5%	3.5%	3.5%	3.5%
18						
19		**利润表**				
20		营业收入	2,422.8	2,858.9		
21						
22		营业成本（不含折旧、摊销）	1,674.8	1,915.5		
23		营业税金及附加	14.8	18.6		
24		销售费用（不含折旧、摊销）	136.6	160.1		
25		管理费用（不含折旧、摊销）	84.1	100.1	=G12*G20	

图5-9　基本模型——管理费用（不含折旧、摊销）预测

5.3.7　EBITDA、折旧、摊销及EBIT预测

在预测完上述科目后，我们就可以计算出公司的息税折旧摊销前利润，即EBITDA。在EBITDA中扣除折旧和摊销后即得到EBIT。即

$$EBITDA = 营业收入 - 营业成本（不含折旧、摊销）$$
$$- 营业税金及附加 - 销售费用（不含折旧、摊销）$$
$$- 管理费用（不含折旧、摊销）$$
$$EBIT = EBITDA - 折旧（D） - 摊销（A）$$

在我国企业会计准则规定的标准形式的利润表中，EBIT和EBITDA这两个指标不会出

现,但它们在估值过程中非常重要。EBIT 不受财务杠杆的影响,EBITDA 不仅不受财务杠杆的影响,还不受折旧和摊销相关的会计处理的影响。从长期来看,EBITDA 是比较贴近公司税前经营活动现金流的一个指标。在估值中,EV/EBIT、EV/EBITDA 也是常用的估计企业价值(EV)的指标。

由于折旧和摊销与资产负债表中的固定资产、无形资产等科目相关,因此现在先把折旧、摊销这两个科目空缺,等预测资产负债表中的固定资产和无形资产时计算折旧和摊销,然后再回到利润表补上这两个空缺的单元格。

现在,在基本模型中,已完成的利润表的形式如图 5-10 所示。可以看到,工作表第 28 行、第 29 行的折旧和摊销是暂时空缺的,2009 年 EBIT(G30 单元格)的计算公式如 H30 单元格所示。尽管折旧和摊销还没有预测出来,但在公式中仍扣除了折旧和摊销,这样当我们最后补上空缺的折旧和摊销时,就可以得到扣除了折旧和摊销预测值后的 EBIT。由于折旧和摊销尚未完成,我们在折旧和摊销所在的单元格加上了底纹,作为明显的提示。

	A	B	F	G	H	I
1						
2				基本模型		
3				利润表		
5		(除百分比及特殊说明外,数字单位为百万元人民币)	2008A	2009E	2010E	2011E
6						
7		本表假设				
12		管理费用(不含折旧、摊销)/营业收入	3.5%	3.5%	3.5%	3.5%
18						
19		利润表				
20		营业收入	2,422.8	2,858.9		
21						
22		营业成本(不含折旧、摊销)	1,674.8	1,915.5		
23		营业税金及附加	14.8	18.6		
24		销售费用(不含折旧、摊销)	136.6	160.1		
25		管理费用(不含折旧、摊销)	84.1	100.1		
26		EBITDA	512.5	664.7	=G20-SUM(G22:G25)	
27						
28		折旧	140.3			
29		摊销	4.1			
30		EBIT	368.1	664.7	=G26-SUM(G28:G29)	

图 5-10 基本模型——EBITDA、折旧、摊销及 EBIT

> **建模技巧提示：如何处理暂时无法预测的科目**
>
> 在建模过程中，有一些项目暂时无法预测，需要等待其他项目预测完成后才能得到该项目的预测值。这个时候一般的做法是：
> - 对于该项目，暂时空缺不做，并用明显的标识提醒该项目尚未完成。
> - 如果有些科目的计算受该项目影响，则在受影响科目的计算公式中反映它们之间的勾稽关系。
>
> 这样填好空缺部分后，模型就能得到正确的结果。

> **建模技巧提示：美化工作表**
>
> 我们都希望把模型做得"漂亮"，其中就包括形式上的美化。美化工作大都体现在一些细节处理上，例如本章前面提到的格式区分、导航列、统一数字格式等技巧都有这个效果。又如图 5-10 所示，在计算 EBITDA、EBIT 时，在这一行上面加了一道横线（边框设置），并对其所在行做了加粗处理，EBITDA、EBIT 的汇总性质直接凸显出来。

5.3.8 财务费用预测

公司的财务费用包括净利息费用、手续费、汇兑损益等。一般来说，净利息费用占公司财务费用的 90% 以上，汇兑损益又很难预测，所以在建模时通常用净利息费用作为财务费用的近似替代。

净利息费用就是利息费用减利息收入。利息费用来源于付息债务，所谓付息债务是指公司向银行等金融机构所借的融资性债务以及发行的债券等。利息收入主要来自公司存在银行的货币资金。

预测利息费用和利息收入时，需要先预测债务金额和货币资金，而债务金额与货币资金是资产负债表上的科目，所以与对折旧、摊销的处理一样，一般先将财务费用这项空缺，在后面辅助表格中预测财务费用，如图 5-11 所示。

图 5-11　基本模型——财务费用

5.3.9 非经常性或非经营性损益预测

非经常性或非经营性损益是重构利润表后的一个调整合并项目。在标准的利润表中，非经常性或非经营性损益通常反映为资产减值损失、公允价值变动收益、投资收益、营业外收入以及营业外支出等。

非经常性或非经营性损益是不能构成公司可持续的核心收入来源的损益。在进行判断时，需要分析其特性，再决定是否将其计入非经常性或非经营性损益中。一个典型的例子是补贴收入，如果该补贴收入是一次性的，一般将其计入非经常性或非经营性损益，比如，2008年政府对汶川大地震给当地某些公司造成的严重损失给予的一次性补贴，就属于非经常性或非经营性损益。但是，如果有证据表明该补贴收入与核心业务相关并且是可持续的，那就可将其计入到收入中。比如，长江电力（600900.SH）补贴收入中的电力销售增值税返还，根据财政部、国家税务总局的批复，葛洲坝电站、三峡电站对外销售的电力产品按应税收入的17%缴纳增值税，税收负担超过8%的部分实行即征即退政策，这样的补贴收入就是可持续且与公司经营相关的，不应计入非经常性或非经营性损益。另外，对于一些经常性的资产减值损失，以及投资收益中与公司核心业务相关的合营、联营公司的利润，则不应计入非经常性或非经营性损益。比如上海汽车（600104.SH），其投资合营的上海大众汽车有限公司每年产生的投资收益就不需要计入非经常性或非经营性损益。

非经常性或非经营性损益往往很难预测。例如，股票投资收益与证券市场的变化息息相关，一旦外部环境发生较大变化，就可能对净利润产生很大影响。比如，在我国股票市场非常火热的2007年，很多上市公司由于持有别的上市公司的一些股票作为金融资产投资，所以当年都有不小的一笔投资收益。但是随着2008年我国股票市场的下行，不少上市公司的投资收益为负值。所以，在预测非经常性或非经营性损益的时候，应遵循保守原则。

非经常性或非经营性损益主要影响的是非核心资产的价值，在基本模型中，对非核心资产的处理方法较为简单，在预测非经常性或非经营性损益时，也使用较简单的预测方法。

基本模型对非经常性或非经营性损益的预测如图5-12所示。

在利润表第13行，我们直接假设未来的非经常性或非经营性损益为0。在利润表中计算非经常性或非经营性损益时，只需直接引用该假设即可。

5.3.10 利润总额计算

现在我们可以计算利润总额（也称税前利润），使用公式：

利润总额 = EBIT - 财务费用 + 非经常性或非经营性损益

	A	B	F	G	H	I
1						
2			基本模型			
3			利润表			
5		（除百分比及特殊说明外，数字单位为百万元人民币）	2008A	2009E	2010E	2011E
6						
7		本表假设				
13		非经常性或非经营性损益	31.6	0.0	0.0	0.0
18						
19		利润表				
33		非经常性或非经营性损益	31.6	0.0	=G13	

图 5-12　基本模型——非经常性或非经营性损益

到目前为止，基本模型中利润表已完成的部分如图 5-13 所示。

	A	B	F	G	H	I
1						
2			基本模型			
3			利润表			
5		（除百分比及特殊说明外，数字单位为百万元人民币）	2008A	2009E	2010E	2011E
6						
7		本表假设				
8		营业收入增长率	29.0%	18.0%	12.0%	10.0%
9		营业成本（不含折旧、摊销）/营业收入	69.1%	67.0%	65.0%	65.0%
10		营业税金及附加/营业收入	0.6%	0.7%	0.7%	0.7%
11		销售费用（不含折旧、摊销）/营业收入	5.6%	5.6%	5.6%	5.6%
12		管理费用（不含折旧、摊销）/营业收入	3.5%	3.5%	3.5%	3.5%
13		非经常性或非经营性损益	31.6	0.0	0.0	0.0
18						
19		利润表				
20		营业收入	2,422.8	2,858.9	=(1+G8)*F20	
21						
22		营业成本（不含折旧、摊销）	1,674.8	1,915.5	=G9*G20	
23		营业税金及附加	14.8	18.6	=G10*G20	
24		销售费用（不含折旧、摊销）	136.6	160.1	=G11*G20	
25		管理费用（不含折旧、摊销）	84.1	100.1	=G12*G20	
26		EBITDA	512.5	664.7	=G20-SUM(G22:G25)	
27						
28		折旧	140.3			
29		摊销	4.1			
30		EBIT	368.1	664.7	=G26-SUM(G28:G29)	
31						
32		财务费用	75.1			
33		非经常性或非经营性损益	31.6	0.0	=G13	
34		利润总额	324.6	664.7	=G30-G32+G33	

图 5-13　基本模型——利润总额计算

5.3.11 所得税费用预测

在《财务会计基础知识手册》中，我们详细介绍了所得税费用的计算方法。利润表中，所得税费用包括了当期所得税费用和递延所得税费用两个部分。关于所得税费用的详细说明，可参见《财务会计基础知识手册》。

在基本模型中，我们先不考虑递延所得税费用。这样，所得税费用预测就被简化为当期所得税费用预测，即所得税费用 = 当期所得税费用。

根据税法规定，如果不考虑减免税额和抵免税额，当期所得税费用的公式为：

$$当期所得税费用 = 应纳税所得额 \times 适用税率$$

但是，由于会计处理方法与税法的出入，税法规定的应纳税所得额和利润表中的利润总额通常并不一致。在建模过程中为方便处理，我们常常使用下面的公式：

$$当期所得税费用 = 利润总额 \times 有效所得税税率$$

在形成利润总额的收入和费用中，可能有税法规定的不征税收入，或计税时不允许税前扣除的费用等。因此，在根据利润总额预测计算所得税费用时，相应的税率应为有效所得税税率，它与税法规定的适用税率不同，是在已知所得税费用和利润总额后倒推出来的事后税率。例如，某公司 2008 年的利润总额为 1.64 亿元，而所得税费用为 0.35 亿元，则其有效所得税税率为 $0.35/1.64 \times 100\% = 21.3\%$。

在上述思路下，未来所得税费用的预测就变得比较简单，只需假设一个有效所得税税率即可。基本模型在预测所得税费用时就采用了这种方法，具体做法如图 5-14 所示。

	A	B	F	G	H	I
1						
2		**基本模型**				
3		**利润表**				
4						
5		（除百分比及特殊说明外，数字单位为百万元人民币）	2008A	2009E	2010E	2011E
6						
7		**本表假设**				
14		有效税率	17.4%	21.0%	21.0%	21.0%
15		边际税率	25.0%	25.0%	25.0%	25.0%
18						
19		**利润表**				
34		利润总额	324.6	664.7		
35						
36		所得税	56.6	139.6	=G14*G34	

图 5-14 基本模型——所得税费用预测

在利润表第 14 行给出了有效所得税税率的假设，H36 单元格中给出了 2009 年所得税费用（G36 单元格）的计算公式。

注意，这里要使用有效税率而非边际税率。

5.3.12 净利润、少数股东损益和归属于母公司的净利润

利润总额扣除所得税费用之后，即得到净利润。对于存在少数股东权益的公司，还要扣除掉少数股东损益（也称归属于少数股东的净利润），计算出归属于母公司股东的净利润。

如果预期子公司股权结构比较稳定，并且子公司净利润占整个集团净利润的比例比较稳定时，那么少数股东损益占净利润的比例也会比较稳定。此时，就可以在假设中给出少数股东损益占净利润的比例，利用该比例进行预测。还有一种可能是有少数股东的子公司所经营的业务与母公司主营业务无关，它们的利润变化趋势与主业利润的变化趋势没有必然联系，此时，少数股东损益可以采用增长率等与整个集团净利润无关的预测方式。

图 5-15 显示了基本模型中对净利润、少数股东损益和归属于母公司股东的净利润三个项目的预测。

	A	B	F	G	H	I
1						
2				基本模型		
3				利润表		
5		（除百分比及特殊说明外，数字单位为百万元人民币）	2008A	2009E	2010E	2011E
6						
7		**本表假设**				
16		少数股东损益/净利润	2.7%	2.7%	2.7%	2.7%
17		已发行普通股数（百万股）	176.6	176.6	176.6	176.6
18						
19		**利润表**				
34		利润总额	324.6	664.7		
35						
36		所得税	56.6	139.6		
37		**净利润**	**268.0**	**525.1**	=G34-G36	
38						
39		少数股东损益	7.3	14.2	=G16*G37	
40		**归属于母公司股东的净利润**	**260.7**	**510.9**	=G37-G39	

图 5-15　基本模型——净利润、少数股东损益和归属于母公司股东的净利润

5.3.13 利润表预测小结

从上述过程来看，预测利润表的步骤通常包括：

（1）预测营业收入。一般应进行详细的预测，例如分产品线、业务或区域进行预测。

详细的预测一般在中间计算表中进行，利润表中只需引用计算结果。

（2）预测营业成本。具体有毛利率法和成本拆分法等。

（3）预测其他费用科目。可分析其与收入之间的关系，或分析其产生的驱动因素来进行预测。

（4）计算 EBITDA 和 EBIT，折旧和摊销暂时空缺（在中间计算表进行预测）。

（5）预测非经常性或非经营性损益。由于其不确定性较大，一般只做简单、保守的预测。

（6）计算利润总额，财务费用暂时空缺。

（7）预测所得税费用。实务中所得税费用的预测可能很繁杂，简单预测时可通过假设有效税率来预测所得税费用。

（8）计算净利润，并根据少数股东损益调整归属于母公司股东的净利润。

在完成上述工作后，基本模型中利润表的形式如图 5–16 所示。

	A	B	F	G	H	I
1						
2				基本模型		
3				利润表		
4						
5		（除百分比及特殊说明外，数字单位为百万元人民币）	2008A	2009E	2010E	2011E
6						
7		本表假设				
8		营业收入增长率	29.0%	18.0%	12.0%	10.0%
9		营业成本（不含折旧、摊销）/营业收入	69.1%	67.0%	65.0%	65.0%
10		营业税金及附加/营业收入	0.6%	0.7%	0.7%	0.7%
11		销售费用（不含折旧、摊销）/营业收入	5.6%	5.6%	5.6%	5.6%
12		管理费用（不含折旧、摊销）/营业收入	3.5%	3.5%	3.5%	3.5%
13		非经常性或非经营性损益	31.6	0.0	0.0	0.0
14		有效税率	17.4%	21.0%	21.0%	21.0%
15		边际税率	25.0%	25.0%	25.0%	25.0%
16		少数股东损益/净利润	2.7%	2.7%	2.7%	2.7%
17		已发行普通股数（百万股）	176.6	176.6	176.6	176.6
18						
19		利润表				
20		营业收入	2,422.8	2,858.9	=(1+G8)*F20	
21						
22		营业成本（不含折旧、摊销）	1,674.8	1,915.5	=G9*G20	
23		营业税金及附加	14.8	18.6	=G10*G20	
24		销售费用（不含折旧、摊销）	136.6	160.1	=G11*G20	
25		管理费用（不含折旧、摊销）	84.1	100.1	=G12*G20	
26		EBITDA	512.5	664.7	=G20-SUM(G22:G25)	
27						
28		折旧	140.3			
29		摊销	4.1			
30		EBIT	368.1	664.7	=G26-SUM(G28:G29)	
31						
32		财务费用	75.1			
33		非经常性或非经营性损益	31.6	0.0	=G13	
34		利润总额	324.6	664.7	=G30-G32+G33	
35						
36		所得税	56.6	139.6	=G14*G34	
37		净利润	268.0	525.1	=G34-G36	
38						
39		少数股东损益	7.3	14.2	=G16*G37	
40		归属于母公司股东的净利润	260.7	510.9	=G37-G39	

图 5–16 基本模型——完成初步预测的利润表

5.4 资产负债表预测

5.4.1 资产负债表的重构

在完成利润表预测之后,接下来预测资产负债表。以基本模型为例,导入历史数据并整理后的资产负债表形式如图5-17所示。

	A	B	C	D	E	F	G	H	I
1									
2					基本模型				
3					资产负债表				
5		(除百分比及特殊说明外,数字单位为百万元人民币)		2006A	2007A	2008A	2009E	2010E	2011E
10									
11		**资产负债表**							
12		*资产*							
13		货币资金		133.9	141.8	179.9			
14		应收款项		94.0	347.1	420.9			
15		存货		127.3	156.3	187.0			
16		预付款项		38.2	34.9	30.6			
17		其他流动资产		29.3	18.7	34.9			
18		**流动资产合计**		422.6	698.7	853.3			
19									
20		非核心资产(净额)		11.4	49.0	52.5			
21		固定资产		1,712.0	2,188.6	2,550.6			
22		无形资产		122.4	138.3	166.0			
23		**资产总计**		2,268.4	3,074.6	3,622.4			
24									
25		*负债和股东权益*							
26		融资缺口		0.0	0.0	0.0			
27		短期借款		169.3	245.3	225.0			
28		应付款项		205.7	308.5	464.7			
29		预收款项		62.3	79.9	94.0			
30		其他应付款		63.5	77.0	78.5			
31		**流动负债合计**		500.7	710.7	862.2			
32									
33		长期借款		884.9	1,216.1	849.9			
34		长期经营性负债		3.8	5.0	3.6			
35		**负债合计**		1,389.4	1,931.8	1,715.8			
36									
37		股本及资本公积		327.7	472.3	975.6			
38		留存收益		402.7	624.1	884.3			
39		**归属于母公司股东权益合计**		730.4	1,096.4	1,859.9			
40									
41		少数股东权益		148.6	46.3	46.8			
42		**股东权益合计**		879.0	1,142.7	1,906.7			
43									
44		**负债和股东权益总计**		2,268.4	3,074.6	3,622.4			
45									
46		平衡测试		OK	OK	OK			
47									

图5-17 基本模型——导入历史数据的资产负债表

从图 5-17 中可以看出我们对资产负债表进行了重构，这样可以帮助读者更好地理解资产负债表的整体预测思路。基本模型中资产负债表的调整主要有：

（1）增加了"融资缺口"科目；

（2）对非核心资产和负债进行了调整；

（3）对资产负债表科目进行了简化处理。关于资产负债表重构的具体方法可参见 4.2.2。

在基本模型中省略和合并某些科目是为了突出建模的主体思路。在实际建模中，对这些项目也可以逐项预测，方式和思路与其他科目类似。

在上述调整中，除了增加配平项以外，其他的调整在实际建模中并非必需步骤，建模者完全可以根据实际需要自行调整。

5.4.2 资产负债表的模块化预测

资产负债表中的科目很多，如果依顺序逐项预测，不利于我们透彻理解公司的经营、投资和融资活动。因此，我们一般会根据上述活动，把资产负债表划分为几个模块，然后按模块来预测。

不考虑货币资金和融资缺口这两个配平项，我们来看资产负债表的结构。先看资产方，资产反映了资金的使用，可以分解为：

$$资产 = 非核心资产 + 核心资产$$

根据核心资产的流动性特征，又可以分为流动资产和非流动资产两类。在基本模型中，核心流动资产包括存货、应收款项、预付款项和其他流动资产，这些科目都是经营活动形成的，属于经营性流动资产；核心非流动资产则包括固定资产和无形资产，而没有除此之外的其他长期经营性资产。这样，资产可表示为：

$$资产 = 非核心资产 + 经营性流动资产 + 固定资产 + 无形资产$$

再看负债方，负债和股东权益反映了资金的来源，可以分解为：

$$负债和股东权益 = 经营性负债 + 融资性负债 + 股东权益$$

经营性负债是指在经营活动中形成的负债，根据其流动性特征，我们可以进一步把经营性负债分为经营性流动负债和经营性非流动负债。在基本模型中，经营性流动负债包括应付款项、预收款项和其他应付款，经营性非流动负债为长期经营性负债。融资性负债是在融资活动中形成的，是指那些以资本形式投入公司的、具有付息义务的债务。这样，负债和股东权益可表示为：

$$负债和股东权益 = 经营性流动负债 + 长期经营性负债 + 付息债务 + 股东权益$$

另外，又有：

经营性流动资产－经营性流动负债＝经营性营运资金（OWC，或称为营运流动资金）

这样，如果不考虑货币资金和融资缺口，资产负债表中的所有科目都可以归入到以下几个模块中，分别是：

- 非核心资产
- 固定资产
- 无形资产
- 营运流动资金及长期经营性负债
- 付息债务
- 股东权益

5.4.3 固定资产及其相关科目预测

固定资产是资产负债表科目中比较典型的一类，且对于制造业公司来说，通常数额上占总资产的比例较大。因此，我们从固定资产预测开始介绍资产负债表的预测。

1. BASE 法则

资产负债表是一个时点报表，表中各科目反映的都是某一时点的存量。对于存量科目，我们经常采用 BASE 法则进行预测。

BASE 法则的具体做法是：用该科目的期初数值（Beginning），加上当期使该科目增加的项目（Addition），减去当期使该科目减少的项目（Subtraction），得到该科目的期末数值（Ending），即期初值＋增加项－减少项＝期末值，取这四个英文单词的首字母即为 BASE。

在资产负债表中，固定资产、无形资产、付息债务、股东权益以及营运流动资金等科目，都可以采用 BASE 法则进行预测。

2. 固定资产的简单预测

预测固定资产时，我们常常使用 BASE 法则。由于 BASE 法则还涉及增加项和减少项，我们将固定资产的预测放在中间计算表中进行。

在基本模型中，预测固定资产采用的 BASE 法则如下：

	固定资产期初额	（B）
＋	固定资产购建	（A）
－	折旧	（S）
＝	固定资产期末额	（E）

基本模型中的固定资产预测如图 5-18 所示。

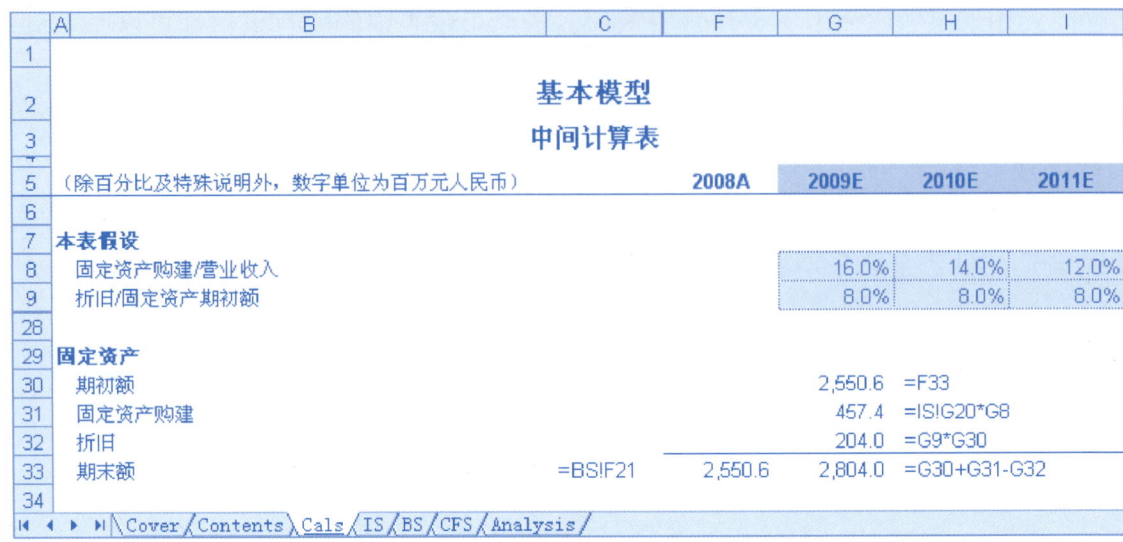

图 5-18　基本模型——固定资产预测（中间计算表）

如图 5-18 所示，工作表第 30 行～第 33 行给出了固定资产的计算过程。预测步骤如下：

（1）为理解方便，首先从资产负债表（BS 工作表）中将 2008 年的固定资产期末额引用到中间计算表 F33 单元格（该单元格公式如 C33 单元格中所显示），然后 2009 年的期初额（G30 单元格）只需引用 F33 单元格即可。

（2）预测增加项。这里的增加项为固定资产购建，见工作表第 31 行，在第 8 行假设固定资产购建为营业收入的一定比例，由于营业收入在前面已经预测过，固定资产购建的计算就很简单。

（3）预测减少项。这里的减少项为折旧，见工作表第 32 行，在第 9 行假设折旧为固定资产期初额的一定比例，由于期初额是一个已知值，因此折旧也可以计算出来。

（4）有了期初值、增加项和减少项，期末值也就可以计算出来，我们在 H33 单元格显示了 2009 年固定资产（G33 单元格）的计算公式。

在中间计算表完成了固定资产的预测之后，只需在资产负债表中引用预测结果即可，见图 5-19，可以看出，我们在这里是引用了中间计算表（Cals 工作表）的计算结果。

3. 固定资产的详细预测

基本模型体现了固定资产预测最常用的 BASE 法则，但其预测仍显得较为简单。当我们需要详细地预测固定资产时，必须对每个相关项目进行详尽的分析。

对大多数制造业公司来说，固定资产非常重要。固定资产是公司为了生产经营活动而

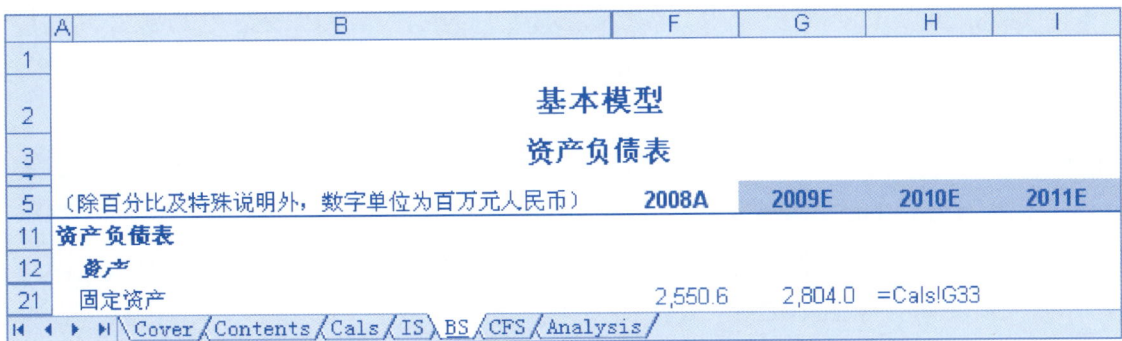

图 5-19 基本模型——固定资产预测（资产负债表）

持有的有形资产，这类资产的使用寿命在一年以上，通常表现为公司所有的不动产、厂房以及设备（Property, Plant and Equipment, PP&E）。固定资产有固定资产原值、固定资产净值、固定资产净额之分。固定资产原值反映的是取得固定资产的成本，固定资产净值是指固定资产原值扣掉累计折旧后的余额，固定资产净额是固定资产净值减去资产减值准备后的余额。

$$
\begin{array}{rl}
& \text{固定资产原值} \\
- & \text{累计折旧} \\
\hline
= & \text{固定资产净值} \\
- & \text{固定资产减值准备} \\
\hline
= & \text{固定资产净额}
\end{array}
$$

在新会计准则下，资产负债表上的固定资产指的是固定资产净额。因此，在财务预测模型中预测的是固定资产净额。

下面，我们对那些对固定资产净额影响较大的因素进行重点分析。

（1）固定资产增加项

首先考虑增加项。在基本模型中，我们假设固定资产净额的增加项为固定资产购建（这里暂不考虑因为并购、重组、固定资产改扩建等较复杂情况对固定资产增加项的影响）。固定资产购建反映了公司当年为增加固定资产而进行的投资，比如新建厂房、新购入机器设备等。

固定资产购建一般包括以下几个方面：

- 当年维修性质的固定资产购建，可以直接计入固定资产增加额的部分。
- 当年购入或建造的新的固定资产中，无须经过安装工程就可直接使用的部分，直接计入固定资产增加额。

- 当年购建的新的固定资产中，须经过安装工程的，当年已经达产的部分，直接计入固定资产；没有达产的部分在当年则计入在建工程等科目，在达产后才能转入固定资产。

这样，相对于固定资产购建，固定资产的增加可能有滞后性。这种情况下，固定资产的增加并不等于公司的固定资产购建。可以将固定资产的增加项分解为以下三个部分：

- 固定资产购建中的维护性支出。其预测一般比较简单，我们可以假设其为固定资产期初额（如有原值则更好）的一个比例。
- 固定资产购建中直接增加固定资产的部分，即那些购入即可使用的固定资产。
- 在建工程中转入固定资产的部分。这些在建工程可能是由当年或以前年份的固定资产购建形成的，我们可以结合在建工程发生的时间和建设期进行分析，可以假设为上年在建工程的一定比例，对于建设期较短的，可以再加上本年新增在建工程的一定比例。

固定资产购建的预测有以下几个思路：

- 比较法。该方法主要依赖重要的行业指标或公司的经营情况。对工业公司来说，重要的行业指标有每单位产出平均的资本性投入等，例如，对钢铁、水泥、造纸公司来说，每吨产能的投入是比较重要的。根据这些指标和相应的新增产能计划，我们就能对公司的固定资产购建进行预测。
- 根据公司规划进行预测。由于不同公司所处的发展阶段和生产周期不同，采用比较法来预测固定资产购建有时比较困难，这时我们还可以依赖管理层提供的合理的固定资产购建数据，这通常与公司的发展战略以及未来几年的规划有关。对于重资产公司，如电力公司，其对发电机组的修建计划会对固定资产产生重大影响。
- 倒推法。对于固定资产购建，我们也可以采用倒推的方法进行预测。例如，在我们只需对固定资产进行简单预测时，可以直接假设固定资产占营业收入的一定比例，折旧则占固定资产的一定比例，这样假设的好处是可以保证固定资产净值随收入的增长而增长。这种情况下，公司的固定资产购建可以通过 BASE 法则倒推出来。对于周期性行业和极度竞争的行业，其产能利用率可能不稳定，在使用倒推法对固定资产进行预测时需要考虑产能利用率对收入的影响。

（2）折旧

折旧是指在固定资产的预期使用寿命内，按照确定的方法对应计折旧额进行的系统分摊。用应当计提折旧的固定资产原值减去其预计净残值就可以得到应计折旧额。如果已对固定资产计提减值准备，还应当扣除已计提的固定资产减值准备累计金额。因此，影响固定资产折旧的因素包括固定资产的原值、预计净残值、固定资产使用寿命、折旧的方法以及固定资产减值准备等。

折旧方法包括年限平均法（直线折旧法）、工作量法、双倍余额递减法和年数总和法等。各公司选用的固定资产折旧方法可能不同，但通常不会随意更改。对于上市公司，我们可以从年报上获知其固定资产折旧方法。

年限平均法（直线折旧法）是我们常见的一种折旧方法，该方法对应计折旧额按照预计的使用年限进行平均分摊，在没有固定资产减值时其计算公式为：折旧＝固定资产原值×（1－残值率）/折旧年限。工作量法则多用于公路、铁路运输等行业，该方法对应计折旧额按照工作量进行平均分摊，在没有固定资产减值时其计算公式为：单位工作量折旧额＝固定资产原值×（1－预计净残值率）/预计总工作量；某项固定资产年折旧额＝该项固定资产当年工作量×单位工作量折旧额。

【例】已知某生产设备原价1 500万元，预计可工作20 000个小时，预计净残值率为5%，本年工作2 000个小时，使用工作量法计提折旧，不考虑固定资产减值，则该生产设备本年折旧额可以按照如下方法预测：

$$单位工作量折旧额 = 1\,500 \times (1 - 5\%) / 20\,000 = 0.07125（万元/小时）$$

$$本年折旧额 = 0.07125 \times 2\,000 = 142.5（万元）$$

在预测折旧时，如果折旧对公司资产及利润状况影响不大，可以采用简单的预测方法，如假设折旧是期初固定资产净额或原值的某个比例等。但如果需要详尽计算折旧时，特别是一些大型资产的折旧对公司利润影响很大时，就需要单独做一张折旧计算表。

下面是一个较为详细的固定资产预测的实例，其背景为一个水泥公司。由于预测比较详细，我们专门构造了一张PP&E工作表来计算。

首先是对固定资产增加项的预测，如图5–20所示。

在工作表第24行~第27行可以看到，这里的固定资产增加项（新增固定资产）分为三个部分，分别为：固定资产购建——维护性支出，固定资产购建——直接新增固定资产，在建工程转入固定资产。在第8行、第9行直接给出了关于前两个部分的数字假设，在第24行、第25行中只需引用假设即可。

对于在建工程转入固定资产的预测，工作表第14行给出了假设，其取决于在建工程期初额，因此我们需要先预测在建工程。我们使用BASE法计算了在建工程，见工作表第18行~第21行，即

	在建工程期初额	（B）
+	固定资产购建——新增在建工程	（A）
−	在建工程转入固定资产	（S）
=	在建工程期末额	（E）

	A	B	C	D	E	F	G	H	I	J
1										
2				某水泥公司财务预测模型						
3				固定资产						
4										
5		（除特殊说明外，所有数字单位为百万元人民币）		2008A	2009E	2010E	2011E	2012E	2013E	
6										
7	**本表假设**									
8		固定资产购建——维护性支出			50.0	60.0	60.0	60.0	60.0	
9		固定资产购建——直接新增固定资产			460.0	380.0	400.0	400.0	400.0	
10		固定资产购建——新增在建工程（熟料生产线）			600.0	600.0	600.0	600.0	600.0	
11		固定资产购建——新增在建工程（余热发电项目）			200.0	200.0	200.0	200.0	200.0	
12		固定资产购建——新增在建工程（水泥磨）			150.0	150.0	150.0	150.0	150.0	
13		固定资产购建——新增在建工程（其他）			50.0	50.0	50.0	50.0	50.0	
14		在建工程转入固定资产/在建工程期初额			70.0%	70.0%	70.0%	70.0%	70.0%	
15		已存固定资产折旧			1,251.0	1,209.0	1,180.0	1,158.0	1,120.0	
16										
17	**在建工程**									
18		期初额			1,695.6	1,508.7	1,452.6	1,435.8	1,430.7	=H21
19		固定资产购建——新增在建工程			1,000.0	1,000.0	1,000.0	1,000.0	1,000.0	=SUM(I10:I13)
20		在建工程转入固定资产			1,186.9	1,056.1	1,016.8	1,005.1	1,001.5	=I14*I18
21		期末额	=BS!D12 →	1,695.6	1,508.7	1,452.6	1,435.8	1,430.7	1,429.2	=I18+I19-I20
22										
23	**新增固定资产**									
24		固定资产购建——维护性支出			50.0	60.0	60.0	60.0	60.0	=I8
25		固定资产购建——直接新增固定资产			460.0	380.0	400.0	400.0	400.0	=I9
26		在建工程转入固定资产			1,186.9	1,056.1	1,016.8	1,005.1	1,001.5	=I20
27		新增固定资产			1,696.9	1,496.1	1,476.8	1,465.1	1,461.5	=SUM(I24:I26)

图5-20 某水泥公司固定资产预测——新增固定资产

其中，对于"固定资产购建——新增在建工程"，我们将其按照具体的项目给出了假设，见工作表第10行~第13行，将在建工程分为熟料生产线、余热发电项目、水泥磨、其他四项，并直接给出了数字假设。在计算在建工程时，我们直接将这四类在建工程进行了加总，见J19单元格中的公式。

需要说明的是，在实际建模中，当在建工程规模较小时，可以直接将在建工程合并到固定资产中，进行整体的预测，而不考虑在建工程转入固定资产等因素。

接下来对折旧进行预测，此处使用了折旧表，如图5-21所示。

从工作表第40行~第42行可以看出，折旧分为新增固定资产产生的折旧和已存固定资产折旧两部分。对于已存固定资产折旧，可以根据公司的已存固定资产情况和折旧政策估计出来，在这里直接给出了数值假设，见工作表第15行。如果公司采用直线折旧法，其已存固定资产的折旧一般会呈现递减的趋势，因为固定资产会陆续折旧完。

在上一步骤中，已经对新增固定资产进行了预测，对于其产生的折旧，我们是用折旧表计算的，见工作表第30行~第39行。折旧表的思路就是分别计算出每笔新增固定资产在形成之后每年产生的折旧，然后将其汇总，得到新增固定资产产生的折旧。

在这里我们采用直线折旧法计算折旧，预测期每年新增的固定资产假设在当年的年中投入使用。

第30行~第31行给出了折旧年限和残值率的假设。预测新增固定资产产生的折旧的

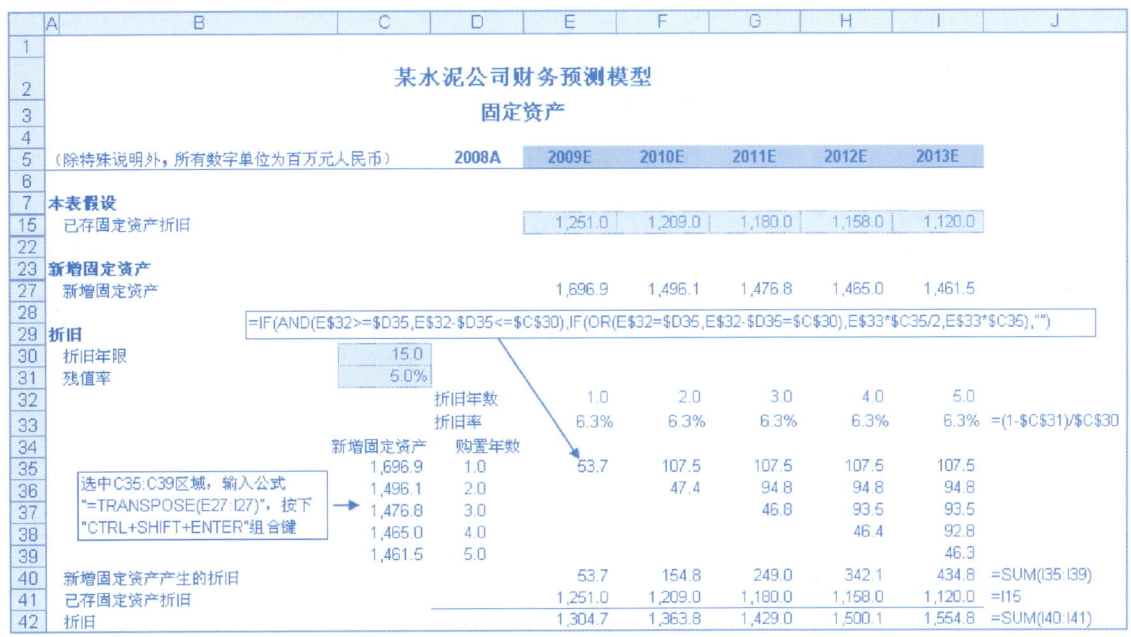

图 5-21 某水泥公司固定资产预测——折旧

步骤如下：

第一步，将折旧年数标号，并计算出折旧率，见工作表第 32 行~第 33 行。使用辅助行折旧年数（第 32 行）表示计算折旧的年份，是为了方便后面计算折旧公式的书写。折旧率可以理解为所提取的折旧占相应固定资产的比例。用折旧率乘以某一笔新增固定资产就得到对应年份该新增固定资产产生的折旧。

第二步，将新增固定资产的购置年数标号（和折旧年数一样，是辅助列，便于折旧公式的简化），然后将我们在第 27 行已预测过的新增固定资产引用到 C35：C39 区域，具体方法需要使用 TRANSPOSE（转置）函数，见 C35：C39 区域左边方框中的提示。关于 TRANSPOSE 函数的详细介绍可查阅《Excel 财务建模手册》。

第三步，计算折旧，折旧的计算见 E35：I39 区域。我们在图 5-21 中的方框中给出了 E35 单元格的计算公式：

"= IF(AND(E$32 > = $D35, E$32 - $D35 < = C30),
    IF(OR(E$32 = $D35, E$32 - $D35 = C30),
    E$33 * $C35/2, E$33 * $C35), " ")"

利用此公式，可以对以下两方面进行判断：

其一，判断该年份是否需要计算折旧，根据购置年数、折旧年数和折旧年限，我们可以判断该新增的固定资产是否已经开始折旧、是否已经折旧完，只有同时满足"开始产生折旧，且没有折旧完成"这两个条件才会计提折旧，这一判断条件可以用 AND 函数实现。

其二，判断如何折旧并分别计算，通过嵌套的 IF 函数来实现。如果假设固定资产在每年的年中买入，或在一年中均匀增加，则该项固定资产在其新增（投入使用）的当年和最后一个折旧年度计提半年折旧，在其他折旧年份则计提全年折旧，这一判断条件可以用 OR 函数实现。关于 IF 函数、AND 函数和 OR 函数的详细介绍可查阅《Excel 财务建模手册》。

以 E35 单元格为例，其对应的新增固定资产购置年数为 1.0，相应的固定资产购入年份为 2009 年；其对应的折旧年数为 1.0，相应的计算折旧的年份为 2009 年。根据公式，新增固定资产在购入当年计提半年折旧，因此计算得到当年的折旧为：

$$1\,696.9 \times (1-5.0\%)/15/2 \approx 53.7\,（百万元）$$

> **建模技巧提示：绝对引用和相对引用**
>
> 如图 5-21 所示，在计算折旧时，我们需要把 E35 单元格的公式向右、向下复制到整个折旧区域（E35:I39）。在这种情况下要特别注意绝对引用和相对引用的使用。在例子中，当把公式向右复制时，希望复制得到的公式中引用的新增固定资产和购置年数的单元格不变，而引用折旧年数和折旧率的单元格跟随变化；当向下复制时，希望公式中引用折旧年数和折旧率的单元格不变，而引用新增固定资产和购置年数的单元格跟随变化；而不管向右还是向下复制，我们都希望公式中引用折旧年限和残值率单元格不变。所以要对参数使用不同的引用方式：
>
> - 新增固定资产、购置年数：行相对引用，列绝对引用。
> - 折旧年数、折旧率：行绝对引用，列相对引用。
> - 折旧年限和残值率：行列均绝对引用。
>
> 关于绝对引用和相对引用的详细介绍可查阅《Excel 财务建模手册》。

按照会计准则的规定，固定资产应当按月计提折旧，当月增加的固定资产，当月不计提折旧，从下月起计提折旧。从理论上讲，固定资产折旧应当按月计算，但这样既过于复杂又难以找到足够数据，如果假设当年新增加的固定资产在一年中均匀增加，那么，一个相对合理的折中方法是：将新增固定资产在新增当年计提半年折旧，折旧最后一年再计提半年折旧。该折中方法结果在多数情况下较符合实际结果，且便于操作，上面的例子便是这么处理的。

第四步，将预测期各年的新增固定资产产生的折旧进行加总，便得到新增固定资产每年产生的折旧。

在计算完已存固定资产折旧和新增固定资产产生的折旧后，加总则得到折旧总额。见图 5-21 中工作表第 42 行。

（3）固定资产净额

有了期初额、新增固定资产和折旧，就可以使用 BASE 法则完成固定资产的预测了，见图 5-22 中工作表第 45 行~第 48 行。

实际建模中，由于不同类型的固定资产折旧年限不同，若需预测得更准确，可以对固

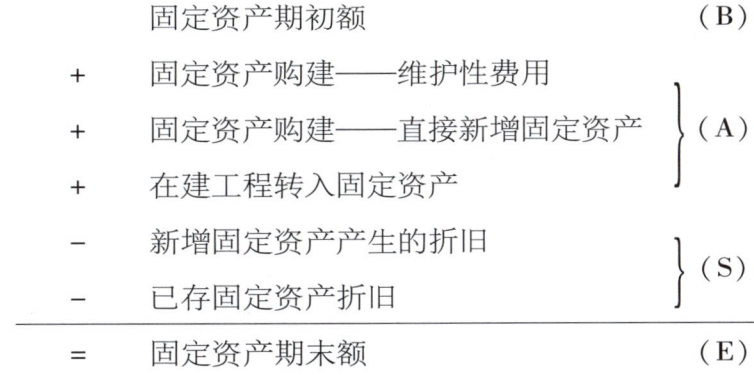

图 5－22　某水泥公司固定资产预测——固定资产

定资产进行分类：房屋及建筑物、机器设备、运输设备以及其他设备。对每一类固定资产单独构建折旧表进行预测。

下面对上一示例进行总结，相对而言，这是一个比较复杂的 BASE 法：

$$
\begin{array}{rl}
 & \text{固定资产期初额} \quad (B) \\
+ & \text{固定资产购建——维护性费用} \\
+ & \text{固定资产购建——直接新增固定资产} \\
+ & \text{在建工程转入固定资产} \\
- & \text{新增固定资产产生的折旧} \\
- & \text{已存固定资产折旧} \\
\hline
= & \text{固定资产期末额} \quad (E)
\end{array}
$$

其中中间几项分别归为 (A) 和 (S)。

事实上，固定资产的增加项和减少项可能远不止上述几项。由于预测的是固定资产净额，根据企业会计准则的要求，在减少项中应该还包括当年计提的固定资产减值损失。另外，如果公司存在固定资产出售、子公司注销等情形时，也会影响到固定资产的预测。在本书的预测模型中，均没有考虑该因素，但如果建模者有可靠的信息并且也有需要，可以进行相应的预测。

4. 固定资产模块与核心财务报表的关系

上面我们介绍了固定资产预测的一般方法。无论是在简单预测还是详细预测方法中，固定资产购建和折旧均是两个非常重要的项目。我们应综合分析，理解公司的战略，了解公司的建设计划，通过历史数据分析、管理者访谈、现场调查、同业比较等方法分别预测出当年的固定资产购建和折旧，从而运用 BASE 法则计算出当年年末的固定资产。如果需要详细预测，可以专门构造一张 PP&E 的工作表来计算固定资产购建、折旧以及固定资产期末值，如上例所示。

需要说明的是，固定资产的预测不仅涉及资产负债表，还会对利润表、现金流量表产生影响。固定资产预测中的折旧会影响利润表，固定资产购建、折旧则影响现金流量表。

完成了固定资产预测后，我们可以厘清固定资产模块与利润表和资产负债表之间的勾稽关系，如图 5-23 所示。

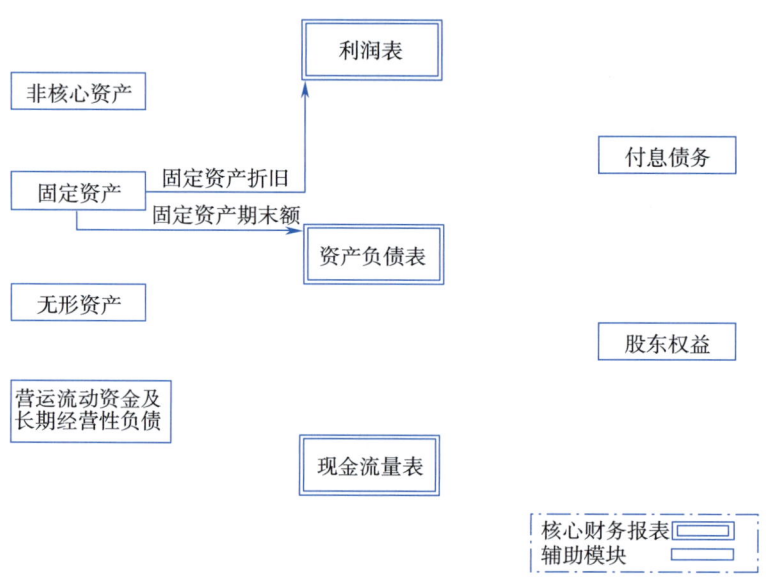

图 5-23　固定资产与核心财务报表的勾稽关系

5.4.4　无形资产及其相关科目预测

无形资产（Intangible Assets）通常包括专利权、非专利技术、商标权、著作权、特许权以及土地使用权等。

和固定资产预测相似，对无形资产的预测同样可以采用 BASE 法则，其形式一般如下：

$$
\begin{aligned}
&\quad\ \text{无形资产期初额} &(B)\\
&+\ \text{无形资产购建} &(A)\\
&-\ \text{无形资产摊销} &(S)\\
\hline
&=\ \text{无形资产期末额} &(E)
\end{aligned}
$$

在基本模型中，给出了一个简单的示例。由于涉及增加项和减少项，其预测也是在中间计算表中进行，如图 5-24 所示。

	A	B	C	F	G	H	I
1							
2				基本模型			
3				中间计算表			
5		（除百分比及特殊说明外，数字单位为百万元人民币）		2008A	2009E	2010E	2011E
6							
7	本表假设						
10		无形资产购建/固定资产购建			5.0%	5.0%	5.0%
11		摊销/无形资产期初额			5.0%	5.0%	5.0%
28							
29	固定资产						
31		固定资产购建			457.4		
34							
35	无形资产						
36		期初额			166.0	=F39	
37		无形资产购建			22.9	=G10*G31	
38		摊销			8.3	=G11*G36	
39		期末额	=BS!F22	166.0	180.6	=G36+G37-G38	

图 5-24　基本模型——无形资产预测（中间计算表）

在工作表第 36 行~第 39 行给出了无形资产的预测过程，H 列显示了 2009 年相关科目的计算公式，第 10 行~第 11 行是相关的假设。对于通过买土地建厂房、生产线的制造业公司，其无形资产通常主要为土地使用权，所以可用固定资产购建来预测无形资产购建（土地使用权）。在中间计算表完成无形资产预测后，同样将其引用到资产负债表中。

	A	B	F	G	H	I
1						
2				基本模型		
3				资产负债表		
5		（除百分比及特殊说明外，数字单位为百万元人民币）	2008A	2009E	2010E	2011E
11	资产负债表					
12		资产				
22		无形资产		166.0	180.6	=Cals!G39

图 5-25　基本模型——无形资产预测（资产负债表）

无形资产的预测也会同时影响利润表、资产负债表和现金流量表。无形资产的期末额被引用到资产负债表，无形资产摊销被引用到利润表，无形资产购建、摊销会影响现金流量表。

无形资产模块与利润表和资产负债表之间的勾稽关系如图 5-26 所示。

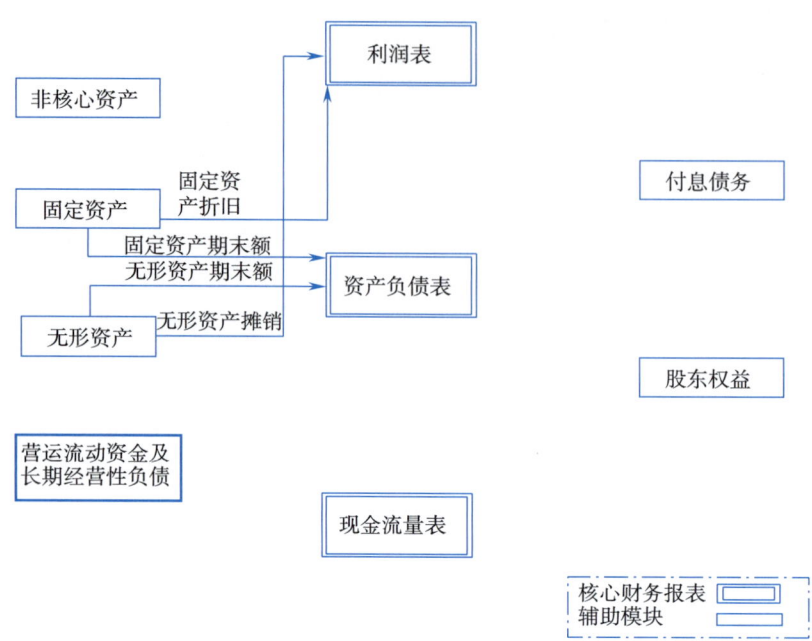

图 5-26　无形资产与核心财务报表的勾稽关系

5.4.5　营运流动资金及长期经营性负债预测

1. 营运流动资金预测

营运流动资金（或称为经营性流动资金，OWC），是指经营性流动资产减去经营性流动负债。和通常财务分析中的营运资金概念不同，财务模型中的营运流动资金不包括货币资金和交易性金融资产等与公司主营业务无关的流动资产，也不包括短期借款和应付股利等与融资活动相关的流动负债。通常，营运流动资金包括存货、应收款项、预付款项、应付款项和预收款项等。

营运流动资金科目一般都与营业收入或营业成本（或销售费用、管理费用）直接相关。举例来说，应收账款是公司销售产品和提供服务获得的收入中尚未收回的现金，因此与营业收入直接关联。更直接相关的应为赊销收入，但一般难以获得公司的赊销收入的数据，故常用营业收入代替。而对于存货和应付账款，存货成本在存货变成产品并销售后计入营业成本，应付账款与公司支出（如购买原材料或服务的支出）相关，因此，这两个科目与营业成本相关。

在预测这些科目时，有两种常用假设方式：一种是假设其在营业收入或营业成本中的比重，如"应收款项/营业收入"；另一种是假设与该科目相对应的周转率或周转天数，如

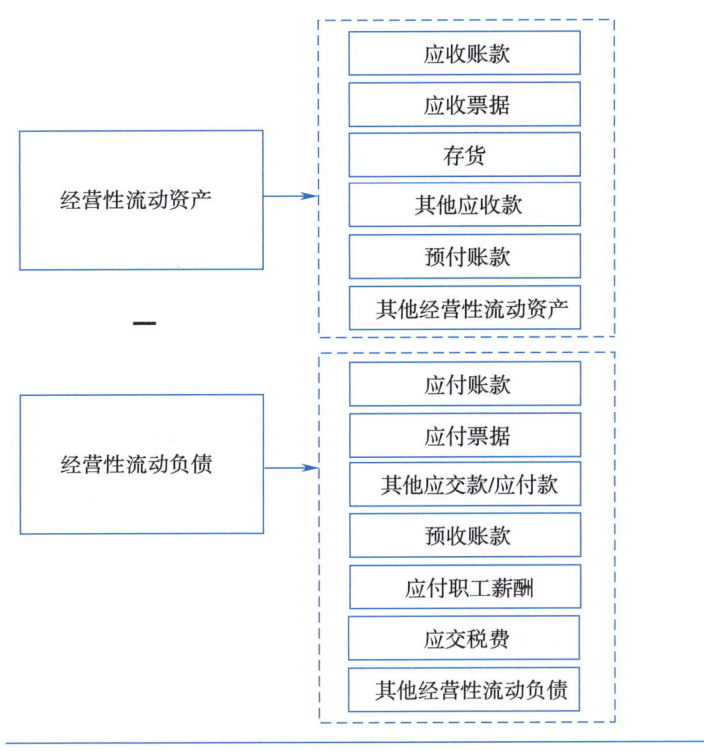

图 5-27 营运流动资金（OWC）

"应收款项周转率"或"应收款项周转天数"等在公司经营管理中常用的指标。具体的假设数值可以综合考虑该公司的历史经营数据和行业趋势后给出。

上述两种假设方式在本质上是很相近的。以应收款项为例，可以假设应收款项周转率，也可以假设应收款项/营业收入这一比例，对于应收款项周转率，有：

应收款项周转率 = 2 × 营业收入/（期初应收款项 + 期末应收款项）

容易看出，在应收款项的变动趋势保持稳定的情形下，期初应收款项/期末应收款项的比值保持稳定，此时上述两种假设是等价的。

基本模型中营运流动资金项目采用比例假设。其中，应收款项、预收款项、其他经营性流动资产与营业收入相关，存货、预付款项、应付款项、其他应付款与营业成本（这里的成本为不含折旧、摊销的现金成本）相关。由于营运流动资金涉及到多个科目，因此放在中间计算表（Cals 工作表）中进行预测，如图 5-28 所示。

工作表第 12 行～第 18 行给出了营运流动资金各科目的假设方式，H 列显示了 2009 年各科目的计算公式。以存货预测为例，2009 年存货（G43 单元格）的计算公式为"= IS！G22*G13"，其中"IS！G22"是已经在利润表（IS 工作表）中预测过的 2009 年的营业成

	A	B	C	F	G	H	I
1							
2					基本模型		
3					中间计算表		
5		（除百分比及特殊说明外，数字单位为百万元人民币）		2008A	2009E	2010E	2011E
6							
7		本表假设					
12		应收款项/营业收入		17.4%	17.4%	17.4%	17.4%
13		存货/营业成本（不含折旧、摊销）		11.2%	11.2%	11.2%	11.2%
14		预付款项/营业成本（不含折旧、摊销）		1.8%	1.8%	1.8%	1.8%
15		其他流动资产/营业收入		1.4%	1.4%	1.4%	1.4%
16		应付款项/营业成本（不含折旧、摊销）		27.8%	27.8%	27.8%	27.8%
17		预收款项/营业收入		3.9%	3.9%	3.9%	3.9%
18		其他应付款/营业成本（不含折旧、摊销）		4.7%	4.7%	4.7%	4.7%
40							
41		营运流动资金（OWC）					
42		应收款项			497.5	=IS!G20*G12	
43		存货			214.5	=IS!G22*G13	
44		预付款项			34.5	=IS!G22*G14	
45		其他流动资产			40.0	=IS!G20*G15	
46		经营性流动资产合计			786.5	=SUM(G42:G45)	
47							
48		应付款项			532.5	=IS!G22*G16	
49		预收款项			111.5	=IS!G20*G17	
50		其他应付款			90.0	=IS!G22*G18	
51		经营性流动负债合计			734.0	=SUM(G48:G50)	
52							
53		营运流动资金			52.5	=G46-G51	

图 5-28　基本模型——营运流动资金预测（中间计算表）

本，"G13"是假设 2009 年存货占营业成本的比例。其他科目的预测方式与存货类似，也是用假设的比例乘以营业收入或营业成本。"IS！G20"和"IS！G22"分别为营业收入和营业成本。为阅读方便，再给大家呈现一下营业收入与营业成本在 IS 表中的位置，见图 5-29。

> **建模技巧提示：在公式中将跨表引用的单元格放在前面**
>
> 尽管在建模过程中，应尽量减少跨表引用，但由于不同工作表之间的勾稽关系，跨表引用仍不可避免。在这种情况下，有良好建模习惯的建模者会尽量把跨表引用的单元格放在公式中靠前的位置。如图 5-28 所示，在计算存货的公式中，把利润表中的营业成本放在前面。这样做的好处是，在检查模型时，可以用"Ctrl +〔"的组合键快速检查。具体可查阅《Excel 财务建模手册》。

通常会在中间计算表计算历史年份最后一年（2008 年）的营运流动资金，这在现金流量表中会用到。由于 2008 年的营运资金涉及科目均是历史的资产、负债数据，可以在资产

	A	B	F	G	H	I
1						
2				基本模型		
3				利润表		
5		(除百分比及特殊说明外,数字单位为百万元人民币)	2008A	2009E	2010E	2011E
19		利润表				
20		营业收入	2,422.8	2,858.9		
21						
22		营业成本(不含折旧、摊销)	1,674.8	1,915.5		

\Cover/Contents/Cals\IS/BS/CFS/Analysis/

图 5-29 基本模型——营运流动资金预测(利润表)

负债表中找到,所以此处只需在 F 列引用资产负债表中 2008 年的相应科目,最后在第 53 行计算 2008 年的营运流动资金即可。

	A	B	C	F	G	H	I
1							
2					基本模型		
3					中间计算表		
5		(除百分比及特殊说明外,数字单位为百万元人民币)		2008A	2009E	2010E	2011E
6							
7		本表假设					
12		应收款项/营业收入		17.4%	17.4%	17.4%	17.4%
13		存货/营业成本(不含折旧、摊销)		11.2%	11.2%	11.2%	11.2%
14		预付款项/营业成本(不含折旧、摊销)		1.8%	1.8%	1.8%	1.8%
15		其他流动资产/营业收入		1.4%	1.4%	1.4%	1.4%
16		应付款项/营业成本(不含折旧、摊销)		27.8%	27.8%	27.8%	27.8%
17		预收款项/营业收入		3.9%	3.9%	3.9%	3.9%
18		其他应付款/营业成本(不含折旧、摊销)		4.7%	4.7%	4.7%	4.7%
40							
41		营运流动资金(OWC)					
42		应收款项	=BS!F14	420.9	497.5		
43		存货	=BS!F15	187.0	214.5		
44		预付款项	=BS!F16	30.6	34.5		
45		其他流动资产	=BS!F17	34.9	40.0		
46		经营性流动资产合计	=SUM(F42:F45)	673.4	786.5		
47							
48		应付款项	=BS!F28	464.7	532.5		
49		预收款项	=BS!F29	94.0	111.5		
50		其他应付款	=BS!F30	78.5	90.0		
51		经营性流动负债合计	=SUM(F48:F50)	637.2	734.0		
52							
53		营运流动资金	=F46-F51	36.2	52.5		

图 5-30 基本模型——历史营运流动资金(中间计算表)

在中间计算表中完成了营运流动资金的预测后,把相关科目的预测结果再引用到资产负债表。如图 5-31 所示。我们可以看到资产负债表中 2009 年的应收款项、存货、预付款项、其他流动资产、应付款项、预收款项和其他应付款都是引用的中间计算表（Cals 工作表）的计算结果。

	B	F	G	H	I
1					
2	基本模型				
3	资产负债表				
5	（除百分比及特殊说明外，数字单位为百万元人民币）	2008A	2009E	2010E	2011E
11	资产负债表				
12	资产				
13	货币资金	179.9			
14	应收款项	420.9	497.5	=Cals!G42	
15	存货	187.0	214.5	=Cals!G43	
16	预付款项	30.6	34.5	=Cals!G44	
17	其他流动资产	34.9	40.0	=Cals!G45	
18	流动资产合计	853.3			
24					
25	负债和股东权益				
26	融资缺口	0.0			
27	短期借款	225.0			
28	应付款项	464.7	532.5	=Cals!G48	
29	预收款项	94.0	111.5	=Cals!G49	
30	其他应付款	78.5	90.0	=Cals!G50	
31	流动负债合计	862.2			

图 5-31 基本模型——营运流动资金预测（资产负债表）

> **建模技巧提示：不同工作表中，同一期数据放于同列**
>
> 在不同工作表中，建议把同一期数据放于同列。如图 5-29、图 5-30、图 5-31 所示，在基本模型的利润表、中间计算表和资产负债表中，2009 年的数据均放在 G 列。这样做不仅可以使模型格式显得整齐划一，更重要的是，借助这种安排，可以提高我们检查模型的效率——很多时候，只需看一下公式中所引用的单元格的列标是否与本单元格一致，就可以判断公式是否有引串列的错误。

基本模型只是假设营运流动资金科目与营业收入或营业成本之间存在简单的对应关系。实际建模中，如果需要对这些科目进行详细预测，还需搞清楚该科目的驱动因素是哪些具体的收入或成本，这时候需要对收入和成本进行拆分，寻找营运流动资金科目与这些细分收入或成本之间的对应关系。

营运流动资金等于经营性流动资产和经营性流动负债的差额，既可以为正也可以为负。正的营运流动资金一般代表公司的现金被上、下游所占用，公司在发展时投入的资金不仅需要进行长期资产（固定资产、无形资产等）建设，还需要满足日常运营的资产侵占。反之,负的营运流动资金一般代表公司可以占用上游、下游的现金资源来进行自身的发展,且此占用为商业占用,通常无须付息。营运流动资金的正负一般取决于公司与产业链上游、下游的议价能力。一般来说,议价能力较强的公司,营运资金通常为负值。比如中国联通(600050. SH),其在上游、下游产业链中的议价能力非常强,有大量的应付账款以及预收账款,因而其营运流动资金是一个非常大的负值。2009年中国联通的营运流动资金为负1 000多亿元,而当年其持续经营业务的净利润仅为约94亿元。而对于一些在产业链中处于弱势地位的公司,往往会有比较多的应收账款或预付账款,导致其营运流动资金为比较大的正值。营运流动资金的变化对现金有较大影响,因此详细预测公司的营运流动资金需求是非常重要的。

2. 长期经营性负债预测

一般来说,长期经营性负债主要包括一些长期应付款、专项应付款和递延所得税负债(基本模型中没有考虑递延所得税负债)等。这些项目的预测比较困难,一般需要详细的信息支持才能做到。另外,长期经营性负债意味着公司将长期占用其他公司现金资源,与经营性流动负债相比,这显然要困难得多。

在基本模型中,我们对长期经营性负债进行了简单预测,如图5-32所示。我们直接在BS工作表(资产负债表)第9行假设长期经营性负债占营业成本的一定比例,在第34行计算了长期经营性负债。

A	B	F	G	H	I
1					
2		基本模型			
3		资产负债表			
4					
5	(除百分比及特殊说明外,数字单位为百万元人民币)	2008A	2009E	2010E	2011E
6					
7	本表假设				
9	长期经营性负债/营业成本	0.2%	0.4%	0.4%	0.4%
10					
11	资产负债表				
12	资产				
34	长期经营性负债	3.6	6.7	=IS!G22*BS!G9	

图5-32 基本模型——长期经营性负债预测

基本模型对长期经营性负债的预测是一种简化的处理方法。实际建模时,应具体分析长期经营性负债背后的驱动因素。比如当公司采用分期付款方式购买固定资产或无形资产,或是公司融资租入固定资产时,都可能产生长期经营性负债。建模者应根据实际情况进行处理。

完成了营运流动资金及长期经营性负债的预测后，可以厘清营运流动资金及长期经营性负债模块与资产负债表之间的勾稽关系，如图5-33所示。

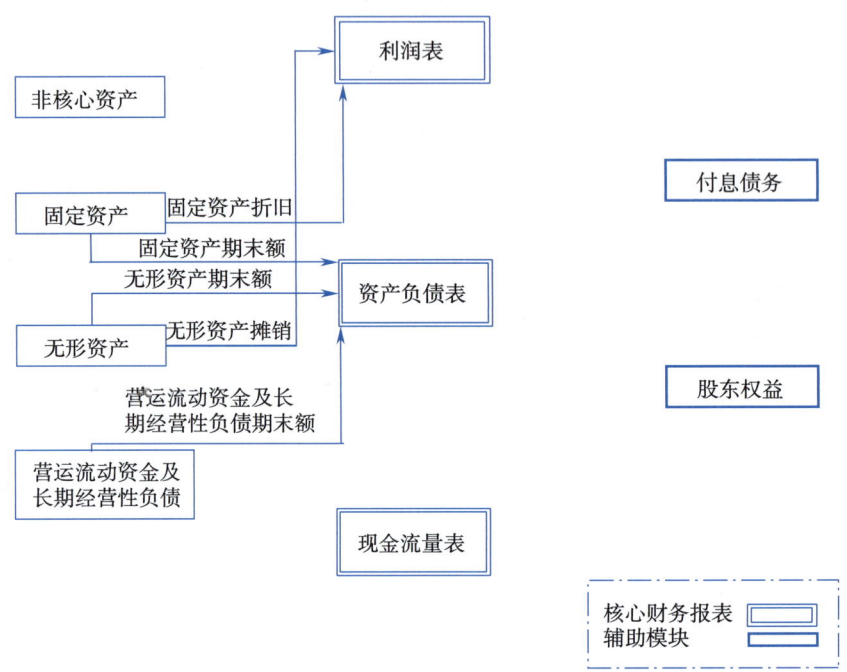

图5-33　营运流动资金及长期经营性负债与核心报表的勾稽关系

5.4.6　非核心资产预测

前面已经提到，非核心资产是指与核心业务无关的资产和负债。对于一般的非金融公司而言，主要体现为交易性金融资产、持有至到期投资、可供出售金融资产、长期股权投资、投资性房地产、交易性金融负债等。

在基本模型中，非核心资产的预测采用了最简单的方法，即假设非核心资产的规模保持以前的水平。如图5-34所示，在BS工作表（资产负债表）第8行的假设中直接给出了未来非核心资产的数值，计算时直接引用即可。

完成了非核心资产的预测后，可以厘清非核心资产模块与资产负债表之间的勾稽关系，如图5-35所示。

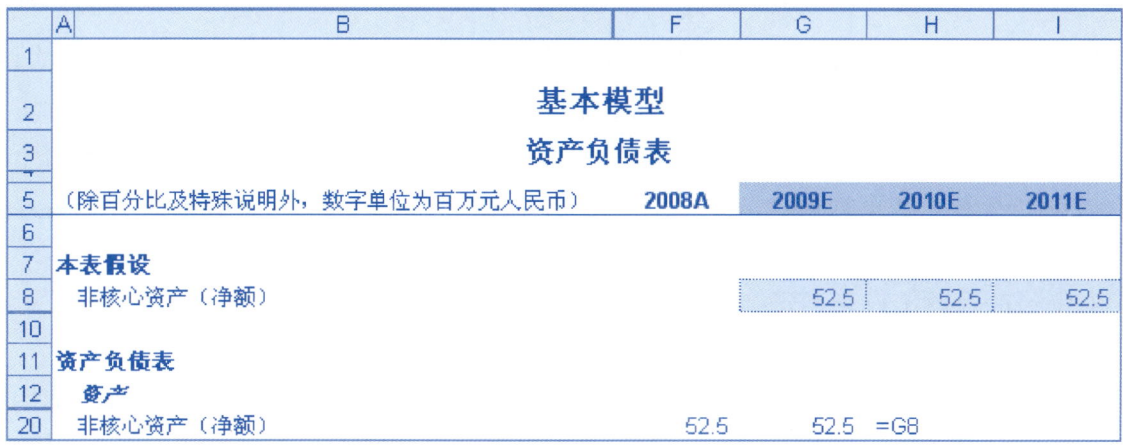

图 5-34　基本模型——非核心资产预测

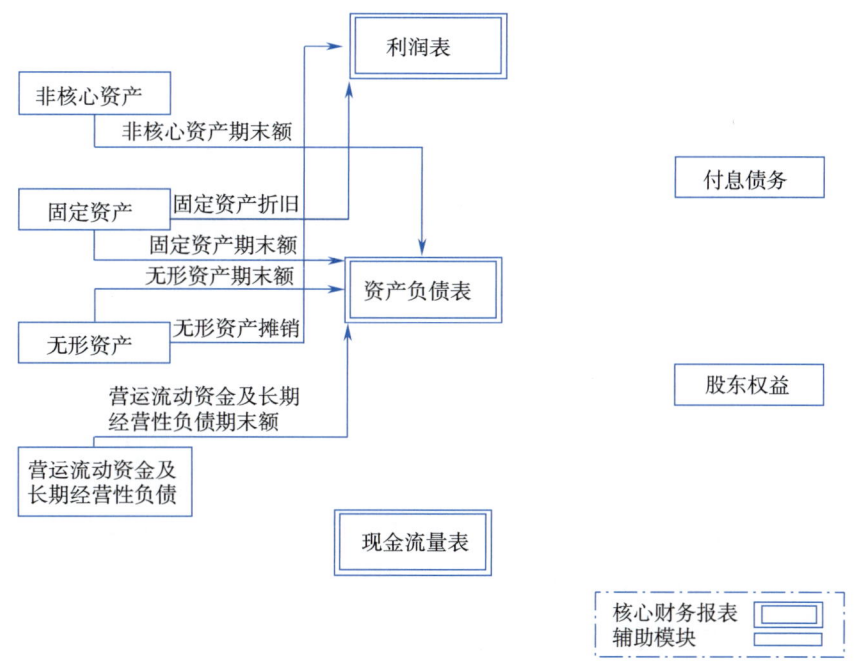

图 5-35　非核心资产与核心报表的勾稽关系

5.4.7　付息债务和财务费用预测

下面进行债务和财务费用的预测。这里，债务是指那些具有付息义务的融资性负债，即我们在第1章提到的价值等式中的债务。在资产负债表中，通常表现为短期借款、长期借款和应付债券等。而当长期借款或应付债券在一年内即将到期时，即将到期的这部分长期借款或应付债券会被转入到"一年内到期的非流动负债"中,所以在"一年内到期的非流动负债"中也可能存在债务。一些公司发行的短期融资券,可能被放在短期借款科目,也可能被放在其他流动负债、其他应付款或应付债券科目,或单独设立应付短期融资券科目,无论放在哪个科目中,都属于付息债务。另外,在建模过程中,我们设置了两个配平项,其中之一为"融资缺口",融资缺口是短期借款的一种,因此也属于债务范畴。关于融资缺口,将在5.5.2中专门介绍。

对债务的预测不仅影响资产负债表,还会通过财务费用科目影响利润表,相关融资活动还会影响现金流量表。

在5.3.8中提到,通常用净利息费用来替代财务费用。净利息费用就是利息费用减利息收入,其中利息费用来源于付息债务,利息收入主要来自公司在银行的存款(属于货币资金)。

理论上,每一笔债务产生的利息费用都与其债务金额、利率以及发生的时间有关。如果能准确预测未来每笔债务的上述相关信息,就能准确地预测利息费用。但实际建模时,根据可获得的信息,通常将债务按照资产负债表中的短期借款、长期借款和应付债券科目进行分类,分别预测每类债务的利息费用。对利息费用的预测可以分为三步:

第一步,预测债务金额。

对于债务期末值的预测,既可以假设债务当期的净变化量,也可以使用BASE法则,分别预测债务的增加项和减少项。除此之外,通过目标资产负债率来预测债务也是一种可行的方法。

首先来分析短期债务融资(主要为短期借款)。公司在生产经营过程中,可能出现短期融资需求。例如,很多公司经营具有季节性的特征,季节性经营的波动会导致对现金需求的变化,公司因此可能出现现金的短缺。公司可以通过调节经营性资产和负债的变化来应对这种波动,例如,公司可以争取更高的商业信用以延迟支付采购款项,使得应付账款增加,或者加快销售收入款项的回笼,减少应收账款等。通常在这类措施不能满足现金需求时,就需要依靠公司的内部融资或者外部融资了。内部融资是指公司使用自有资金或将持有的各类投资变现,外部融资主要是指向银行申请贷款。

在上述资金短缺中,核心营运流动资金(也就是公司在生产经营活动中必须长期保持的铺底流动资金)应该通过长期资金来支持,其他部分则可以通过短期借款来补充。由于已经完成了营运流动资金的预测,因此可以先看看未来营运流动资金的需求情况,估计出资金缺口,再考虑公司可以用自有资金或内部融资能够解决的部分,就可以大概估计出其短期借款的需求情况,大致思路为:短期借款=资金缺口-内部融资。在公司现有的短期借款规模下,就能得出公司是否需要再向银行借入短期借款。当然,还可以对公司进行调研,结合公司实际经营情况,获取其短期借款筹措计划,以增强预测的准确性。

再来分析公司的长期债务融资需求。长期债务主要包括长期借款和债券，一般与公司的固定资产和无形资产购置计划有关，所以应与公司未来的资产购置计划相匹配。在简单预测的情况下，可以根据固定资产和无形资产购置计划给长期债务直接假设一个数值。如果要进行详细预测，就还需要分析长期债务与固定资产和无形资产购置之间的关系。

公司在向银行等金融机构申请长期借款时，一般会商定一个长期借款还款计划。根据这个还款计划，该笔长期债务的余额将逐年减少。债券到期和公司回购等行为也会使得长期债务余额减少。因此，对于已存在的长期借款或应付债券，应通过调研了解相应的偿还计划，然后根据 BASE 法则进行预测。

第二步，预测利率。

对于已有的尚未到期的债务，其利率是已知的，可以通过年报或者公司内部渠道获取相应信息；对于预期发行的新债务的利率，可以根据债务期限，参照公司近期的债务融资利率和未来市场利率变化方向，给出假设。

第三步，结合债务发生的时间计算利息费用。

债务发生的时间会影响计息方式，举例来说，若某公司年初有 10 亿元的债务，当年这笔债务没有归还，并且在 6 月底一次性向银行借入 2 亿元的短期借款。那么，到了年底计算当年的利息费用时，公司原本的 10 亿元债务要计算 12 个月的利息，而 2 亿元的债务应计算 6 个月的利息。

预测时，通常无法准确估计债务发生或者偿还的具体时间。在计算利息费用时，有三种简化方法可供选择：

- 当年利息费用 = 年初债务余额 × 相应利率
- 当年利息费用 = 年末债务余额 × 相应利率
- 当年利息费用 = 年初和年末债务余额平均值 × 相应利率

当预期债务在上半年和下半年均匀变化时，可以采用上述第三种方法，也就是用年初和年末债务余额的平均值乘以利率来计算本年度的利息费用，会相对合理。

利息收入产生于公司在银行的存款，通常用货币资金代替。预测利息收入时，可完全按照利息费用的预测思路，先后考虑货币资金、货币资金的利率和利息计算方式，计算利息收入。

> 在本书所有建模实例中，若无特殊说明，预测利息费用、利息收入时都采用平均余额乘以相应利率的计算方式。

下面来看基本模型中关于债务部分的预测。在预测完债务期末值后，可进一步计算相应的利息费用，以计算出利润表中缺失的财务费用科目。这里用净利息费用来代替财务费用，其中产生利息费用的科目包括融资缺口、短期借款和长期借款，产生利息收入的科目为货币资金。

基本模型中的债务预测如图 5-36 所示。

	A	B	C	F	G	H	I
1							
2			基本模型				
3			中间计算表				
4							
5		（除百分比及特殊说明外，数字单位为百万元人民币）		2008A	2009E	2010E	2011E
6							
7		本表假设					
19		融资缺口与短期借款利率			5.0%	5.0%	5.0%
20		短期借款发行（偿还）			0.0	0.0	0.0
21		长期借款发行/固定资产购建			70.0%	70.0%	70.0%
22		长期借款偿还/期初长期借款			10.0%	10.0%	10.0%
23		长期借款利率			6.5%	6.5%	6.5%
24		货币资金利率			1.0%	1.0%	1.0%
54							
55		债务					
56		融资缺口	=BS!F26	0.0	0.0	=BS!G26	
57		融资缺口利率			5.0%	=G19	
58		融资缺口利息费用			0.0	=AVERAGE(F56:G56)*G57	
59							
60		短期借款期初额			225.0	=F62	
61		短期借款发行（偿还）			0.0	=G20	
62		短期借款期末额	=BS!F27	225.0	225.0	=SUM(G60:G61)	
63		短期借款利率			5.0%	=G19	
64		短期借款利息费用			11.3	=AVERAGE(F62:G62)*G63	
65							
66		长期借款期初额			849.9	=F69	
67		长期借款发行			320.2	=G21*G31	
68		长期借款偿还			85.0	=G22*G66	
69		长期借款期末额	=BS!F33	849.9	1,085.1	=G66+G67-G68	
70		长期借款利率			6.5%	=G23	
71		长期借款利息费用			62.9	=AVERAGE(F69:G69)*G70	
72							
73		付息债务合计	=F56+F62+F69	1,075.0	1,310.2	=G56+G62+G69	
74		利息费用合计			74.1	=G58+G64+G71	
75							
76		货币资金	=BS!F13	179.9	0.0	=BS!G13	
77		货币资金利率			1.0%	=G24	
78		货币资金利息收入			0.9	=AVERAGE(F76:G76)*G77	
79							
80		财务费用			73.2	=G74-G78	

图 5-36 基本模型——债务预测（中间计算表）

我们首先看短期借款的预测，工作表第 60 行~第 62 行给出了短期借款的计算过程，可以看到这是一个简单的 BASE 法，即

	短期借款期初额	（B）
+	短期借款发行	（A）
−	短期借款偿还	（S）
=	短期借款期末额	（E）

在工作表第61行，"短期借款发行（偿还）"就是该BASE法中的增加项和减少项的合并，如果当年"短期借款发行（偿还）"为正，表明当年短期借款为净增加，如果为负，则表明当年短期借款为净减少，如果为0，则表明当年短期借款不变。

对于长期借款，则是分别预测出其发行额（增加项）和偿还额（减少项），并通过BASE法则计算出其期末值。

下面来看融资缺口和货币资金这两个配平项，这两个项目需要在预测完现金流量表时才能得到数值，不过这并不影响在此输入正确的公式，即直接从资产负债表中引用这两项。当在资产负债表中完成这两项的预测时，这里会自动计算出相应的结果。

> 融资缺口和货币资金是模型的配平项，这两个项目需要在预测完现金流量表时才能得到数值。届时，将它们从现金流量表引用到资产负债表的相应位置，即可配平资产负债表。

融资缺口、货币资金的利息计算方式和短期借款相同，也是用平均值乘以相应利率。

在完成上述几项的预测后，就可以得到付息债务的规模、利息费用、利息收入和财务费用了，见工作表第73行~第74行、第78行、第80行。

下一步工作就是把计算好的短期借款和长期借款引用到资产负债表，见图5-37。只需要在资产负债表（BS工作表）中引用中间计算表（Cals工作表）的预测结果即可。

	A	B	F	G	H	I
1						
2				基本模型		
3				资产负债表		
5		（除百分比及特殊说明外，数字单位为百万元人民币）	2008A	2009E	2010E	2011E
11		资产负债表				
24						
25		*负债和股东权益*				
27		短期借款		225.0	225.0	=Cals!G62
32						
33		长期借款		849.9	1,085.1	=Cals!G69

图5-37 基本模型——债务预测（资产负债表）

基本模型对短期借款和长期借款的预测都比较简单。在实际建模时，应综合考虑公司实际经营状况对债务融资的需求来做预测，预测时还应根据期限特征来决定是需要短期债务融资还是长期债务融资。

完成了付息债务模块的预测后，可以厘清付息债务与利润表和资产负债表之间的勾稽关系，如图5-38所示。

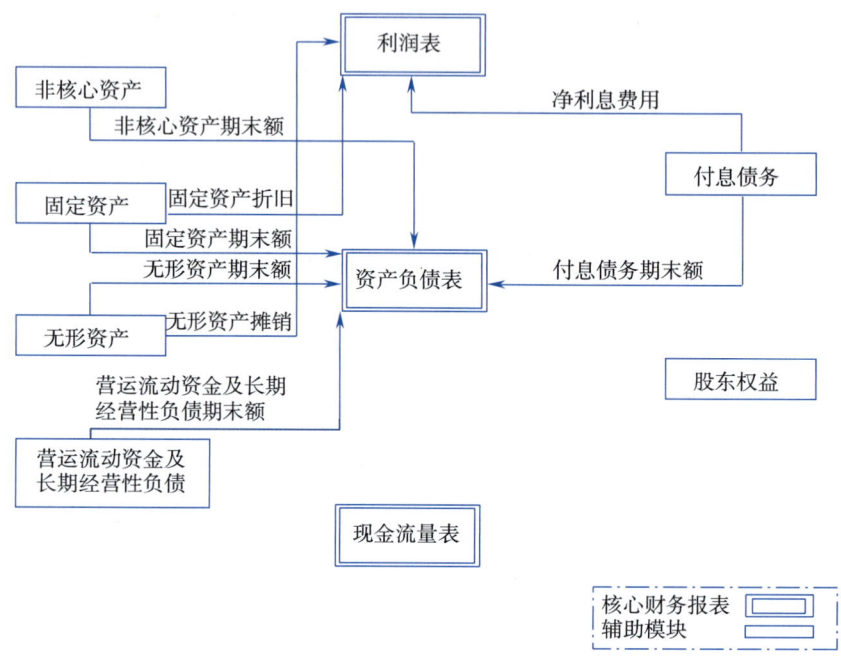

图5-38 付息债务与核心报表的勾稽关系

5.4.8 股东权益相关预测

1. 股本及资本公积预测

股本及资本公积主要会受到股权融资的影响，其中的资本公积不仅受到股权融资的影响，根据企业会计准则的规定，资本公积还会受到其他资本公积调整项目的影响。基本模型中不考虑其他资本公积调整项目的影响。

在估值模型中，通常不对未确定的股权融资安排进行预测。因为新发行股票的价格通常难以确定，且理论上应是估值建模的结果。并且未来新进入的股东将会分享未来的收益，这将使绝对估值模型的结构有很大的调整。因此，估值模型中一般不考虑公司增发新的股票。但在公司有明确股权融资计划的情况下，就需要对公司已确定将要进行的股权融资进行预计，比如为一些交易（如 IPO 融资、私募股权融资或者其他带有股权融资性质的融资）建模时，就需要对股权融资进行预测，以考虑融资后的情况。股权融资预测常考虑的因素有：

- 股权融资时的股权价格。通常需要结合市场状况（如市场对其他同类公司股票的估值，最近发生的类似的交易等）和公司的预期经营情况进行初步估计。
- 预测股权融资对公司经营和财务状况的影响。股权融资所获得的资金通常会投入到在融资时所承诺的规划项目中去，在项目完工运行后，公司的收入会增加，经营状况也会发生变化。此时，在预测销售收入等财务数据时，就必须要考虑融资后新带来的销售增长情况，相应地调整其他财务数据的预测假设。

另外，有些公司还发行了一些带有股权融资性质的衍生工具，如可转换债券、认股权证。这些衍生工具如果在未来转化为股权，其效果类似于新发行股票。在这种情况下，可以对这些衍生工具未来的行权情况及其对公司股权结构、每股收益的影响进行预测。

基本模型中没有安排股权融资，也没有考虑其他影响股本及资本公积的项目。基本模型关于股本及资本公积的预测仍采用 BASE 法。

	股本及资本公积期初额	（B）
+	股本及资本公积增加	（A）
−	股本及资本公积减少	（S）
=	股本及资本公积期末额	（E）

模型中将股本及资本公积的增加项和减少项合并为一项，净变化为 0。预测结果如图 5-39 所示。

	A	B	C	F	G	H	I
1							
2					**基本模型**		
3					**中间计算表**		
5		（除百分比及特殊说明外，数字单位为百万元人民币）		**2008A**	**2009E**	**2010E**	**2011E**
6							
7		**本表假设**					
25		股本及资本公积增加（减少）			0.0	0.0	0.0
81							
82		**股本及资本公积**					
83		期初额			975.6	=F85	
84		股本及资本公积增加（减少）			0.0	=G25	
85		期末额		=BS!F37	975.6	975.6	=SUM(G83:G84)

图 5-39 基本模型——股本及资本公积预测（中间计算表）

2. 留存收益预测

我国企业会计准则下标准格式的资产负债表中没有留存收益这一科目，这里的留存收益是盈余公积和未分配利润的合并项。考虑存在少数股东权益，则留存收益的 BASE 法则为：

$$
\begin{array}{rll}
& 留存收益期初额 & （B）\\
+ & 归属于母公司股东的净利润 & （A）\\
- & 归属于母公司股东的红利 & （S）\\
\hline
= & 留存收益期末额 & （E）
\end{array}
$$

基本模型对留存收益的预测即采用上述 BASE 法，如图 5-40 所示。

	A	B	C	F	G	H	I
1							
2					基本模型		
3					中间计算表		
5		（除百分比及特殊说明外，数字单位为百万元人民币）		2008A	2009E	2010E	2011E
6							
7		本表假设					
26		归属于母公司股东的红利/归属于母公司股东的净利润			40.0%	40.0%	50.0%
86							
87		留存收益					
88		期初额			884.3	=F91	
89		归属于母公司股东的净利润			510.9	=IS!G40	
90		归属于母公司股东的红利			204.4	=MAX(G89*G26,0)	
91		期末额		=BS!F38	884.3	1,190.8	=G88+G89-G90

图 5-40　基本模型——留存收益预测（中间计算表）

留存收益的期初额可以引用资产负债表的上一年数据，而归属于母公司股东的净利润已经在利润表中预测，可以直接引用，因此只需要预测归属于母公司股东的红利。在 H90 单元格给出了 2009 年归属于母公司股东的红利（G90 单元格）的计算公式，可以看到使用了 MAX 函数，这是因为即使企业的净利润为负，发放的红利也不应是负值，最小为零。

公司通常会根据自己的盈利水平来发放红利，在基本模型中也是相应地假设为净利润的一定比例。通常上半年宣告的红利当年可以发放。下半年宣告的红利受到会计核算时滞、股东大会决议流程时间等因素的影响，往往在次年的股东大会讨论后发放。在这种情形下，公司当年发放的实际是上一年的红利。基本模型为简单起见，假设红利当年发放，实际建模时需要根据情况选择计算方式。

3. 少数股东权益预测

对少数股东权益的预测同样采用简单的 BASE 法：

	少数股东权益期初额	（B）
+	少数股东损益	（A）
−	归属于少数股东的红利	（S）
=	少数股东权益期末额	（E）

这里仅考虑对少数股东的分红，不考虑少数股东所在的子公司的股权结构发生变动等可能导致上述等式不成立的情形。

基本模型即按照上述思路进行预测。少数股东损益在利润表中已经预测过，可以直接引用过来，归属于少数股东的红利按照当年少数股东损益的一定比例来预测，如果当年的少数股东损益为负，则归属于少数股东的红利为零。少数股东权益的预测见图 5–41。

	A	B	C	F	G	H	I
1							
2			基本模型				
3			中间计算表				
5		（除百分比及特殊说明外，数字单位为百万元人民币）		2008A	2009E	2010E	2011E
6							
7	本表假设						
27		归属于少数股东的红利/少数股东损益			40.0%	40.0%	50.0%
92							
93	少数股东权益						
94		期初额			46.8	=F97	
95		少数股东损益			14.2	=IS!G39	
96		归属于少数股东的红利			5.7	=MAX(0,G27*G95)	
97		期末额		=BS!F41	46.8	55.3	=G94+G95-G96

图 5–41 基本模型——少数股东权益预测（中间计算表）

在完成股本及资本公积、留存收益和少数股东权益的预测后，还应在资产负债表（BS 工作表）中引用中间计算表（Cals 工作表）中的预测结果，如图 5–42 所示。

完成了股东权益的预测后，六个主要辅助模块也就全部完成了，六个辅助模块与利润表和资产负债表之间的勾稽关系如图 5–43 所示。

5.4.9 资产负债表初步完成

在完成了固定资产、无形资产和债务等预测后，可以直接引用中间计算表的计算结果，把利润表中尚空缺的折旧、摊销和财务费用填上，已完成的利润表如图 5–44 所示，用方

	A	B	F	G	H	I
1						
2				基本模型		
3				资产负债表		
5		（除百分比及特殊说明外，数字单位为百万元人民币）	2008A	2009E	2010E	2011E
11		资产负债表				
25		*负债和股东权益*				
37		股本及资本公积	975.6	975.6	=Cals!G85	
38		留存收益	884.3	1,190.8	=Cals!G91	
39		**归属于母公司股东权益合计**	1,859.9	2,166.5	=SUM(G37:G38)	
40						
41		少数股东权益	46.8	55.3	=Cals!G97	
42		**股东权益合计**	1,906.7	2,221.7	=G39+G41	

图 5 – 42　基本模型——股东权益相关预测（资产负债表）

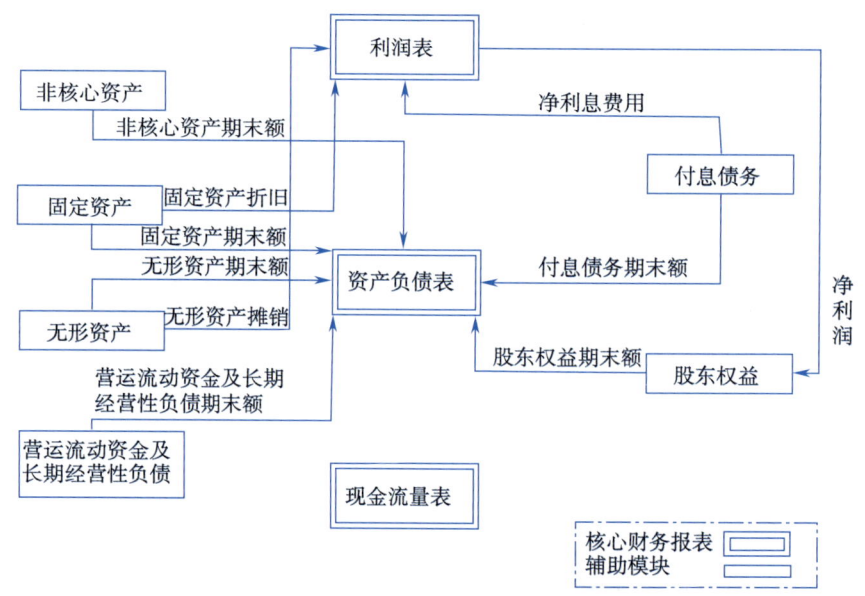

图 5 – 43　六个主要辅助模块与利润表、资产负债表的勾稽关系

框示意填回的三个项目，其中第 28 行～第 29 行、第 32 行分别为折旧、摊销和财务费用，可以从公式中看到，均是直接引用中间计算表（Cals 工作表）的预测结果。

而除了货币资金和融资缺口两个配平项，资产负债表其他科目的预测也已经完成，如图 5 – 45 所示。空缺的两项仍用底纹突出显示。

请读者注意以下几点：

- 尽管还没有完成货币资金的预测，但在计算"流动资产合计"时，不要忘记在加总时应包括货币资金，具体可见在 H18 单元格显示的 2009 年"流动资产合计"（G18

	A	B	F	G	H	I
1						
2			基本模型			
3			利润表			
5		（除百分比及特殊说明外，数字单位为百万元人民币）	2008A	2009E	2010E	2011E
19		利润表				
20		营业收入	2,422.8	2,858.9	=(1+G8)*F20	
21						
22		营业成本（不含折旧、摊销）	1,674.8	1,915.5	=G9*G20	
23		营业税金及附加	14.8	18.6	=G10*G20	
24		销售费用（不含折旧、摊销）	136.6	160.1	=G11*G20	
25		管理费用（不含折旧、摊销）	84.1	100.1	=G12*G20	
26		EBITDA	512.5	664.7	=G20-SUM(G22:G25)	
27						
28		折旧	140.3	204.0	=Cals!G32	
29		摊销	4.1	8.3	=Cals!G38	
30		EBIT	368.1	452.4	=G26-SUM(G28:G29)	
31						
32		财务费用	75.1	73.2	=Cals!G80	
33		非经常性或非经营性损益	31.6	0.0	=G13	
34		利润总额	324.6	379.1	=G30-G32+G33	
35						
36		所得税	56.6	79.6	=G14*G34	
37		净利润	268.0	299.5	=G34-G36	
38						
39		少数股东损益	7.3	8.1	=G16*G37	
40		归属于母公司股东的净利润	260.7	291.4	=G37-G39	
41						

H ← → H \ Cover / Contents / Cals \ IS / BS / CFS / Analysis /

图 5-44　基本模型——已完成的利润表预测

单元格）的计算公式。同样地，在计算"流动负债合计"时，在加总时也要包括尚未完成预测的融资缺口。

- 如图 5-46 所示，第 46 行用于判断资产负债表是否平衡，2009 年的判断公式使用了 IF 函数。可以看到，在 IF 函数的判断条件中，只要偏差的平方小于 0.00001，我们就认为模型平衡，反之，该函数返回上述偏差值。
- 目前，资产负债表并不平衡。这显然也是很合理的，因为还有两个配平项尚未完成预测。

	A	B	F	G	H	I
1						
2				**基本模型**		
3				**资产负债表**		
4						
5		（除百分比及特殊说明外，数字单位为百万元人民币）	**2008A**	**2009E**	**2010E**	**2011E**
11		资产负债表				
12		*资产*				
13		货币资金	179.9			加总时包含
14		应收款项	420.9	497.5	=Cals!G42	G13单元格
15		存货	187.0	214.5	=Cals!G43	
16		预付款项	30.6	34.5	=Cals!G44	
17		其他流动资产	34.9	40.0	=Cals!G45	
18		**流动资产合计**	853.3	786.5	=SUM(G13:G17)	
19						
20		非核心资产（净额）	52.5	52.5	=G8	
21		固定资产	2,550.6	2,804.0	=Cals!G33	
22		无形资产	166.0	180.6	=Cals!G39	
23		**资产总计**	3,622.4	3,823.6	=G18+SUM(G20:G22)	
24						
25		*负债和股东权益*				
26		融资缺口	0.0			加总时包含
27		短期借款	225.0	225.0	=Cals!G62	G26单元格
28		应付款项	464.7	532.5	=Cals!G48	
29		预收款项	94.0	111.5	=Cals!G49	
30		其他应付款	78.5	90.0	=Cals!G50	
31		**流动负债合计**	862.2	959.1	=SUM(G26:G30)	
32						
33		长期借款	849.9	1,085.1	=Cals!G69	
34		长期经营性负债	3.6	6.7	=IS!G22*BS!G9	
35		**负债合计**	1,715.8	2,050.9	=G31+SUM(G33:G34)	
36						
37		股本及资本公积	975.6	975.6	=Cals!G85	
38		留存收益	884.3	1,059.1	=Cals!G91	
39		**归属于母公司股东权益合计**	1,859.9	2,034.7	=SUM(G37:G38)	
40						
41		少数股东权益	46.8	51.6	=Cals!G97	
42		**股东权益合计**	1,906.7	2,086.4	=G39+G41	
43						
44		**负债和股东权益总计**	3,622.4	4,137.3	=G35+G42	
45						

\Cover/Contents/Cals/IS\BS/CFS/Analysis/

图5-45 基本模型——资产负债表（缺配平项）

图 5-46 基本模型——平衡检查

5.5 现金流量表预测与模型配平

接下来是预测现金流量表并配平模型。在 5.2 中已经提到，配平资产负债表最常用的方法是采用间接法编制现金流量表，根据现金流量表的计算结果来平衡资产负债表。

5.5.1 使用间接法编制现金流量表

现金流量表是一个时期报表，反映了公司在某一特定会计期间内现金流入和流出的情况。现金流量表中的会计等式为：

现金及现金等价物净增加额 = 经营活动产生的现金流量净额 + 投资活动产生的现金流量净额 + 筹资活动产生的现金流量净额 + 汇率变动对现金及现金等价物的影响

不考虑汇率变动的影响，可以把公司的现金流分为经营活动现金流、投资活动现金流和融资活动现金流三种。

1. 使用间接法编制现金流量表的原理

现金流量表体现的是非现金资产、负债和股东权益变化引起的现金流入或者流出。所谓间接法编制现金流量表，就是根据资产负债表中资产（不包括货币资金）、负债和股东权益的变化来编制现金流量表。

资产负债表中除货币资金外各科目的变化所引起的现金变化，具有如下规律：

资产增加	现金减少	} 变化方向相反
资产减少	现金增加	
负债或股东权益增加	现金增加	} 变化方向相同
负债或股东权益减少	现金减少	

可以看出，资产（除货币资金）与现金呈反向变动，负债和股东权益与现金呈同向变动。这一规律是很容易理解的。因为在其他项目不变的情况下，资产的增加意味着公司需要支付现金来购买资产，这意味着现金的流出和减少，反之亦然。同理，在其他项目不变的情况下，增加或发行新债务或安排新的股权融资，意味着公司对外融资获得现金，将导致现金的流入和增加，反之亦然。所以间接法编制现金流量表中的科目计算就是直接在资产负债表科目的期末数和期初数之间做差。

对于资产类科目：

$$净现金流量 = -资产变化量$$
$$= -（期末资产 - 期初资产）$$
$$= 期初资产 - 期末资产$$

对于负债或者股东权益类科目：

$$净现金流量 = 负债或权益变化量$$
$$= 期末负债或权益 - 期初负债或权益$$

可以把上述内容总结为下面的口诀，即

资产项目，期初减期末；

负债权益，期末减期初。

下面以基本模型为例来说明间接法编制现金流量表的原理和步骤。

第一步，根据资产负债表的结构，写下所有科目（除货币资金）的变动，并注意该科目的变动是导致现金的流入还是流出。

需要特别注意的是，在使用间接法编制现金流量表时，资产负债表上的每个科目（除了货币资金外）的增减均应该在现金流量表中体现，并且只体现一次。在基本模型中，所有导致现金增加的资产负债表科目变化见表5-1。

表5-1

编号	项目
1	应收款项减少
2	存货减少
3	预付款项减少

续表

编号	项目
4	其他流动资产减少
5	非核心资产（净额）减少
6	固定资产减少
7	无形资产减少
8	融资缺口增加
9	短期借款增加
10	应付款项增加
11	预收款项增加
12	其他应付款增加
13	长期借款增加
14	长期经营性负债增加
15	股本及资本公积增加
16	留存收益增加
17	少数股东权益增加

这里的增加是指本年数额减去上一年数额的差额，减少是指上一年数额减去本年数额的差额。

第二步，对上述变动项目进行合并或拆分，以满足间接法编制现金流量表的需要。相应的调整包括：

- 上表中编号为 1~4、10~12 的项目可以合并为一个项目，即"营运流动资金减少"。
- 由于固定资产是在中间计算表（Cals 工作表）中根据 BASE 法则计算的，具体法则为：期初额 + 固定资产购建 – 折旧 = 期末额，那么，期初额 – 期末额 = 折旧 – 固定资产购建。这样，对于上表中编号为 6 的"固定资产减少"项目，可以分拆为"折旧"和"（固定资产购建）"两项，固定资产购建加括号表示该项目会导致现金的流出。进行上述分拆，主要是因为折旧和固定资产购建分别影响不同活动的现金流。
- 同上，可以将编号为 7 的"无形资产减少"项目分拆为"摊销"和"（无形资产购建）"两项。
- 同上，可以将编号为 16 的"留存收益增加"项目分拆为"归属于母公司的净利润"和"（归属于母公司股东的红利）"。同理，编号为 17 的"少数股东权益增加"等价于"少数股东损益"和"（归属于少数股东的红利）"。这样，我们把编号为 16、

17 的两个项目合并，并可以进一步分拆为"净利润"（等于"归属于母公司的净利润"加"少数股东损益"）、"（归属于母公司股东的红利）"和"（归属于少数股东的红利）"。

- 对于编号为 8 的"融资缺口增加"项，融资缺口增加 = 当年融资缺口 - 上年融资缺口。由于当年的融资缺口和货币资金一样是最后预测出来的，所以我们先只考虑" - 上年融资缺口"部分，即"（偿还上年融资缺口）"。而本年有可能新增的融资缺口将在现金流量表的最后计算。
- 其他项目不做调整。

上述调整过程如表 5-2 所示。

表 5-2

编号	项目	调整	调整后项目
1	应收款项减少	合并	营运流动资金减少
2	存货减少	合并	营运流动资金减少
3	预付款项减少	合并	营运流动资金减少
4	其他流动资产减少	合并	营运流动资金减少
5	非核心资产（净额）减少	不调整	非核心资产（净额）减少
6	固定资产减少	分拆	折旧、（固定资产购建）
7	无形资产减少	分拆	摊销、（无形资产购建）
8	融资缺口增加	分拆	（偿还上年融资缺口）
9	短期借款增加	不调整	短期借款增加
10	应付款项增加	合并	营运流动资金减少
11	预收款项增加	合并	营运流动资金减少
12	其他应付款增加	合并	营运流动资金减少
13	长期借款增加	不调整	长期借款增加
14	长期经营性负债增加	不调整	长期经营性负债增加
15	股本及资本公积增加	不调整	股本及资本公积增加
16	留存收益增加	分拆、合并	净利润、（归属于母公司股东的红利）、（归属于少数股东的红利）
17	少数股东权益增加		

经调整后，所有导致现金流增加的项目如表 5-3 所示。

表 5-3

编号	项目
1	营运流动资金减少
2	非核心资产（净额）减少
3	折旧
4	（固定资产购建）
5	摊销
6	（无形资产购建）
7	（偿还上年融资缺口）
8	短期借款增加
9	长期借款增加
10	长期经营性负债增加
11	股本及资本公积增加
12	净利润
13	（归属于母公司股东的红利）
14	（归属于少数股东的红利）

第三步，根据"经营活动现金流"、"投资活动现金流"和"融资活动现金流"对上述项目进行归类。在上述项目中，"净利润"不能简单归入到某一类，需进一步分拆为"净利润+财务费用-非经常性或非经营性损益"、"非经常性或非经营性损益"、"（财务费用）"三项，分别归入经营活动、投资活动和融资活动现金流中，即在净利润中把归属于投资活动和融资活动的部分调整出去。归类结果如表 5-4 所示。

表 5-4

经营活动现金流	投资活动现金流	融资活动现金流
净利润	（固定资产购建）	（偿还上年融资缺口）
折旧	（无形资产购建）	（财务费用）
摊销	非经常性或非经营性损益	短期借款增加
财务费用	非核心资产（净额）减少	长期借款增加
（非经常性或非经营性损益）		股本及资本公积增加
营运流动资金减少		（归属于母公司股东的红利）
长期经营性负债增加		（归属于少数股东的红利）

2. 现金流量表预测

上面详细介绍了编制间接法现金流量表的原理。对于熟练的建模者来说，则不必按照上述步骤，可以直接从净利润开始，根据资产、负债和股东权益科目的变化进行调整。

一般而言，从净利润开始调整经营活动现金流时，主要调整三类科目：

（1）不属于经营活动的损益，包括投资收益、营业外收入、营业外支出以及财务费用等；

（2）非现金成本费用，主要是指折旧和摊销；

（3）经营性资产负债的变化对现金的影响，如营运流动资金减少、长期经营性负债增加、递延所得税资产减少以及递延所得税负债增加等。

下面来看基本模型中现金流量表的预测，如图 5-47 所示。

图 5-47 给出了现金流量表（CFS 工作表）的预测结果。可以看到，其中涉及的所有科目均已在前面的步骤中完成预测了。换句话说，我们不用再在 CFS 工作表中去预测这些科目了，只需要引用中间计算表（Cals 工作表）、利润表（IS 工作表）的计算结果，或者直接在资产负债表（BS 工作表）中的相关科目上做差即可。

> **建模技巧提示：同一个科目只计算一次**
>
> 在模型中，同一个科目可能在不同的工作表中都会用到。除了在第一次预测该科目时需要根据其假设进行计算外，随后在其他工作表中均只需直接引用已经计算的结果即可。也就是说，同一个科目只需计算一次。这样可以减少建模的工作量，也可以减少出错的机率。

这里通过图 5-48 来梳理一下现金流量表与资产负债表、利润表及辅助报表的勾稽关系。

计算完三项现金流量后，我们把经营活动现金流、投资活动现金流和融资活动现金流进行加总，就得到了各项活动在本期所产生的净现金流。见 CFS 工作表第 35 行。

CFS 工作表第 35 行~第 37 行计算了"融资缺口前期末现金"，之所以这么命名，是因为在上述现金流中，我们还没有考虑当年可能新增的融资缺口，这样得到的现金可能是不合理的。这是因为，如果本期净现金流为较大负数（取决于假设的选取），并且前期期末没有十分充裕的现金，那么将可能出现融资缺口前期末现金为负数的情况，这时将一个负的现金余额填入资产负债表显然是不合理的。

所以，还需要进一步计算一个合理的期末货币资金（或称年底现金）。

第5章 财务预测模型

A	B	F	G	H	I
1			**基本模型**		
2					
3			**现金流量表**		
5	（除百分比及特殊说明外，数字单位为百万元人民币）	2008A	2009E	2010E	2011E
10	**现金流量表**				
11	净利润		299.5	=IS!G37	
12	折旧		204.0	=IS!G28	
13	摊销		8.3	=IS!G29	
14	财务费用		73.2	=IS!G32	
15	（非经常性或非经营性损益）		0.0	=-IS!G33	
16	营运流动资金减少（增加）		(16.3)	=Cals!F53-Cals!G53	
17	长期经营性负债增加（减少）		3.1	=BS!G34-BS!F34	
18	**经营活动现金流合计**		**571.9**	**=SUM(G11:G17)**	
19					
20	（固定资产购建）		(457.4)	=-Cals!G31	
21	（无形资产购建）		(22.9)	=-Cals!G37	
22	非经常性或非经营性损益		0.0	=-G15	
23	非核心资产（净额）减少（增加）		(0.0)	=BS!F20-BS!G20	
24	**投资活动现金流合计**		**(480.3)**	**=SUM(G20:G23)**	
25					
26	（偿还期初融资缺口）		0.0	=-BS!F26	
27	（财务费用）		(73.2)	=-G14	
28	短期借款增加（减少）		0.0	=BS!G27-BS!F27	
29	长期借款增加（减少）		235.2	=BS!G33-BS!F33	
30	（归属于母公司股东的红利）		(116.6)	=-Cals!G90	
31	（归属于少数股东的红利）		(3.2)	=-Cals!G96	
32	股本及资本公积增加（减少）		0.0	=BS!G37-BS!F37	
33	**融资活动现金流合计**		**42.2**	**=SUM(G26:G32)**	
34					
35	净现金流		133.8	=G18+G24+G33	
36	期初现金		179.9	=BS!F13	
37	**融资缺口前期末现金**		**313.7**	**=SUM(G35:G36)**	

图 5-47 基本模型——现金流量表预测

5.5.2 货币资金和融资缺口的计算

在实际中，公司账上的现金不仅不可能是负值，而且必须大于等于某一正值，以应对平时的水电费、员工差旅费、经常性原材料采购费用等日常支出，以保证公司的正常经营运转。我们称这个至少需要持有的现金额为最低现金需求，或称所需现金。

所需现金的大小取决于公司经营规模和现金管理水平，一般规模越大则现金需求越大。在对此项进行估计时，可以采用收入或者现金营业成本的比例，可以通过首席财务官或总

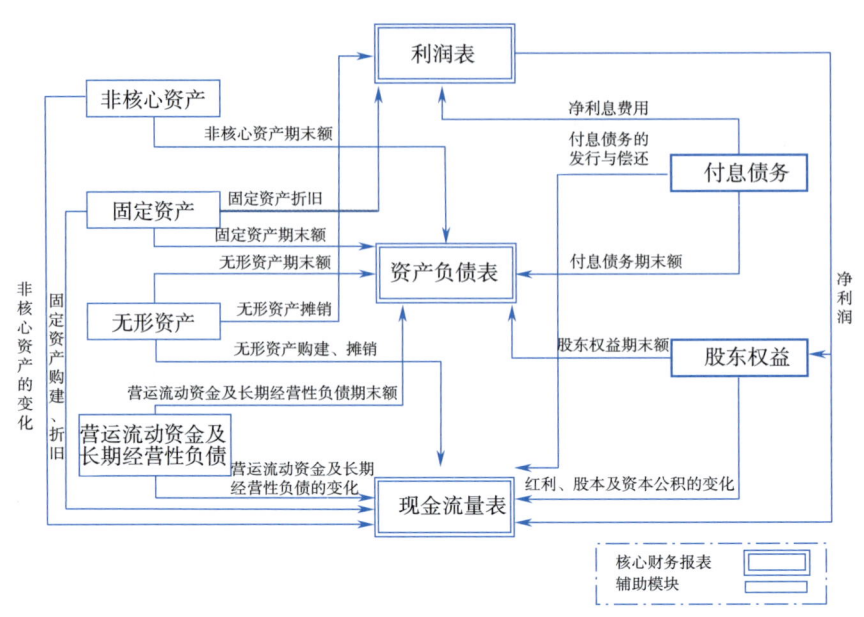

图 5-48　现金流量表与辅助模块、其他核心财务报表的勾稽关系

会计师进行估计。

根据现金流量表计算的结果，如果"融资缺口前期末现金"大于所需现金，则多出的部分记为多余现金，如果融资缺口前期末现金小于所需现金，则这个差额记为融资缺口。显然，多余现金和融资缺口至少有一个为 0，因为"融资缺口前期末现金"不可能既大于又小于所需现金。

当存在融资缺口时，公司通常需要向银行借一笔短期借款以补充现金，使其至少达到所需现金。这笔短期借款最合理的方式是以循环贷款的形式获得，即在一定的时限内，公司可以在需要时随时向银行提取贷款，并且可以在资金充裕时随时偿还。只要贷款的未偿还余额没有超过银行给予的授信额度，公司就可以多次提取、逐笔归还、循环使用。因此，融资缺口有时也称为"循环贷款"。

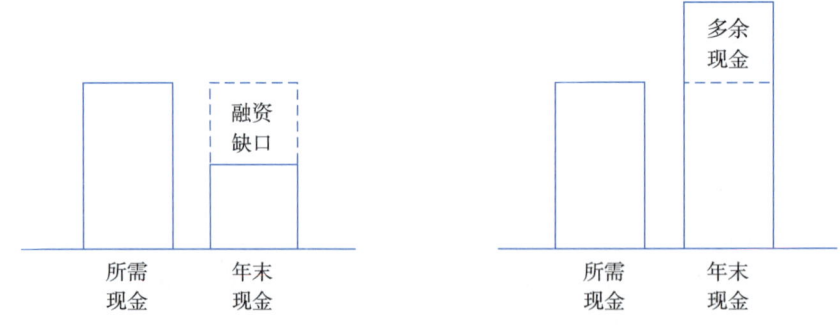

图 5-49　融资缺口和多余现金示意图

基本模型关于融资缺口和货币资金（年底现金）的计算，如图 5-50 所示。

	A	B	F	G	H	I
1						
2				**基本模型**		
3				**现金流量表**		
5		（除百分比及特殊说明外，数字单位为百万元人民币）	2008A	2009E	2010E	2011E
6						
7		**本表假设**				
8		所需现金/营业收入		5.0%	5.0%	5.0%
9						
37		**融资缺口前期末现金**		313.7		
38						
39		所需现金		142.9	=G8*IS!G20	
40		多余现金		170.8	=MAX(G37-G39,0)	
41		融资缺口		0.0	=MAX(G39-G37,0)	
42		年底现金（货币资金）		313.7	=G37+G41	

图 5-50　基本模型——货币资金和融资缺口计算

我们在第 8 行假设所需现金占营业收入的一定比例，在第 39 行计算了所需现金，在第 40 行~第 41 行计算了多余现金和融资缺口，其中借助了 MAX 函数。

年底现金有三种常用的计算方式：第一种是用融资缺口前期末现金加融资缺口，第二种是用所需现金加多余现金，第三种是融资缺口前期末现金与所需现金二者中的较大值。三种方式的计算结果是完全相同的。基本模型中使用的是第一种方法。

5.5.3　配平资产负债表

1. 资产负债表配平与循环引用

接下来，利用年底现金（货币资金）和融资缺口来配平资产负债表。仍以基本模型为例，首先在 BS 工作表中引用现金流量表（CFS 工作表）中的年底现金（货币资金）。在 G13 单元格输入 H13 单元格中显示的公式并按下回车键时，计算机屏幕可能会出现如图 5-51 所示的提示框。

之所以出现上述提示，是因为模型中出现了循环引用。有时 Excel 不会出现这个错误提示，但是会得到明显错误的结果，比如引用不为 0 的数却直接显示为 0。这也表明模型中带有循环引用。

循环引用简单来说就是某个单元格直接或者间接引用到了自身，从而导致计算时形成循环。关于循环引用的详细介绍可查阅《Excel 财务建模手册》。

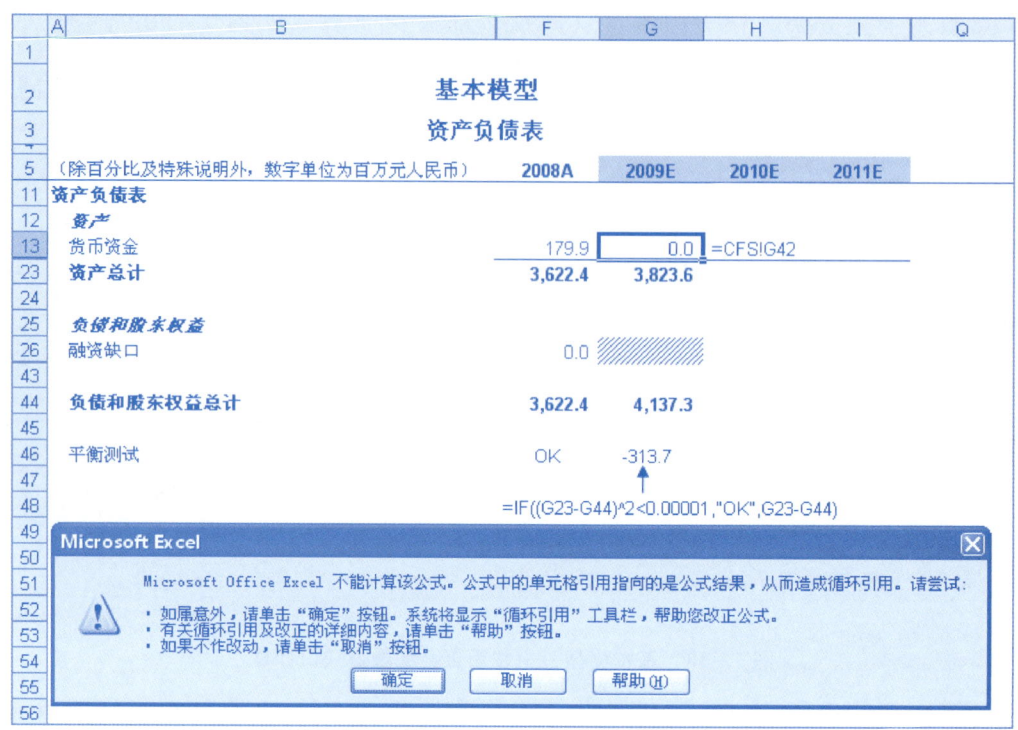

图 5-51 基本模型——引用年底现金与循环引用提示

在财务预测模型中因计算利息而产生循环引用现象的原因可以通过图 5-52 来说明。

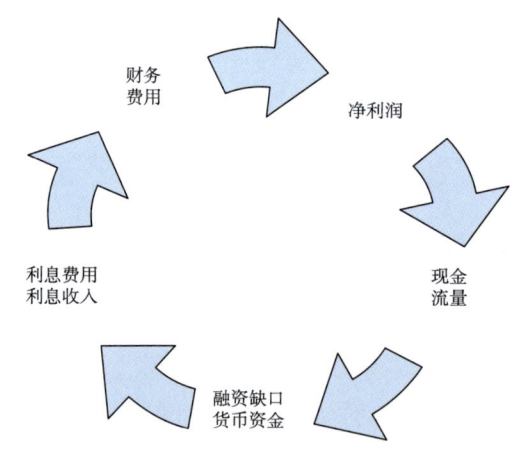

图 5-52 基本模型——循环引用的形成原因

从图 5-52 中可以清楚地了解循环引用产生的过程：如果在计算利息收入和利息费用时，采用的是以期初、期末平均余额为计算基准或者以期末余额为基准的方法，那么在模型中就会产生循环引用的现象。期末的现金余额和融资缺口影响当期的利息收入和利息费用计算结果，当期的利息费用和利息收入决定当期的财务费用，从而影响当期的净利润，而净利润作为现金流量表中计算经营活动现金流的基础影响当期净现金流,当期净现金流最后又影响期末的现金余额或融资缺口。如此,一个循环便形成了。

由于利率是一个远小于 1 的数,所以模型中所产生的循环是可以达到稳态的。对于这样可以达到稳定状态的循环引用,可以利用 Excel 的"选项"对话框解决其不能自行计算的问题。在"重新计算"选项卡中,勾选"迭代计算"复选框,如图 5 – 53 所示。

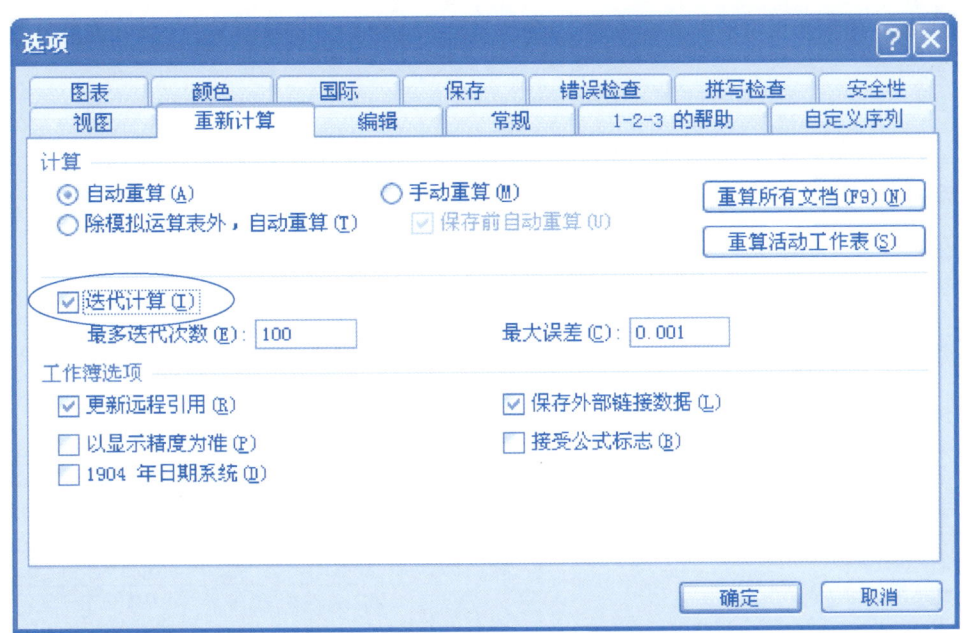

图 5 – 53　基本模型——迭代计算设置

这样设置后,Excel 会针对循环引用进行迭代计算。Excel 将从某一初始值开始循环地计算,直至迭代次数达到设置的"最多迭代次数"或者两次相邻迭代计算的结果相差小于"最大误差"时停止。

在引用融资缺口后,资产负债表就完成了。配平后的资产负债表如图 5 – 54 所示。

从图 5 – 54 中可以看出,工作表第 46 行的平衡测试已经不再显示差额,而是显示 OK,表示满足了会计等式的要求,资产负债表已经配平。

这样就完成了预测期第一年的完整财务预测。

对于以后年度的财务预测,由于未来每年的计算公式与第一年的公式是完全一样的,所以只需要把 Cals、IS、BS 和 CFS 工作表中 2009 年的公式向右复制,就能得到以后各年的预测结果。这里可以使用快捷键"Ctrl + R"将第一年(G 列)的公式复制到以后每一年。

2. 配平原理

到这里,读者一定会问,为什么经过上述步骤后,资产负债表就能够被配平呢?下面

	A	B	F	G	H	I
1						
2				**基本模型**		
3				资产负债表		
5		（除百分比及特殊说明外，数字单位为百万元人民币）	2008A	2009E	2010E	2011E
11		**资产负债表**				
12		*资产*				
13		货币资金	179.9	314.5	=CFS!G42	
14		应收款项	420.9	497.5	=Cals!G42	
15		存货	187.0	214.5	=Cals!G43	
16		预付款项	30.6	34.5	=Cals!G44	
17		其他流动资产	34.9	40.0	=Cals!G45	
18		**流动资产合计**	853.3	1,100.9	=SUM(G13:G17)	
19						
20		非核心资产（净额）	52.5	52.5	=G8	
21		固定资产	2,550.6	2,804.0	=Cals!G33	
22		无形资产	166.0	180.6	=Cals!G39	
23		**资产总计**	3,622.4	4,138.0	=G18+SUM(G20:G22)	
24						
25		*负债和股东权益*				
26		融资缺口	0.0	0.0	=CFS!G41	
27		短期借款	225.0	225.0	=Cals!G62	
28		应付款项	464.7	532.5	=Cals!G48	
29		预收款项	94.0	111.5	=Cals!G49	
30		其他应付款	78.5	90.0	=Cals!G50	
31		**流动负债合计**	862.2	959.1	=SUM(G26:G30)	
32						
33		长期借款	849.9	1,085.1	=Cals!G69	
34		长期经营性负债	3.6	6.7	=IS!G22*BS!G9	
35		**负债合计**	1,715.8	2,050.9	=G31+SUM(G33:G34)	
36						
37		股本及资本公积	975.6	975.6	=Cals!G85	
38		留存收益	884.3	1,059.8	=Cals!G91	
39		**归属于母公司股东权益合计**	1,859.9	2,035.5	=SUM(G37:G38)	
40						
41		少数股东权益	46.8	51.7	=Cals!G97	
42		**股东权益合计**	1,906.7	2,087.1	=G39+G41	
43						
44		**负债和股东权益总计**	3,622.4	4,138.0	=G35+G42	
45						
46		平衡测试	OK	OK		
48				=IF((G23-G44)^2<0.00001,"OK",G23-G44)		

图 5-54 基本模型——资产负债表配平

就来介绍用间接法现金流量表配平资产负债表的原理。

如果上一年资产负债表是平衡的,即在上一年年末,下式成立:

$$现金_0 + 非现金资产_0 = 融资缺口_0 + 非融资缺口的负债和权益_0$$

上式中,下角标 0 代表上一年年末。

根据间接法编制现金流量表的原理,基本模型中 CFS 表的本年净现金流量（新增融资缺口前）的计算公式为:

净现金流量$_1$ =（非现金资产$_0$ − 非现金资产$_1$）+（非融资缺口的负债和权益$_1$ − 非融资缺口的负债和权益$_0$）− 融资缺口$_0$。

上式中,下角标 1 代表本年年末。

考虑本年年末的融资缺口,本年年末的现金等于上年年末的现金加上本年净现金流量再加上本年融资缺口（因为本年新增的融资缺口会导致现金流入）,即

现金$_1$ = 现金$_0$ + 净现金流量$_1$ + 融资缺口$_1$ = 现金$_0$ +（非现金资产$_0$ − 非现金资产$_1$）+（非融资缺口的负债和权益$_1$ − 非融资缺口的负债和权益$_0$）− 融资缺口$_0$ + 融资缺口$_1$

经调整:

$$现金_1 + 非现金资产_1 −（融资缺口_1 + 非融资缺口的负债和权益_1）=$$
$$现金_0 + 非现金资产_0 −（融资缺口_0 + 非融资缺口的负债和权益_0）= 0$$

即

$$现金_1 + 非现金资产_1 =（融资缺口_1 + 非融资缺口的负债和权益_1）$$

所以,只要前一年的资产负债表是平衡的,使用上述方法预测的今年的资产负债表也一定是平衡的。因此,可以运用上述原理用现金流量表配平资产负债表。对于会计期间并非一年的情形,上述原理也一样适用。

3. 其他配平方法

现金流量表对于准确预测公司未来现金流情况及估值具有很重要的作用,所以建议建模者尽量编制现金流量表,但是若模型只是为了快速计算某些指标,或者对于像银行这类绝大部分活动均为经营活动的公司,进行财务预测及估值时则不需要编制现金流量表。这时可以直接把资产负债表中某一个或两个科目设为配平项来配平资产负债表。

关于银行等金融机构的财务预测可参见金融机构估值专题。

5.6 资产负债表预测扩展

在基本模型中,着重说明了通常项目的预测方式。在实际工作中,预测利润表或资产

负债表时会遇到一些基本模型没有涉及到的问题。比如递延所得税资产、递延所得税负债如何处理，它们与递延所得税之间的关系；非核心资产如何具体分析；资产减值损失如何预测；商誉如何处理等，本节会对之前基本模型未详细说明的一些问题进行适当的扩展。在处理这些项目时，最重要的是弄清这些项目产生、变化的原因并掌握与项目相关的会计知识，运用合理的方法进行分析和预测。

5.6.1 递延所得税资产和递延所得税负债

递延所得税资产和递延所得税负债是由于资产、负债的账面价值与其计税基础之间的差异产生的。产生递延所得税资产和递延所得税负债的原因有很多，包括对各种减值损失、商誉、折旧和摊销在税务处理和会计处理的不同等。关于递延所得税资产和递延所得税负债的详细介绍可参见《财务会计基础知识手册》。

那么，在实际的财务预测模型中，是否需要对递延所得税资产和递延所得税负债这两个项目进行详细预测呢？这取决于两个方面：其一，这两个项目的数值对报表影响是否重大。如果数值较大，对公司所得税费用就可能有较大影响，则有进行详细预测的必要；如果数值很小，则一般不需要进行详细预测。其二，是否有合理的预测方法。这就需要分析特定公司中这两个项目产生的具体原因。对于上市公司来说，这些原因一般都可以在财务报表附注中找到。

比如，对于石油开采公司，已探明储量的油气资产的资本化成本在会计上一般按照产量法计提折耗，而在税务上一般一次性扣除或按年限平均法计提折耗。这会导致该资产会计上的账面值和税务上的计税基础不同，因而产生递延所得税资产（或负债）。这种递延所得税资产（或负债）是可以预测的，因为我们认为会计上和税务上对油气资产计提折耗的政策是可以持续的。首先，我们可以分别按两种计提折耗的方法计算预测年份油气资产的期末值，然后将税务上预测的期末值减去会计上预测的期末值得到的差额乘以对应的税率即可得到递延所得税资产（如果计算得到的值为负，则记为递延所得税负债）。

总结来说，如果公司的递延所得税资产或负债数额较大，且有较为合理的预测方法，我们需要详细预测这两个科目，否则，我们可以简化处理，比如假设它们未来的金额保持不变。

需要注意的是，如果在资产负债表考虑了递延所得税资产和递延所得税负债，那么在预测所得税时，需要把所得税费用分拆成递延所得税费用和当期所得税费用。递延所得税费用一般来说等于递延所得税负债的增加减去递延所得税资产的增加，所以可以根据此勾稽关系预测递延所得税费用。

5.6.2 非核心资产及非经常性或非经营性损益

在对基本模型的非核心资产进行预测时,由于项目金额较小,预测时假设不变。但当非核心资产数额较大,而且非核心资产确实能持续性增值或产生投资收益时,就需要对非核心资产进行详细的预测。

在利润表中的非经常性或非经营性损益,通常包括投资收益、公允价值变动收益、资产减值损失、营业外收入、营业外支出等。投资收益、公允价值变动收益往往会受到非核心资产变化的影响。比如,长期股权投资会影响投资收益,而以公允价值计量且变动计入损益的交易性金融资产的公允价值变化会影响公允价值变动收益。所以在详细预测这些科目时,需明确它们之间的关系。

5.6.3 资产减值损失

在对资产减值损失进行预测时也需要分情况对待:如果某项资产减值损失是可以持续、可以预期的,那么可以对其进行较为详细的预测,如果该项资产减值损失是一次性的或偶然的,一般仅需简单预测,比如假设未来的减值损失为0。

下面以存货和固定资产为例,讲一下如何在模型中加入存货减值损失的预测以及固定资产减值损失的预测。

比如家电连锁公司苏宁电器(002024.SZ),存货是其货币现金外最主要的流动资产,而且存货占总资产的比例也比较高,2006年存货占总资产的比例为39%,2007年为28%,2008年和2009年这一比例在20%左右。在苏宁电器的资产减值损失中,大部分为存货的资产减值损失。从公司披露的年报可以算出,2008年、2009年其存货减值损失占期初存货的比例分别为0.48%和0.94%。可以这么理解,由于技术的不断进步,家电和数码产品等存货在一段时间后一般会有一定的贬值。因此,可以认为苏宁电器的存货减值损失在一定程度上是可以持续、可以预测的。在预测时,我们可以按存货减值损失占期初存货的比例来预测当年的存货减值损失。由于存货的结转还涉及存货减值准备等科目,会计处理比较复杂,在资产负债表中,我们可以按存货周转率或存货占销售成本(营业成本)的比例直接来预测存货(净值)即可。

对于固定资产减值损失而言,一般来说都是不可持续的。在预测这一项目时,如果对建模当年的固定资产减值损失比较有把握的话,可以在利润表给出相应的假设。在计算当期的固定资产净额时,用扣除了折旧后的固定资产净值减去当期的固定资产减值损失即可算出固定资产净额。对于预测期第二年以及以后的年份,固定资产减值损失一般都假设为0。

5.6.4 商誉

在 2006 年新会计准则中，公司在非同一控制的企业合并中，收购成本大于取得的被收购方可辨认净资产份额的部分将被确认为商誉。商誉在被确认之后将每年至少做一次减值测试，如果有减值迹象，需确认商誉减值准备，抵减商誉的账面值，同时在利润表中确认商誉减值损失作为资产减值损失的一个子项。一般除了公司有明确的并购计划外（关于并购的处理，将在实用投融资分析师考试的另一科目"并购与股权投资"中详细介绍），在预测时仅考虑公司历史上的商誉在未来的减值。商誉减值的预测一般有两种方式：一是对于近期可以估计的减值，直接预测其数值；二是按照商誉的比例进行预测。商誉及减值损失的关系如下：

$$
\begin{array}{rlr}
& \text{商誉期初额} & (B) \\
- & \text{商誉减值损失} & (S) \\
\hline
= & \text{商誉期末额} & (E)
\end{array}
$$

商誉减值损失一旦确认，在未来不可以转回，因此对此部分商誉不用考虑其增加项。

5.7 财务结果分析

完成上述财务预测主要工作后，还需要计算一些重要的财务指标。关于公司财务指标的详细介绍可参见《财务会计基础知识手册》。

在建模过程中，财务结果分析有两个作用：一是可以对公司的经营状况有一个一目了然的认识；二是可以从中发现一些不合理的结果，根据该结果追本溯源，找到不合理的假设数字甚至是不合理的模型结构，从而对模型进行调整。

基本模型的财务结果分析在 Analysis 工作表中进行计算，其部分结果如图 5-55 所示。

	B	E	F	G	H	I
1						
2		**基本模型**				
3		分析表				
5	（除百分比及特殊说明外，数字单位为百万元人民币）	2007A	2008A	2009E	2010E	2011E
7	**关键数字**					
8	营业收入	1,877.6	2,422.8	2,858.9	3,202.0	3,522.2
9	EBITDA	492.5	512.5	664.7	808.5	889.4
10	EBIT	377.6	368.1	452.4	575.2	637.4
11	EBIAT		303.8	357.4	454.4	503.6
12	净利润	241.4	268.0	300.7	387.7	428.8
13	股东权益	1,142.7	1,906.7	2,087.1	2,319.7	2,534.1
14	资产总计	3,074.6	3,622.4	4,138.0	4,643.8	5,105.8
15	经营活动现金流（CFO）			571.6	687.2	769.0
16	无杠杆自由现金流			0.0	198.8	305.3
17	资本性支出			480.3	470.7	443.8
19	**成长性指标**					
20	营业收入增长率	16.7%	29.0%	18.0%	12.0%	10.0%
21	EBITDA增长率	28.3%	4.0%	29.7%	21.6%	10.0%
22	EBIT增长率	31.5%	-2.5%	22.9%	27.1%	10.8%
23	净利润增长率	43.7%	11.0%	12.2%	28.9%	10.6%
24	固定资产增长率	27.8%	16.5%	9.9%	8.0%	6.0%
25	总资产增长率	35.5%	17.8%	14.2%	12.2%	10.0%
27	**盈利性指标**					
28	毛利率	31.3%	25.1%	25.9%	28.0%	28.1%
29	EBITDA/营业收入	26.2%	21.2%	23.3%	25.3%	25.3%
30	EBIT/营业收入	20.1%	15.2%	15.8%	18.0%	18.1%
31	净利润率	12.9%	11.1%	10.5%	12.1%	12.2%
33	净资产收益率（ROE）	23.9%	17.6%	15.1%	17.6%	17.7%
34	资产回报率（ROA）	9.0%	8.0%	7.8%	8.8%	8.8%
35	投入资本回报率（ROIC）	12.6%	10.9%	11.2%	12.6%	12.5%
36	新投资的回报率	12.1%	4.9%	12.9%	22.2%	12.9%
38	**偿债能力指标**					
39	流动比率	1.0	1.0	1.1	1.3	1.5
40	速动比率	0.7	0.7	0.9	1.1	1.2
41	现金比率	0.2	0.2	0.3	0.5	0.6
42	EBITDA/财务费用	8.1	6.8	9.3	9.6	9.4
43	CFO/付息债务合计			0.4	0.5	0.5
45	**运营能力指标**					
46	应收账项周转率	8.5	6.3	6.2	6.1	6.0
47	存货周转率	8.3	9.8	9.5	9.3	9.4
48	应付账项周转率	4.6	4.3	3.8	3.7	3.8
49	固定资产周转率	1.0	1.0	1.1	1.1	1.1
50	总资产周转率	0.7	0.7	0.7	0.7	0.7
52	**杠杆比率**					
53	债务权益比率	127.9%	56.4%	62.8%	65.3%	66.4%
54	资产负债率	62.8%	47.4%	49.6%	50.0%	50.4%

图 5-55　基本模型——财务结果分析

5.8 情景分析

建模过程中,财务预测均基于一定的假设,这些假设也反映了建模者对未来宏观经济情况、公司所处的行业与市场状况以及公司经营管理的预期。建模者的这种预期源于其对相关信息的了解。

但是,由于不确定性的存在,未来很可能出现不同于假定的情形。比如说,在经济形势好的情况下,公司的收入增长会较高;相反,如果经济环境恶化,公司产品滞销,收入增长速度将会锐减甚至为负。又如,公司的战略计划可能面临不同的选择,公司可能通过兼并收购的方式进行扩张,也可能进行内含式扩张,着力改善自身经营水平。这些不同情形可能会对财务预测结果产生重大影响。因此,在建模时,我们应考虑这些可能出现的情况,在模型中反映不同情况下的预测结果,此时就需要进行情景分析(Scenario Analysis)。

 无论我们在财务预测模型中的假设看起来多么合理,也无法排除未来实际结果偏离预期的可能性,因此进行情景分析是十分必要的。

在财务预测模型中,情景分析就是对预测对象未来可能出现的不同情景分别进行模拟,并评估各种可能情况下的财务结果。情景分析可以分为以下三个步骤:

(1)分析并确定未来可能出现的各种情景

对一个公司而言,通常可以将其面临的情景大致分为以下三种情况:

- 乐观情景(Bull Case):也称管理层情景,是对合理范围内可能产生的销售收入、利润率和其他假设的较好结果的预期。
- 基本情景(Base Case):对最可能发生的业绩和状况进行的一系列假设。
- 悲观情景(Bear Case):对合理范围内可能产生的销售收入、利润率和其他假设的较坏结果的预期。

建模者在与公司沟通的过程中,其管理层通常会将公司的经营状况描绘得很好,以最乐观的方式来估计公司未来的收入和经营状况,这可以看做是乐观情景。建模者根据经验,对这个行业、公司有自己的看法和认识,可能会略低于公司管理层描述的乐观情况,其收入不会像管理层预计的那样持续高增长,成本也会略高于管理层的估计,这可以看做是基本情景。此外,为了保护投资者,需要将可能面临的较差情况考虑到估值模型中。也就是说,如果经济衰退或者行业疲软,公司经营状况恶化,这样的较差情况也是需要分析的情景之一。通过对各种情景进行分析和建模,可以了解未来各种可能发生的情况,以便更好地控制风险。

(2) 确定情景发生变化时哪些关键因素将发生改变

在财务预测模型中，这些关键因素体现在我们的假设中，因此，当模型使用的情景发生变化时，模型所使用的部分关键假设数值也应随之改变。这些受情景影响的因素大致可分为以下三类：

- 宏观经济假设：如 GDP 增长率、利率、汇率等；
- 行业和市场假设：如市场需求、产品价格、行业产能增长速度、平均产能利用率等；
- 公司经营假设：销售状况、固定资产投资计划、融资计划、重组计划等。

(3) 确定当上述关键因素发生变化时，将如何影响公司的经营和财务业绩

在使用 Excel 进行建模时，需要在计算公式中引用那些能够随情景变化而变化的假设数据。这样，分析结果也将随着情景的变化发生变化。

显然，如果我们针对每一种情景都分别重新做假设，以此为基础分别做多个估值模型，那将会是非常麻烦的事情，事实上也没有必要。Excel 提供了一些函数，利用这些函数，我们可以很方便地设置各种情景，并能让模型在各种可能的情景之间迅速地切换。

用 Excel 实现情景分析的思路可以概括为：

- 确定有几种不同情景，并设立一个开关，用于控制选择哪一个情景；
- 对一些关键假设，确定不同情景下这些假设的取值，并计算所选择情景下适用的假设值；
- 在预测的计算公式中引用上一步计算的适用假设值，使得假设的变动能影响预测结果。

我们来看一个简单的不同情景下收入变化的例子。

如图 5-56 所示，2008 年底建模时，某公司管理层认为宏观经济将在 2009 年初回暖，其所在行业受消费需求的拉动明显，行业进入复苏周期，该公司销售收入将迅速提高，预计未来三年的营业收入增长率分别为 14%、16%、18%。但从投资人员的谨慎角度出发，认为宏观经济最早在 2009 年下半年恢复，且该公司所处行业偏产业链下游，短期内不会很快复苏，因此估计其未来三年实际增长率只有 10%、12%、15%。同时，考虑到外部需求长时间持续低迷、行业需求短时间无法快速恢复的风险，不排除可能出现较差的情景，即未来三年增长率只有 8%、10%、11%。为了同时考虑这三种情景，可以用情景分析来分析不同情景下的结果。

图 5-56 揭示了一个简单的情景分析过程：

首先，C5:C8 区域为情景控制区，其中 C5 单元格用来选择当前使用情景的序号。当 C5 单元格输入的数字分别为 1、2、3 时，使用的情景相应分别为乐观情景、基本情景和悲观情景。

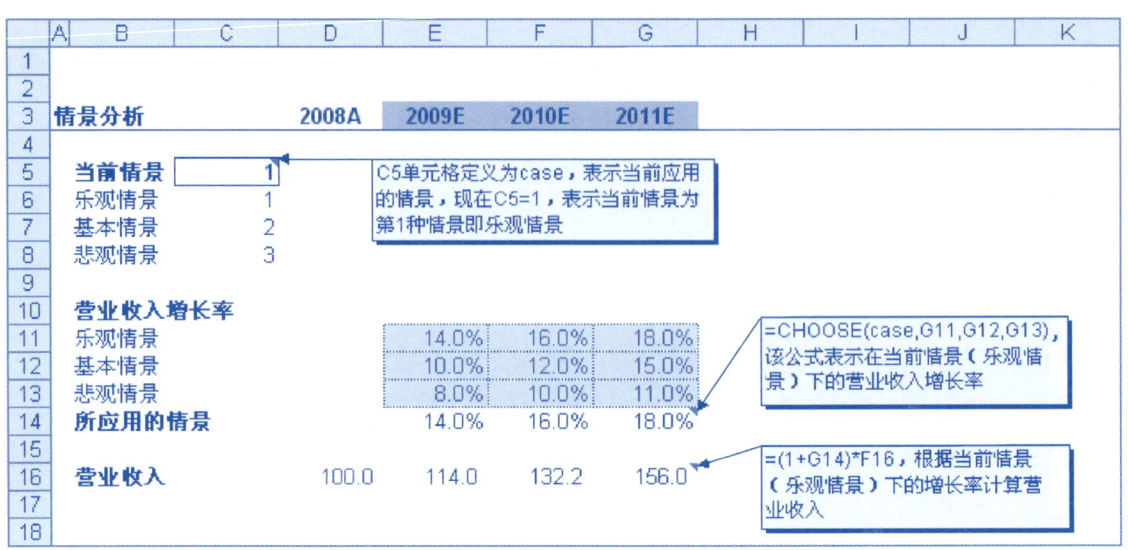

图 5-56　情景分析（1）

其次，E11:G14 区域为假设区，其中 E14:G14 为当前应用情景下所使用的假设，使用 CHOOSE 函数来实现根据 C5 单元格当前的数值来选择对应的假设数值。当改变 C5 单元格的值时，E14:G14 单元格所使用的营业收入增长率也将发生变化。关于 CHOOSE 函数及单元格定义名称的详细介绍可参阅《Excel 财务建模手册》。

最后，E16:G16 为分析预测区。E16:G16 所使用的公式引用的增长率分别来自 E14:G14，即所应用情景下的假设。

这样，只需要改变 C5 单元格的数字，使其分别为 1、2、3，就可以使得营业收入分别以三种不同的增长率进行计算，而不需要改变计算公式。图 5-57 和图 5-58 给出了另外两种情形。

除了将公司的营业收入与不同情景联系起来之外，还可以将成本等其他科目与相应的情景联系起来。我们接着上面的例子，对公司营业成本占营业收入的比例做情景分析，如图 5-59 所示。

类似地，我们在第 17 行～第 19 行列出三种情景下成本率的假设。在第 20 行使用 CHOOSE 函数选择当前采用哪种情景下的成本比率。

在第 22 行计算收入和第 23 行计算成本的公式中，分别引用第 14 行的增长率和第 20 行的成本比率。

这样只需改变 C5 单元格的数字，模型就能够自动计算相应情景下的毛利。

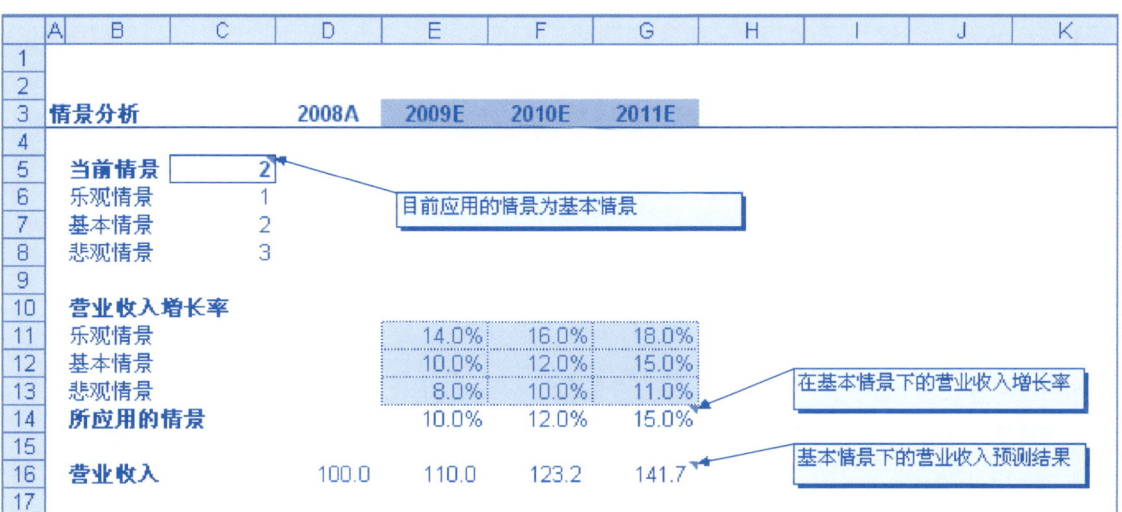

图 5-57 情景分析（2）

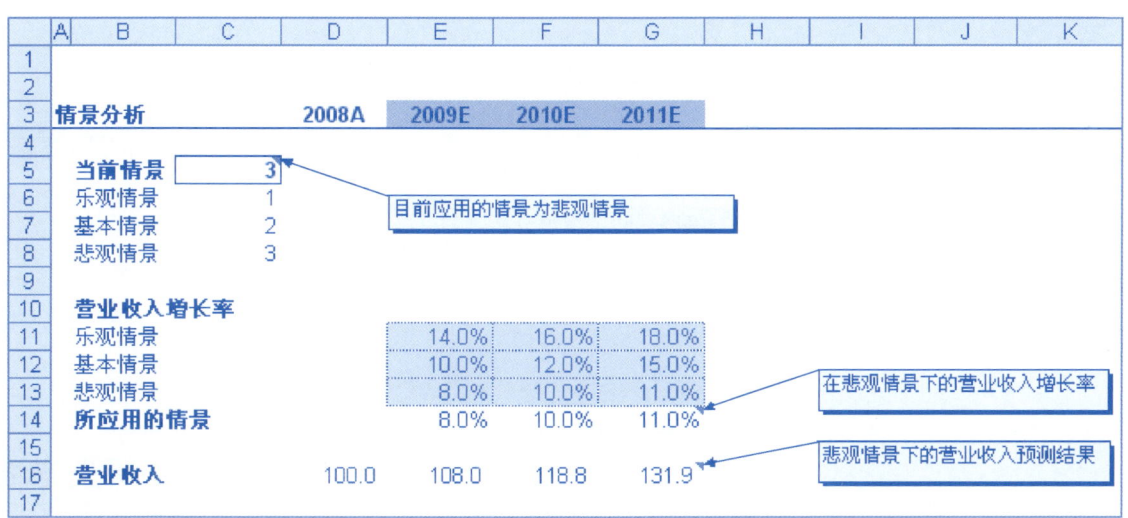

图 5-58 情景分析（3）

建模技巧提示：建模完成后的光标定位

在完成所有的模型构建工作后，需要进行下面的操作：在每一张工作表中，使用"Ctrl + Home"组合键将光标定位到该工作表左上角的位置，并且最后返回到第一张工作表。这是一个良好的建模习惯，它表示模型已经构建完成。因为 Excel 有记忆功能，上次退出 Excel 文件时光标定位在哪里，下次打开该文件时光标的初始位置就定位在哪里。如果打开文件时光标胡乱定位于表中的一个位置，其他模型使用者首先看到的不是模型全貌，会猜测建模者可能没有做完模型或不够专业和负责，给使用者一个不好的印象。

	A	B	C	D	E	F	G	H	I	J	K
1											
2											
3		情景分析			2008A	2009E	2010E	2011E			
4											
5		当前情景		1							
6		乐观情景		1							
7		基本情景		2							
8		悲观情景		3							
9											
10		营业收入增长率									
11		乐观情景				14.0%	16.0%	18.0%			
12		基本情景				10.0%	12.0%	15.0%			
13		悲观情景				8.0%	10.0%	11.0%			
14		所应用的情景				14.0%	16.0%	18.0%	=CHOOSE(case,G11,G12,G13)		
15											
16		营业成本/营业收入									
17		乐观情景				55.0%	56.0%	54.0%			
18		基本情景				60.0%	60.0%	60.0%			
19		悲观情景				65.0%	64.0%	66.0%			
20		所应用的情景				55.0%	56.0%	54.0%	=CHOOSE(case,G17,G18,G19)		
21											
22		营业收入			100.0	114.0	132.2	156.0	=(1+G14)*F22		
23		营业成本			60.0	62.7	74.1	84.3	=G20*G22		
24		毛利			40.0	51.3	58.2	71.8	=G22-G23		
25											

图 5-59　情景分析（4）

5.9　财务预测模型总结

本章以基本模型为例，展示了建模的核心思路和步骤。如图 5-60 所示，以三大核心报表为主线，首先进行收入、成本和费用的预测，完成利润表，然后将资产负债表分成几个模块，在辅助表中进行预测，并将预测结果引用至资产负债表。其中，固定资产、无形资产和付息债务的预测将帮助完成利润表的折旧、摊销和财务费用的预测，最后，使用间接法编制现金流量表，计算年底现金和融资缺口，配平资产负债表，完成核心财务报表的预测。

图 5-60 展示了财务预测的一般性步骤。实际建模时，要构建一个合格的财务预测模型，还应抓住以下几个要点：

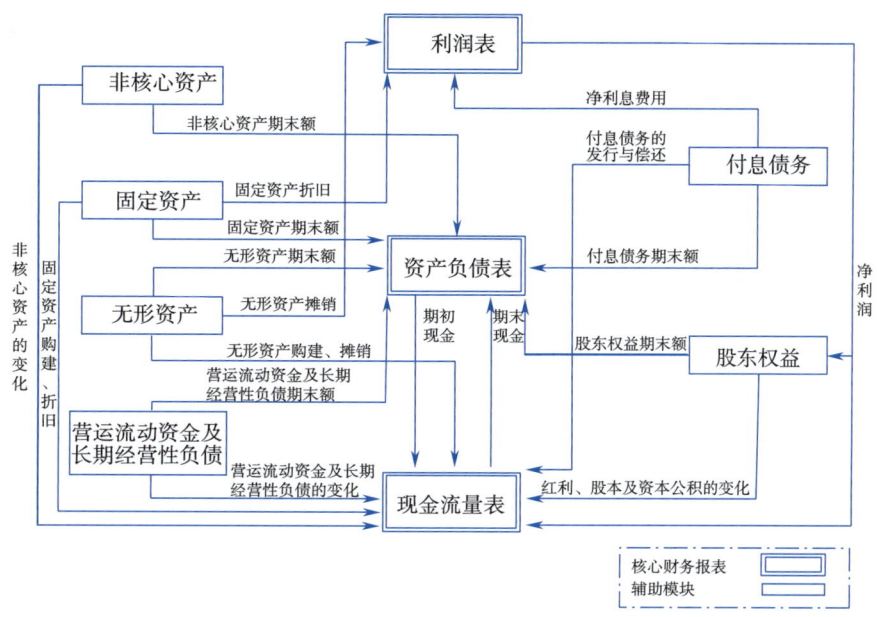

图 5-60 财务预测模型中的主要模块

- 模型中关于收入、成本、费用、重要资产、负债的拆分能够真实地模拟或反映公司的产品结构或业务流程，能够真实地揭示公司的商业模式。
- 对每一个重要的科目，模型应已经考虑了其最关键的驱动因素和逻辑关系。
- 准确地将非核心资产、非经常性或非经营性损益从资产负债表和利润表中分离出来，将重点集中到对公司核心资产和核心业务的预测上来。

从本章的模型建立过程，相信读者可以体会出财务预测模型实际就是对各个项目驱动因素的分析：找到最关键的一个或几个驱动因素，然后对驱动因素和其影响程度给出假设，或对驱动因素做进一步的分析。

 模型结构、思路是否合理的关键在于驱动因素是否找得准确，模型预测结果是否准确的关键在于驱动因素及其影响程度的假设是否合理。

CHAPTER 6 第6章 估值模型

在完成财务预测之后，就得到了公司未来预测期内每年的经营状况，包括利润表、资产负债表、现金流量表中各科目的数据。这为采用绝对估值法或相对估值法估算公司股权价值（或每股价值）提供了数据基础。

本章将主要介绍以下几个方面的内容：

- 如何用 Excel 构建无杠杆自由现金流折现模型。重点介绍无杠杆自由现金流折现模型，一是因为无杠杆自由现金流折现模型是业内最常用的绝对估值法，二是因为其他绝对估值法在 Excel 中的实现方式与无杠杆自由现金流折现模型非常相似。同时，还会重点强调无杠杆自由现金流折现模型中的关键参数如何估计、建模的方法和技巧等细节问题。
- 如何利用财务预测模型的结果进行可比公司法估值。本章将介绍常用的市盈率倍数法、市净率倍数法、EV/EBITDA 倍数法三种可比公司法，并介绍应用时应注意的问题。
- 估值方法的汇总，本章将介绍如何利用多种估值方法得出综合的股价区间。

本章仍以基本模型为例，在完成了财务预测的基础上，进行折现现金流估值和可比公司法估值的建模。

6.1 折现现金流估值模型

在开始折现现金流（DCF）估值模型之前，我们再梳理一下用无杠杆自由现金流折现模型计算公司股权价值的思路：

- 在财务预测的基础上，计算出预测期每一期可以分配给所有出资人（债权投资人和股权投资人）的自由现金流，即无杠杆自由现金流；
- 计算折现率，然后将预测期每期的无杠杆自由现金流按相应的折现率折现并相加，得到预测期现金流的现值和；
- 计算终值，可以使用 Gordon 永续增长模型或终值倍数法，然后将终值折现得到终值在估值时点的现值；
- 将预测期现金流的现值和与终值的现值相加，即得到企业价值（EV）；
- 根据价值等式——企业价值＋非核心资产价值＋现金＝债务价值＋少数股东权益价值＋股权价值（属于母公司股东的），将计算出来的企业价值，加回该公司的现金及投资等非核心资产的价值，再扣掉其融资性负债的价值和少数股东权益的价值，就得到公司的（内含）股权价值，然后除以公司的普通股数，就可以算出（内含）股价。

6.1.1 计算预测期无杠杆自由现金流

首先，计算基本模型中公司的无杠杆自由现金流（UFCF）。UFCF 的计算以公司的经营性息税前利润（EBIT）为起点，减去调整后的所得税，加上非现金支付的成本或费用，减去维持公司正常运行所需的营运流动资金的增加、加上长期经营性负债的增加，减去其他长期经营性资产的增加，减去支持公司未来发展的固定资产和无形资产的购建。

在基本模型中，利润表（IS）在预测前已经进行了重构，其中的 EBIT 已经是经营性的息税前利润，以此为基础可以调整出 UFCF：

$$UFCF = EBIT - 调整的所得税 + 折旧 + 摊销 - 经营性营运资金的增加$$
$$+ 长期经营性负债增加 - 其他长期经营性资产增加$$
$$- 固定资产购建 - 无形资产购建$$

1. 建模步骤

第一步，添加新的工作表。

在基本模型中添加一张新的工作表，命名为 DCF（见图 6 - 1）。

图 6 - 1　添加 DCF 工作表

第二步，计算 EBIAT。

EBIAT = EBIT - 调整的所得税。计算调整的所得税有两种方法：第一种是简单测算，即用 EBIT 乘以当期有效税率；第二种是在当期实际应缴纳所得税的基础上加回财务费用的税盾再扣掉非经常性或非经营性损益对应的税。基本模型中采用的是第一种方法。

	A	B	C	D	E	F	G	H	P	Q
1										
2					基本模型					
3					折现现金流模型					
4										
5	（除百分比及特殊说明外，数字单位为百万元人民币）			2006A	2007A	2008A	2009E	2010E	2018E	
6										
7	自由现金流									
8		EBIT						575.2	=IS!H30	
9		（调整的所得税）						(120.8)	=-IS!H14*DCF!H8	
10										
11	EBIAT							454.4	=H8+H9	

图 6 - 2　计算 EBIAT

这里我们评估公司 2009 年年末的价值，即估值时点为 2009 年年末，所以需计算预测期中 2010～2018 年的无杠杆自由现金流。先计算预测期 2010 年的无杠杆自由现金流，之后将公式复制到整个预测期即可。因此，在 H8 单元格引用 IS 表 2010 年的 EBIT，然后以 EBIT 为征税基础，直接乘以当年假设的有效税率即可得到当年的"调整的所得税"，EBIT 减去调整的所得税就可以得到息前税后利润（EBIAT）。

和 CFS 工作表一样，在计算无杠杆自由现金流的每个科目时，考虑数值的正负，正值表示现金流入（增加），负值表示现金流出（减少），最后将所有科目相加即可。

第三步，计算其他调整项。

首先，需要说明的是，EBIAT 之下的调整项目通常能在 CFS 工作表中找到，集中于经营活动现金流和投资活动现金流中。在 DCF 工作表计算这些调整项时，有一个小技巧：引用标题。直接将这些调整项的标题从 CFS 工作表引用过来，如图 6 - 3 所示。

其次，选中这些调整项（B12：B17 区域），按"Ctrl + C"复制，接着将光标移到 H12 单元格，按下回车键，即可将 CFS 工作表中调整项的 2010 年的数据全部引用过来，如图 6 - 4所示。

> **建模技巧提示：引用标题**
> 引用标题、区域整体复制可以提高建模的效率。

之所以可以采用简便的操作，是因为 CFS 工作表和 DCF 工作表中每一列对应的年份是相同的。可见，设计模型结构时，保证工作表的一致性非常重要。

建模技巧提示：工作表的一致性

建模时，保持每张工作表的同一列对应同一年份，不仅模型看起来统一美观，而且能为建模操作带来便利。

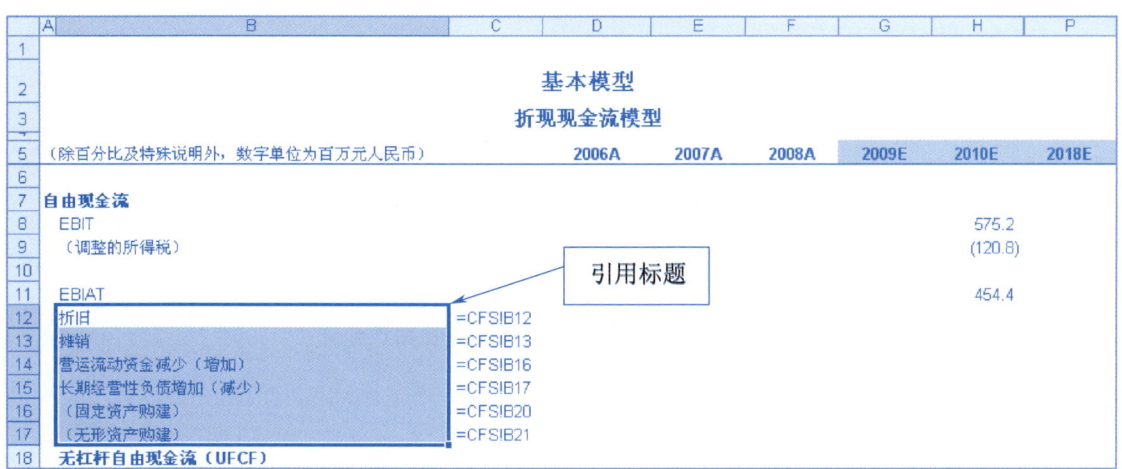

图6-3 调整项操作步骤一——引用标题

图6-4 调整项操作步骤二——复制公式

第四步，计算无杠杆自由现金流，并将结果向右复制到整个预测期。

如图6-5所示，对H11:H17项求和，计算出2010年的无杠杆自由现金流。然后，选中H8:P18区域，按向右复制的快捷键"Ctrl + R"，计算出预测期所有年份的无杠杆自由现金流。

所有预测期无杠杆现金流结果如图6-6所示。

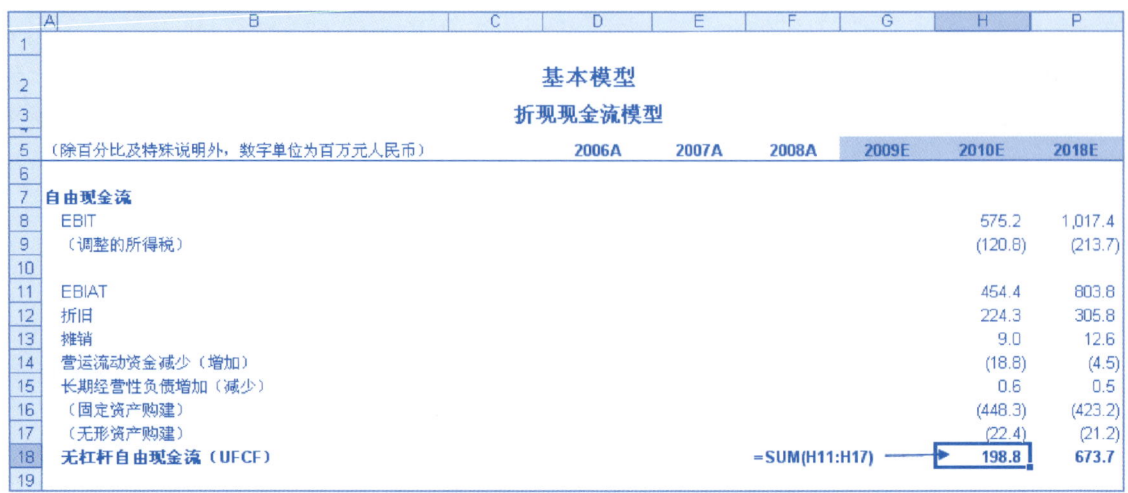

图 6-5　计算整个预测期的无杠杆自由现金流

	A	B	H	I	J	K	L	M	N	O	P
1											
2						基本模型					
3						折现现金流模型					
4											
5		（除百分比及特殊说明外，数字单位为百万元人民币）	2010E	2011E	2012E	2013E	2014E	2015E	2016E	2017E	2018E
6											
7		自由现金流									
8		EBIT	575.2	637.4	693.6	760.1	834.4	894.9	934.4	975.2	1,017.4
9		（调整的所得税）	(120.8)	(133.9)	(145.6)	(159.6)	(175.2)	(187.9)	(196.2)	(204.8)	(213.7)
10											
11		EBIAT	454.4	503.6	547.9	600.5	659.2	707.0	738.2	770.4	803.8
12		折旧	224.3	242.2	256.7	266.6	274.8	281.2	288.8	297.0	305.8
13		摊销	9.0	9.7	10.3	10.7	11.1	11.4	11.8	12.2	12.6
14		营运流动资金减少（增加）	(18.8)	(7.1)	(6.3)	(6.8)	(7.3)	(5.9)	(4.2)	(4.4)	(4.5)
15		长期经营性负债增加（减少）	0.6	0.7	0.6	0.7	0.7	0.6	0.4	0.4	0.5
16		（固定资产购建）	(448.3)	(422.7)	(380.4)	(369.7)	(355.0)	(376.3)	(391.3)	(407.0)	(423.2)
17		（无形资产购建）	(22.4)	(21.1)	(19.0)	(18.5)	(17.7)	(18.8)	(19.6)	(20.3)	(21.2)
18		无杠杆自由现金流（UFCF）	198.8	305.3	409.8	483.4	565.8	599.2	624.2	648.4	673.7
19											

图 6-6　预测期无杠杆自由现金流计算结果

2. 实际建模中应注意的问题

实际建模中，在计算无杠杆自由现金流时，应特别注意两点：

第一点，计算无杠杆自由现金流中扣除的是"调整的所得税"，与 IS 表中的"所得税"是不同的概念。两者主要有三个方面不同：第一，无杠杆自由现金流计算扣除的所得税应是需现金缴纳的所得税，而不应包含递延所得税；第二，无杠杆自由现金流计算扣除的所得税应不受资本结构影响，即需调整掉利息的税盾；第三，无杠杆自由现金流计算扣除的所得税应不包括非核心资产产生的损益对应的税或税盾。

第二点，无杠杆自由现金流折现得到的是企业价值（EV），所以，资产负债表中所有体现在企业价值中的经营性资产、负债所产生的损益及其自身增减所引起的现金变化都应包含在无杠杆自由现金流当中。甚至若有属于企业价值的,但未列入资产负债表的表外资产或负债,其产生的损益及其自身增减所引起的现金变化也应属于无杠杆自由现金流。

6.1.2 对无杠杆自由现金流折现

无杠杆自由现金流对应的折现因子由两个参数决定:加权平均资本成本(WACC)和折现年份。下面分别讲述如何估算 WACC 和判断折现年份,并对建模步骤进行介绍。

1. 加权平均资本成本(WACC)的估算

第 2 章已经介绍过加权平均资本成本的相关理论。加权平均资本成本就是公司各种资本成本的加权平均值。

在公司只有股权和债权融资的情况下,WACC 的计算公式可以写为:

$$\text{WACC} = \frac{D}{D+E} \times k_d \times (1-t) + \frac{E}{D+E} \times k_e$$

其中,D 为付息债务的市场价值;E 为权益的市场价值;k_d 为税前债务成本;t 为法定税率;k_e 为权益资本成本。

由资本资产定价模型(CAPM)理论可以得出:

$$k_e = r_e = r_f + \beta \times (r_m - r_f)$$

其中,r_e 为该股票的预期收益率;r_f 为无风险利率;r_m 为市场组合的预期收益率;$r_m - r_f$ 为市场风险溢价;β 为该股票的贝塔系数。

所以,上面两个公式合起来,WACC 的计算公式可以写为:

$$\text{WACC} = \frac{D}{D+E} \times k_d \times (1-t) + \frac{E}{D+E} \times [r_f + \beta \times (r_m - r_f)]$$

(1)建模步骤

正如第 2 章所述,我们在建立无杠杆自由现金流折现模型时,通常设定一个目标资本结构,并用以此计算出的 WACC 对所有期限的现金流进行折现。同时,由于确定计算 WACC 的各项参数具有一定的主观性且 WACC 的大小通常对最后折现结果有重大影响,我们会通过敏感性分析了解在不同的 WACC 假定下的不同结果。关于敏感性分析的内容将在 6.1.5 介绍。

> 一般是假定公司保持稳定的资本结构,使用以目标资本结构计算出的 WACC 对所有未来的无杠杆自由现金流折现,最后通过对 WACC 做敏感性分析得到目标公司的价值区间。

下面，在基本模型中完成对 WACC 的计算，如图 6-7 所示。

	A	B	C	D	E	F	G	H	P
1									
2				基本模型					
3				折现现金流模型					
5	(除百分比及特殊说明外，数字单位为百万元人民币)			2006A	2007A	2008A	2009E	2010E	2018E
20	加权平均资本成本（WACC）								
21	税前债权成本			6.2%					
22	税率			25.0%					
23	无风险利率			3.5%					
24	市场收益率			11.5%					
25	BETA系数			1.0					
26	目标股权比例			83.0%					
27	目标债权比例			17.0%	=1-D26				
28	税后债权成本			4.7%	=D21*(1-D22)				
29	股权成本			11.7%	=D23+D25*(D24-D23)				
30	WACC			10.5%	=D27*D28+D29*D26				
31									

图 6-7　计算加权平均资本成本

首先根据假设计算出目标债权比例（D27 单元格），然后计算出税后债权成本（D28 单元格），接下来根据 CAPM 理论计算出股权成本（D29 单元格），最后计算出加权平均资本成本 WACC（D30 单元格）。

（2）获取 β 值

对于有一定历史数据的上市公司而言，其 β 值的估算可以从 Wind、Bloomberg 等金融数据库终端计算得到。图 6-8 即为从 Wind 中获取上市公司 β 的示例，可以看到在界面中可以选择计算 β 时采用的数据选项，比如收益率计算周期、计算时间范围、收益率计算方法等。

第 2 章中介绍过，对于非上市公司或刚上市的公司，由于没有足够的历史数据计算其 β 值，则可以考虑利用可比公司的 β 值估计。此时，需要对其 β 值做资本结构的调整。

首先，要找到同行业具有可比性的几家上市公司的 β，运用它们现有的资本结构（记住使用市值计算）对可比公司的 β 进行去杠杆化，求出的不含杠杆的 β 的平均值作为该非上市公司的不含杠杆的 β 值。然后运用其目标资本结构进行再杠杆化，得到该非上市公司的含杠杆的 β 值。

β 值的调整公式为：

$$\beta_U = \frac{\beta_L}{1 + \frac{D}{E} \times (1 - MTR)} \text{（去杠杆化）}$$

$$\beta_L = \beta_U \times \left[1 + \frac{D}{E} \times (1 - MTR)\right] \text{（再杠杆化）}$$

其中，β_L 表示含杠杆的 β 值，β_U 表示不含杠杆的 β 值，D 表示债务价值，E 表示股权价值，MTR 表示边际税率。在前面计算 β 的 Wind 界面中可以找到剔除杠杆后的 β 值。

> 如果估值公司为非上市公司，可以通过可比公司法、β 的去杠杆化和再杠杆化调整获得 β 值。

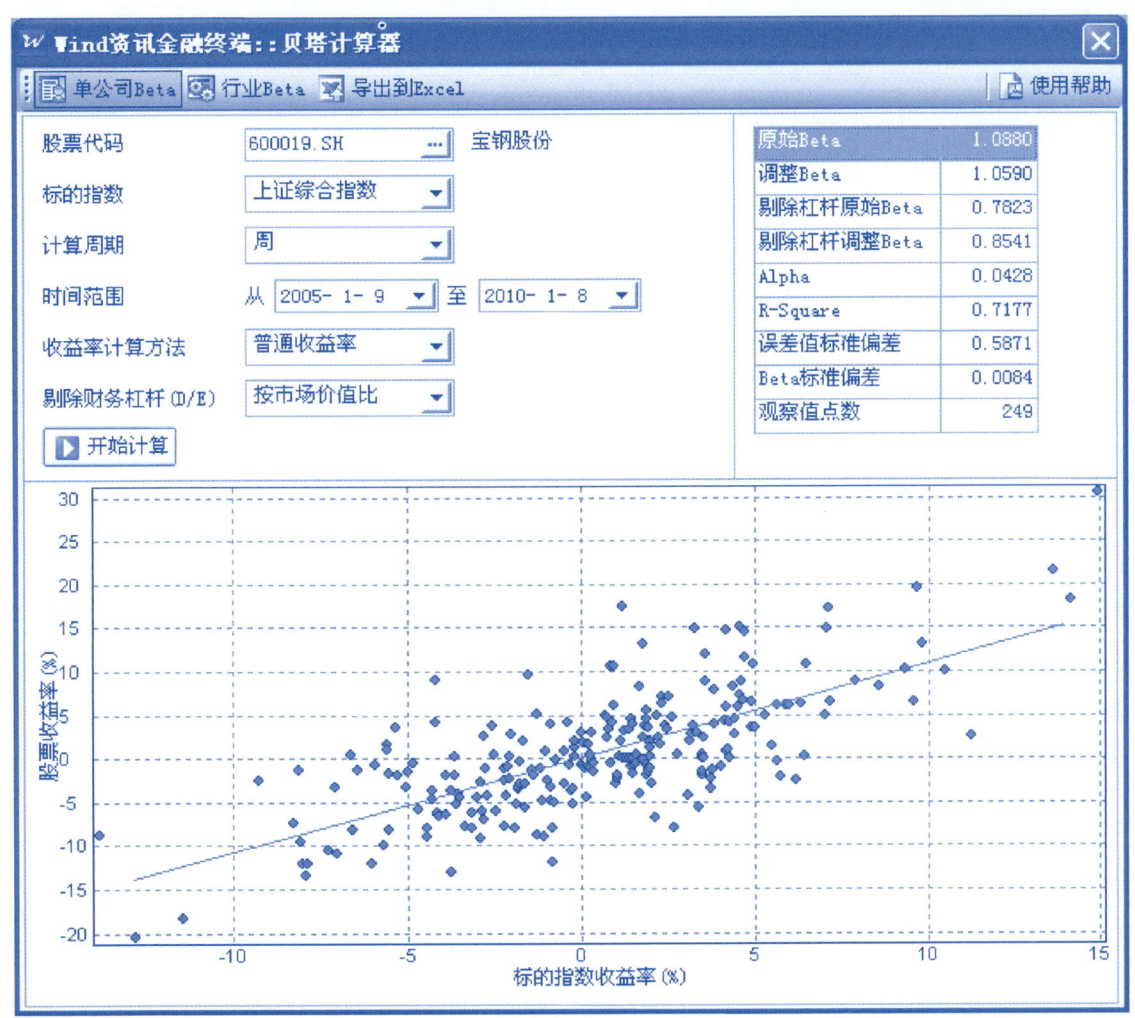

资料来源：Wind 资讯。

图 6-8 Wind 金融数据库中计算 β

下例为如何在 Excel 表中完成去杠杆化和再杠杆化的计算。

【例】A、B、C、D 四家上市公司为目标公司的可比公司，它们的有杠杆的 β 值、税率、股价、股数（单位：百万）以及债务价值（单位：百万元）如表 a 所示。目标公司的税率为 25%，目标的 D/E 为 20%，计算目标公司的含杠杆的 $β_L$。

第一步，计算 A、B、C、D 四家可比公司的市值、D/E，然后通过去杠杆化公式求出它们的不含杠杆的 $β_U$（见图 b）。

	A	B	C	D	E	F	G	H	I	J	K
1											
2											
3											
4		公司名称	β_L	税率	股价	股数	市值（E）	债务（D）	D/E	β_U	
5		A	0.8299	25%	8.11	2,816		4,245			
6		B	1.2073	25%	19.70	7,838		20,595			
7		C	0.8248	25%	11.87	645		2,366			
8		D	0.9753	25%	10.04	6,759		27,489			
9		目标公司		25%					20.0%		
10											

图 a　计算目标公司含杠杆的 β

	A	B	C	D	E	F	G	H	I	J	K
1										=C5/(1+I5*(1-D5))	
2							=E5*F5	=H5/G5		（去杠杆化）	
3							↓	↓			
4		公司名称	β_L	税率	股价	股数	市值（E）	债务（D）	D/E	β_U	
5		A	0.8299	25%	8.11	2,816	22,838	4,245	18.6%	0.7284	
6		B	1.2073	25%	19.70	7,838	154,409	20,595	13.3%	1.0975	
7		C	0.8248	25%	11.87	645	7,656	2,366	30.9%	0.6696	
8		D	0.9753	25%	10.04	6,759	67,860	27,489	40.5%	0.7480	
9		目标公司		25%					20.0%		
10											

图 b　计算可比公司不含杠杆的 β

第二步，取这四家可比公司的不含杠杆的 β_U 的平均值作为目标公司的不含杠杆的 β_U（见图 c）。

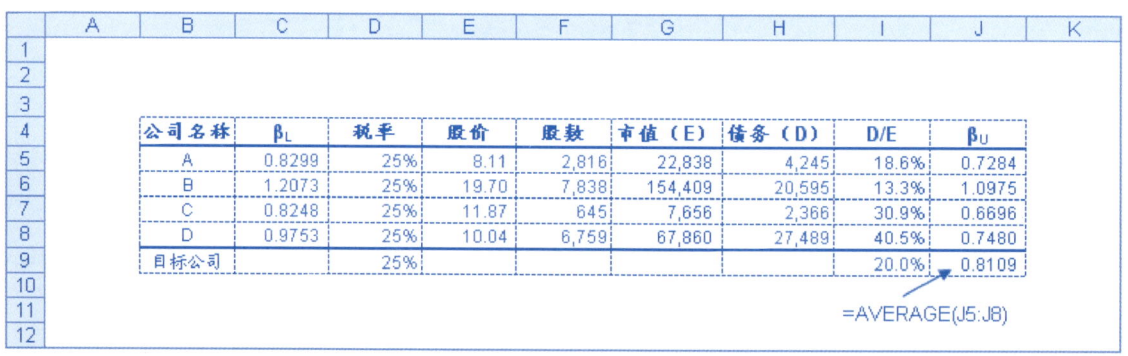

图 c　计算目标公司不含杠杆的 β

第三步，利用再杠杆化公式计算目标公司的含杠杆的 β_L（见图 d）。

2. 估值时点与折现年份的判断

估值时点是指评估出的企业价值（或者股票价值）对应的时点。在基本模型中，估值时点是 2009 年年底，也就是 2009 年 12 月 31 日。那么，最后评估出的企业价值（或者股票价值）就是该公司在 2009 年 12 月 31 日对应的价值。

	A	B	C	D	E	F	G	H	I	J	K
1											
2											
3											
4		公司名称	β_L	税率	股价	股数	市值（E）	债务（D）	D/E	β_U	
5		A	0.8299	25%	8.11	2,816	22,838	4,245	18.6%	0.7284	
6		B	1.2073	25%	19.70	7,838	154,409	20,595	13.3%	1.0975	
7		C	0.8248	25%	11.87	645	7,656	2,366	30.9%	0.6696	
8		D	0.9753	25%	10.04	6,759	67,860	27,489	40.5%	0.7480	
9		目标公司	0.9325	25%					20.0%	0.8109	
10											
11		=J9*(1+I9*(1-D9))						目标公司的目			
12		（再杠杆化）						标D/E			
13											

图 d　计算目标公司含杠杆的 β

估值时点会影响现金流折现的时间长度，从而影响折现因子和现金流的现值。对于估值时点在历史年份最后一年年底的，预测期第一年的折现年份为多少呢？很多人给出的答案可能为 1 年，是否有更为合理的处理方式呢？

通常来说，公司的现金流一般不是在年底一笔流入的，而是一年当中不断流入的。所以，更为合理的处理方式是将一年的现金流流入时点记为年中，也就是说预测期第一年现金流折现到估值时点（上一年年底）的折现年份为 0.5 年。那么，预测期第二年现金流的时点记为第二年的年中，对应年份为 1.5，依此类推，如图 6-9 所示。

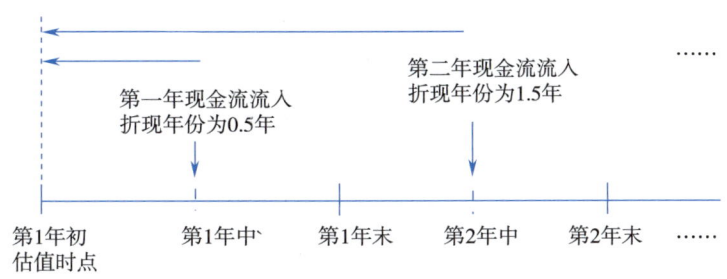

图 6-9　估值时点在年初时的现金流折现年份

（1）建模步骤

在基本模型中，估值时点为 2009 年 12 月 31 日，那么 2010 年的无杠杆自由现金流对应的折现年份为 0.5 年，2011 年为 1.5 年，2018 年对应的折现年份为 8.5 年。

第一步，填充折现年份（见图 6-10）。

首先在 H34 单元格输入 0.5，然后利用 Excel 的"序列填充"功能得到余下年份的折现年份。序列填充的详细方法可参阅《Excel 财务建模手册》。

第二步，计算折现因子和预测期现金流的现值（见图 6-11）。

在图 6-7 中，我们列示了 WACC 的计算过程，并在 D30 单元格得出了计算结果。但

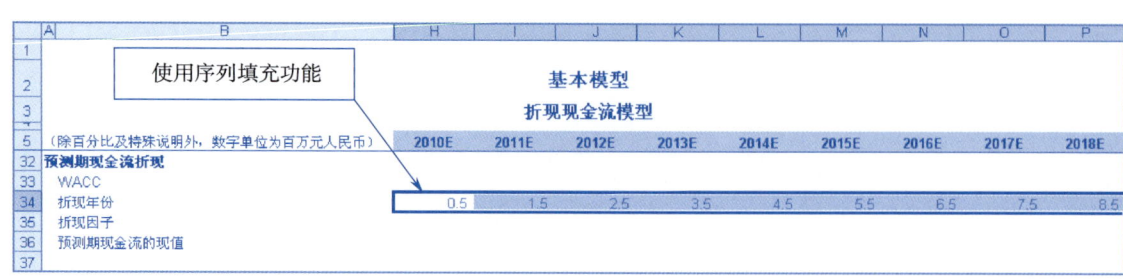

图 6-10 填充折现年份

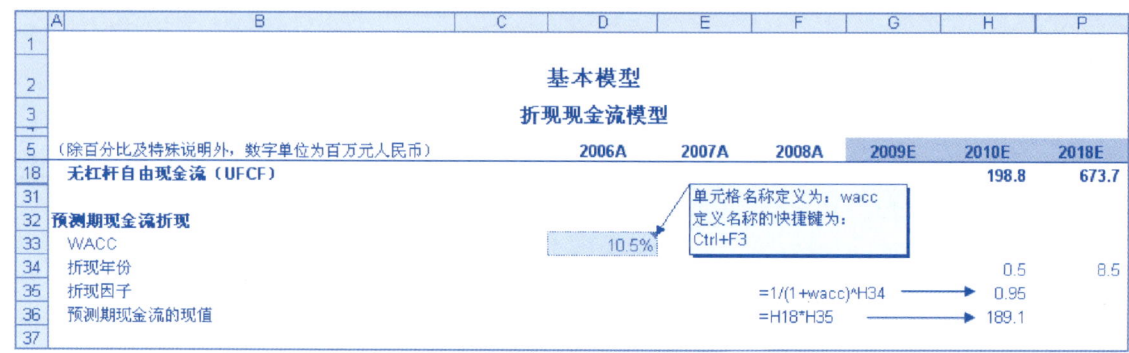

图 6-11 计算折现因子和预测期现金流的现值

是为了方便后面对 WACC 这个关键变量做敏感性分析，我们在 DCF 的计算过程中不是直接引用 D30 单元格 WACC 的计算结果，而是参照这个结果，直接在 D33 单元格手输一个 10.5% 作为 WACC。为了引用方便，我们将 D33 单元格定义名称为 WACC，然后在第 35 行的折现因子公式中直接输入 WACC 以绝对引用 D33 单元格。定义名称的方法可参阅《Excel 财务建模手册》。

这里给 D33 单元格定义名称的好处有两个：一是折现因子的计算公式更加清楚明白；二是在将折现因子的公式向右复制时直接复制即可，因为以定义名称方式的引用都是绝对引用。

一般情况下，定义名称最大的好处在于在多张工作表或很复杂的工作表中引用某一个单元格很方便。当模型很大时，在众多工作表及大量的单元格中找到某一单元格是很费时间的，定义名称可以解决这一问题。

建模技巧提示：填充序列和定义名称

在建模时使用填充序列、定义名称等技巧可以提高建模效率。

最后，将预测期每一年的无杠杆自由现金流乘以对应的折现因子，就可以得到无杠杆自由现金流的现值。复制到整个预测期后，结果如图6-12所示。

		基本模型							
		折现现金流模型							
(除百分比及特殊说明外，数字单位为百万元人民币)		2010E	2011E	2012E	2013E	2014E	2015E	2016E	2017E	2018E
32 预测现金流折现										
33 WACC										
34 折现年份		0.5	1.5	2.5	3.5	4.5	5.5	6.5	7.5	8.5
35 折现因子		0.95	0.86	0.78	0.71	0.64	0.58	0.52	0.47	0.43
36 预测期现金流的现值		189.1	262.8	319.3	340.8	361.0	346.0	326.2	306.7	288.3

图6-12 折现年份、折现因子和预测期现金流的现值

（2）实际建模中应注意的问题

实际建模中，应当灵活处理估值时点和折现年份的问题。

其一，对于某些具有明显季节性销售特点的公司，比如专门经营圣诞产品的公司，如果采用即时付款的方式，其现金流入应该主要在每年年底发生，那么预测期第一年的现金流对应的折现年份应为1，而不是一般情况下的0.5。

其二，在大部分实际工作中，估值时点并不是历史最后一期的期末，这是由于公司的内部会计核算、外部审计、出具报告和披露信息需要一定的时间，在年底并拿不到公司公开披露的年报。对于一般上市公司的年度财务数据来说，要等到每年的3月底或4月才能从公开渠道得到上一年的年报。所以，无论怎样，我们在建模时不可能获得当时公司完整的财务信息。在4月拿到了上一年度的年报后，再去评估4个月之前公司的价值也没有太大的意义，所以通常的估值时点晚于历史最后一期期末。一般的处理方式是，将估值时点确定为建模时间点之后的某个时点，只折现估值时点之后的现金流。如果估值时点不是在年末，那就要求建模者将预测期第一年分成两部分，以估值时点为划分（如图6-13所示）。所以实际工作中，在进行财务预测之前就应想好估值时点，以便划分财务预测的期间。

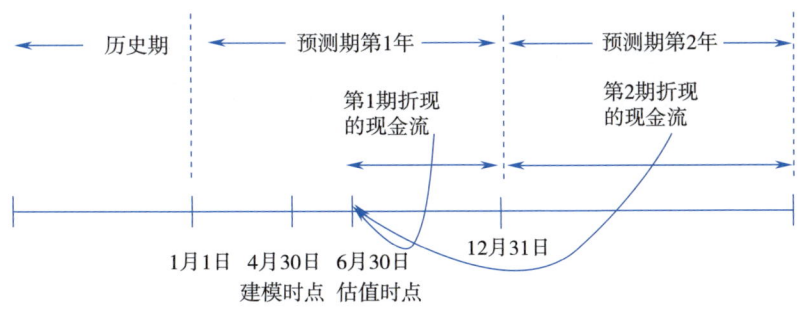

图6-13 建模时点、估值时点及现金流折现年份的关系

> 实际工作中估值时点往往不在历史最后一期期末而在预测期内，使用 DCF 估值方法时无须计算历史最后一期期末至估值时点这段时间的现金流的价值。

其三，实际价值评估中，很多时候的估值时点不是在年底，比如可能是在年中、第一季度末或第三季度末，那么该如何判断折现年份呢？

如果估值时点是在年中，即 6 月 30 日，则需折现的第一期现金流为当年下半年的现金流。对下半年的现金流进行折现时，通常假设现金流在当年后 6 个月的中间流入，因此折现到 6 月 30 日，其折现年份应确定为：3/12 = 0.25。

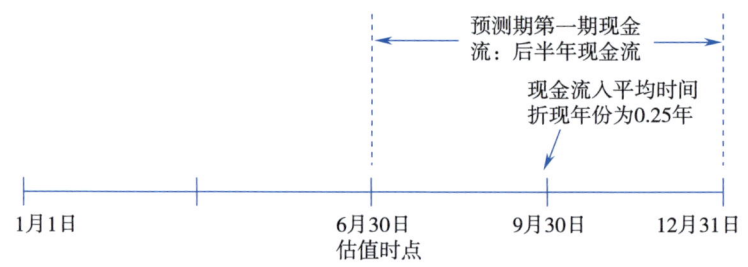

图 6-14 估值时点在年中时的现金流折现年份

其实，无论估值时点在一年中的什么时间，其折现年份可按同样原理推算。需要特别遵循的原则是：**每一笔现金流对应的折现年份等于该笔现金流产生的时点与估值时点之间的差额。**

另外，在 DCF 估值时，还需要考虑终值的折现，所以也需要判断终值的折现年份。Gordon 永续增长模型和终值倍数法计算得出的终值，对应的折现年份不一样。Gordon 永续增长模型的终值时点是在预测期最后一年的年中，而终值倍数法的终值时点是预测期最后一年的年底。

> 用 DCF 估值时，最常用的估值时点是年终，其次为年中、第一季度末或第三季度末。无论估值时点是什么，一定要牢记一个原则：每一笔现金流对应的折现年份等于该笔现金流产生的时点与估值时点之间的差额。

6.1.3 计算终值并折现

1. 计算终值

第2章介绍过计算终值的两种常用方法：Gordon 增长模型和终值倍数法。为了方便读者，在基本模型中将使用 Gordon 增长模型和 EV/EBITDA 倍数法两种方法计算终值。在实际估值建模中，通常用一种符合估值目的的方法作为主要估值方法，用另一种作为辅助方法进行互相验证。

（1）Gordon 增长模型

使用 Gordon 增长模型时，终值的计算公式为：

$$TV = \frac{UFCF_n \times (1 + g)}{WACC - g}$$

其中，$UFCF_n$ 为预测期第 n 年的无杠杆自由现金流；g 为详细预测期后无杠杆自由现金流的稳定增长率；WACC 为加权平均资本成本；TV 为终值。

①建模步骤

下面介绍在基本模型中使用 Gordon 增长模型计算终值，如图 6-15 所示。

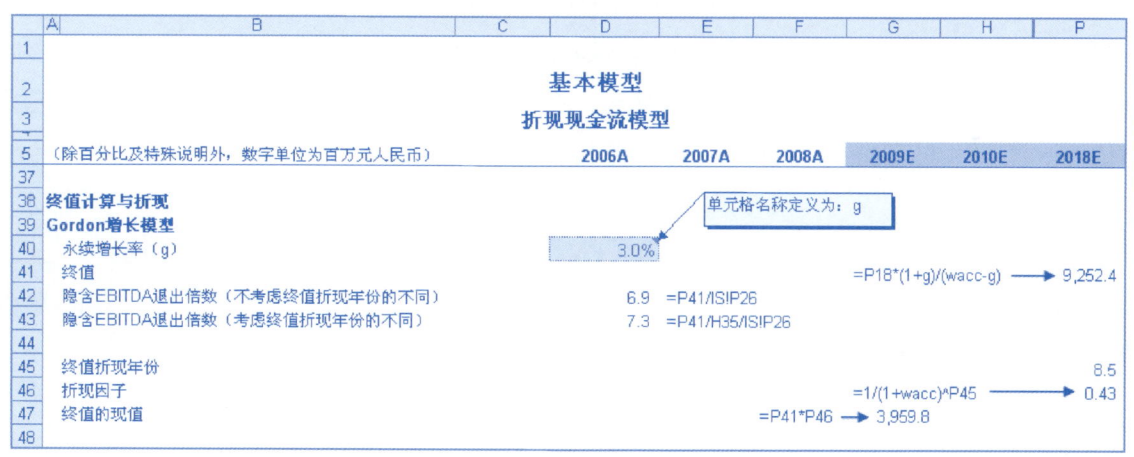

图 6-15 使用 Gordon 增长模型计算终值

第一步，将永续增长率的假设所在的单元格（D40）定义名称为 g，并假设为 3.0%。

第二步，在预测期最后一年所在列的单元格（P41）计算终值。

第三步，判断终值的折现年份和折现因子。

使用 Gordon 增长模型计算得出的终值，其对应的折现年份与详细预测期最后一年现金流的折现年份相同。因为详细预测期后每一年的现金流的流入时点都是年中，它们折到详细预测期最后一年的时点也是年中。所以，基本模型中 Gordon 增长模型下终值的折现年份为 8.5 年。

第四步，计算终值在估值时点的现值。

终值的现值就等于终值乘以对应的折现因子，我们把终值的现值放在估值时点所在的年份 G 列（G47 单元格）。

另外，在第 42 行、第 43 行计算了在永续增长率为 3% 时，隐含的 EBITDA 退出倍数，包括是否考虑不同终值计算方法下折现年份的不同。由于两种计算方法得到的终值对应的时间点之间存在半年的时间差，所以计算时会有不同。

②使用 Gordon 增长模型计算终值应注意的问题

其一，需要注意 Gordon 增长模型的使用前提。使用 Gordon 增长模型的前提是公司在预测期结束时已进入稳定增长阶段，比如，对于典型的传统制造业公司，可以根据公司预测期最后几年的折旧和当年资本支出是否接近来判断。如果折旧和资本支出差距太大的话，说明公司还可能快速增长，需要适当延长预测期。对于预测期结束时已进入稳定增长阶段的公司，一般可以取预测期最后几年无杠杆自由现金流增长率的平均值作为永续增长率 g。

其二，需要注意的是，永续增长率若是名义的增长率，需考虑通货膨胀率的因素。但是，在给永续增长率的假设时，也不要太乐观，永续增长率要低于世界经济长期的平均名义增长率。一般情况下，常用的增长率的范围在 0 ~ 5%。

其三，永续增长率 g 的估算是使用 Gordon 增长模型计算终值的关键，它的波动会比较大地影响企业价值（或者股票价格）。因此，在实际建模中，如果使用 Gordon 增长模型计算终值时，需要对永续增长率 g 做敏感性分析。我们将在 6.1.5 进一步介绍敏感性分析。

（2）终值倍数法

这里介绍计算企业价值终值时常用的 EV/EBITDA 终值倍数（常称为 EBITDA 退出倍数）。假设详细预测期最后一年该公司的 EBITDA 退出倍数为 M，预测期最后一年的息税折旧摊销前利润为 $EBITDA_n$，那么终值为：

$$TV = EBITDA_n \times M$$

①建模步骤

在基本模型中使用 EBITDA 退出倍数法计算终值，如图 6 - 16 所示。

第一步，将 EBITDA 退出倍数的假设所在的单元格（D50）定义名称为：exit_mul。

需要说明的是，图中显示的"EBITDA 退出倍数"为"7.0x"，实际上单元格 D50 仍是数字 7.0，可以参与计算。只是我们对其使用了自定义格式，使其显示为"7.0x"。自定义格式的详细用法可参见《Excel 财务建模手册》。

> **建模技巧提示：自定义格式**
> 使用自定义格式，可以让单元格的含义更容易理解，同时也可以美化模型。

第二步，在预测期最后一年所在列的单元格（P51）计算终值。

第三步，判断终值的折现年份和折现因子。

EBITDA 退出倍数法是假设在预测期最后一年年底将公司以预测期最后一年 EBITDA 一定倍数的价格卖掉，所以其终值对应的现金流流入时点为预测期最后一年的年底。所以，基本模型中 EBITDA 退出倍数法下终值的折现年份为 9 年（而之前使用 Gordon 增长模型预测的终值对应的折现年份为 8.5 年）。

 使用 Gordon 增长模型计算出终值对应的折现年份与详细预测期最后一年现金流对应的折现年份相同，如果公司每一年的现金流在当年平均产生，则使用终值倍数法计算的终值的折现年份比详细预测期最后一年现金流对应的折现年份多 **0.5 年**。

第四步，计算终值在估值时点的现值。

终值的现值就等于终值乘以对应的折现因子，把终值的现值放在估值时点所在的年份 G 列（G57 单元格）。

另外，在第 52 行、第 53 行，也计算了在 EBITDA 退出倍数为 7 时隐含的永续增长率，包括是否考虑不同终值计算方法下折现年份的不同。

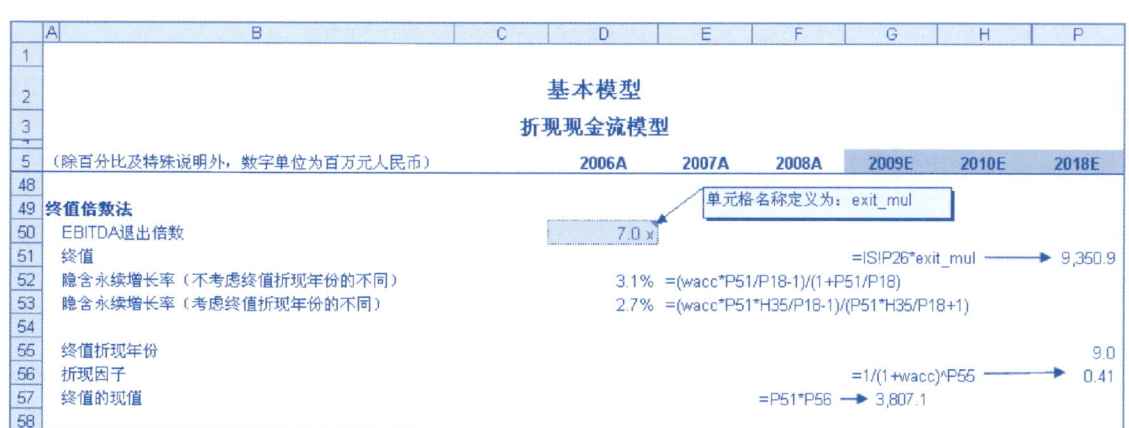

图 6-16 使用 EBITDA 退出倍数法计算终值

②使用 EBITDA 退出倍数法计算终值应注意的问题

其一，EBITDA 退出倍数是预测期最后一年的，应体现退出时公司未来的增长潜力。

其二，使用终值倍数法时，终值是作为一笔现金流在详细预测期最后一年年底一次性流入的，所以其对应的折现年份比详细预测期最后一年现金流的折现年份多 0.5 年。

其三，一般来说，EBITDA 退出倍数的影响因素主要有两个：一是退出后公司未来盈利的增长情况，如果还处于较快增长阶段，那么 EBITDA 退出倍数就高，反之就低；二是同行业可比公司目前或长期在资本市场中的该倍数水平。

2. 修正预测期

在介绍 Gordon 增长模型计算终值时，已经提到了某些情况下需要延长预测期。下面专门介绍一下为何要修正预测期以及稳定经营状态有哪些特征。

理论上，如果不改变对公司未来经营情况的预测，而只单纯地延长或缩短详细预测期，不应该对估值结果产生较大的影响，而只会改变价值在详细预测期内和详细预测期后的分配比例。但在实际的估值模型中，对于详细预测期之后现金流现值的估算一般采取简化方法，这种情况下如果改变对详细预测期的选择，可能就无意之间改变了对公司未来经营情况的预测。

所以，通常对于非周期性行业，详细预测期要足够长，以达到"稳定态"，如增长达到稳定、资产的静态效率比率稳定、新投资回报得以正常化。尤其是在使用 Gordon 增长模型来计算终值时，详细预测期结束时公司应达到经营的稳定状态，这种状态应该同时具备三个特征：

- 统一、稳定的增长率。包括销售收入增长率、EBITDA 增长率、EBIT 增长率、净利润增长率、固定资产增长率和无杠杆自由现金流增长率等。
- 稳定的回报比率。包括净资产收益率、投入资本收益率、新投资回报率、分红比率等。
- 稳定的其他重要比率。包括负债比率、资产周转率、利润率等。

对于周期性行业的公司，可能永远无法达到"稳定态"。此时常用的处理方法是，预测整数个完整的商业周期，在计算终值时考虑使用平均化处理以代替"稳定态"。

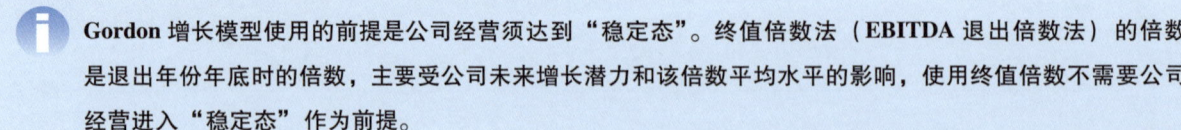

> Gordon 增长模型使用的前提是公司经营须达到"稳定态"。终值倍数法（EBITDA 退出倍数法）的倍数是退出年份年底时的倍数，主要受公司未来增长潜力和该倍数平均水平的影响，使用终值倍数不需要公司经营进入"稳定态"作为前提。

6.1.4 计算企业价值和内含股价

1. 计算企业价值

前面已经计算出了详细预测期无杠杆自由现金流的现值和终值的现值,将它们相加即可得到企业价值(EV)。

企业价值(EV) = 预测期无杠杆自由现金流的现值和 + 终值的现值

接下来在基本模型中分步计算出企业价值。

第一步,计算预测期现金流的现值和。

图 6-17 计算预测期现金流的现值和

如图 6-17 所示,将预测期现金流的现值(H36~P36)相加即可得到预测期现金流的现值和。我们把所求出的现值和放在估值时点年份所在的 G 列(G60 单元格)。

第二步,选择所使用的终值的现值。

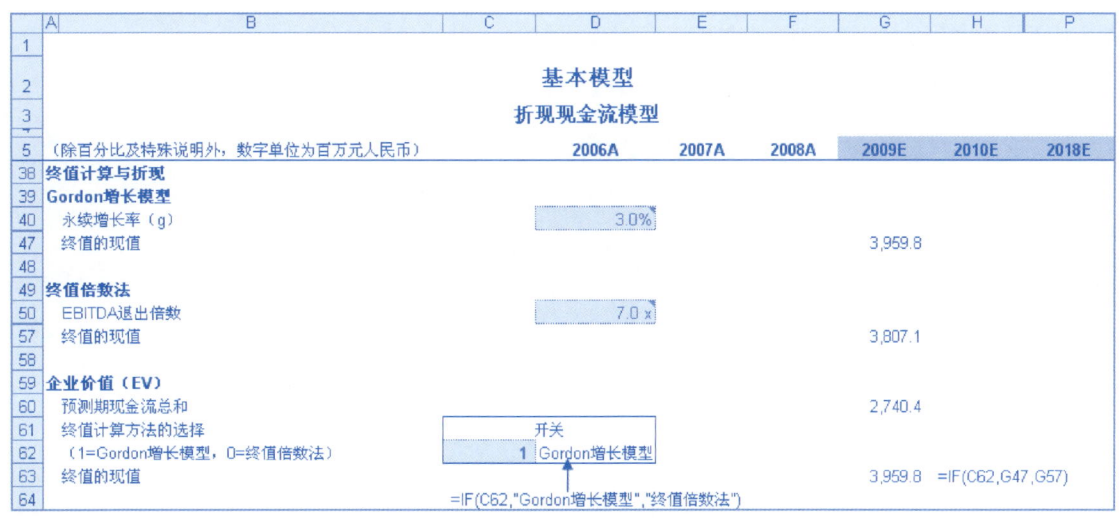

图 6-18 选择所使用的终值的现值

如图 6-18 所示,为了将两种终值计算方法都体现在企业价值中,我们做了一个开关

（C62 单元格）：开关数字为 1 时，D62 单元格显示"Gordon 增长模型"，G63 单元格显示使用 Gordon 增长模型计算终值的现值；开关数字为 0 时，D62 单元格显示"终值倍数法"，G63 单元格显示使用终值倍数计算终值的现值。

第三步，将预测期现金流的现值和加上终值的现值得到企业价值（EV）。

	A	B	C	D	E	F	G	H	P
1									
2				基本模型					
3				折现金流模型					
5		（除百分比及特殊说明外，数字单位为百万元人民币）			2006A	2007A	2008A	2009E	2010E	2018E
59	企业价值（EV）								
60		预测期现金流总和					2,740.4		
61		终值计算方法的选择		开关					
62		（1=Gordon增长模型, 0=终值倍数法）		1	Gordon增长模型				
63		终值的现值					3,959.8		
64									
65		企业价值（EV）					6,700.2	=G60+G63	
66									

图 6-19　计算企业价值

2. 计算内含股权价值和内含股价

无杠杆自由现金流折现模型计算出来的是企业价值（EV），需要通过价值等式："**企业价值＋非核心资产价值＋现金＝债务价值＋少数股东权益价值＋股权价值（属于母公司股东的）**"推算出公司的内含股权价值，进而求出内含股价。

（1）建模步骤

在基本模型中，需要调整非核心资产、货币资金、付息债务以及少数股东权益的价值。应尽量找到或估算它们的市场价值。

第一步，计算估值时点非核心资产和货币资金的市场价值（见图 6-20）。

图 6-20　计算估值时点非核心资产和货币资金的价值

如图 6-20 所示，对于非核心资产而言，其市场价值可能与账面价值有出入，需要评估非核心资产的市场价值。如果公司的非核心资产比较大，还需要对这些资产做详细的价值评估，比如说目标公司拥有一项长期股权投资，是 B 公司的 12% 的股权。由于这项投资与主业无关，我们在界定企业价值时需要把它划为非核心资产。如果这项长期股权投资数值巨大，那么我们可能需要对 B 公司做一个估值模型，首先计算出 B 公司的股权价值，然后乘以 12% 即可得出此长期股权投资的市场价值。

另一种更简单的方法是用可比指标评估非核心资产的价值，常用的方法有市净率倍数法、市盈率倍数法等。基本模型中，给出非核心资产的市场价值是账面价值的 1.5 倍，那么市场价值就等于 1.5 乘以其账面值（应是估值时点的值，也就是 2009 年年底的值，BS 表 G20 单元格）。

对于货币资金而言，其账面值和市场价值一般没有差别，可用账面值代替市场价值。

> 价值等式中的每个科目的衡量标准都是市场价值，使用价值等式"从左到右"计算内含股权价值时，调整项目都须用市场价值。

第二步，计算估值时点付息债务和少数股东权益的市场价值（见图 6 – 21）。

	A	B	C	D	E	F	G	H	P
1									
2				基本模型					
3				折现现金流模型					
5	（除百分比及特殊说明外，数字单位为百万元人民币）				2006A	2007A	2008A	2009E	2010E	2018E
73	付息债务合计							1,310.2	=CalsIG73	
74										
75	少数股东权益的市场价值/账面价值			2.0 x						
76	少数股东权益的账面价值							51.7	=BSIG41	
77	少数股东权益的市场价值							103.3	=D75*G76	

图 6 – 21　计算估值时点付息债务和少数股东权益的价值

对于付息债务而言，其账面价值一般比较接近于其市场价值，除非债务面临重大的违约风险或目前的市场利率水平与债务发行时的水平相差较大。如果无法获得债务的市场价值，可以用其账面值替代。基本模型中使用付息债务的账面值来代替其市场价值。

对于少数股东权益而言，其市场价值和账面价值往往有较大出入。同非核心资产一样，在估算少数股东权益价值时会根据重要性原则来选择合适的评估方法。如果少数股东权益相对于全部股权价值比例较大，需要对子公司做详细的财务预测，计算出子公司的股权价值进而得到少数股东权益的价值，如果少数股东权益价值不高，也常常采用可比指标计算其市场价值。

第三步，计算内含股权价值和内含股价（见图 6 – 22）。

首先根据价值等式计算估值时点的内含股权价值（G78 单元格），然后用内含股权价值

图 6-22 计算内含股权价值和内含股价

除以母公司的已发行普通股股数，即可得到内含股价（G81 单元格）。

（2）实际建模时应注意的问题

其一，价值等式中的科目必须都是市场价值。特别注意非核心资产、少数股东权益等科目，它们的市场价值和账面价值往往有出入，使用价值等式计算内含股权价值时，一定要先评估它们的市场价值。

其二，某些公司的资金来源可能还含有可转换债券、权证等，计算内含股权价值时，也需要减去这些融资工具的市场价值。

其三，如果估值时点不是在历史最后一期期末，而是在预测期，那么由企业价值计算股权价值时调整的非核心资产、货币资金、付息债务以及少数股东权益的价值应该是在估值时点的价值。这个价值应是预测的价值，受历史最后一期期末至估值时点这段时间的假设影响。同时，计算股价所用的普通股数也应是预测的估值时点的股数。在对即将进行股权融资的公司进行估值（比如为 IPO 定价创建的估值模型）时，这一点是十分重要的。

> 如果估值时点在预测期内，则由企业价值调整至股权价值时，非核心资产、货币资金、付息债务以及少数股东权益的价值都应是预测的估值时点的价值，股数也应是估值时点的股数。

6.1.5 对影响股价的关键因素进行敏感性分析

从上面的估值计算过程中可以看到，除了公司经营状况以外，加权平均资本成本

（WACC）、永续增长率（g）或 EBITDA 退出倍数是计算企业价值和内含股价的最为关键的因素，它们的变动可能带来估值结果比较大的变化。

虽然，我们已经尽可能地在用科学的方法估计 WACC，但是实际上公司不可能一直保持目标资本结构。此外，WACC 计算所用到的各种参数的选取也见仁见智。所以我们使用一个 WACC 评估出来的价值结果很容易受到质疑。另外，在实际估值中，永续增长率、EBITDA 退出倍数也往往难以准确估计。所以，通常还需要对这些关键因素做敏感性分析，分析它们在一定范围内变化时估值结果如何变动。

我们可以借助 Excel 提供的"模拟运算表"功能进行敏感性分析。在 DCF 估值模型中，如果使用 Gordon 增长模型计算终值，可以对加权平均资本成本（WACC）和永续增长率（g）做双因素的敏感性分析，如果使用 EBITDA 退出倍数法计算终值，可以对 WACC 和 EBITDA 退出倍数做双因素的敏感性分析。

> 在使用无杠杆自由现金流进行 DCF 估值之后，通常需对估值计算的关键因素（比如 WACC、永续增长率或 EBITDA 退出倍数）做敏感性分析，以给出评估价值的合理区间。

下面以 Gordon 增长模型计算终值为例，介绍如何在基本模型中加入对加权平均资本成本（WACC）和永续增长率（g）所做的双因素敏感性分析。

第一步，选择分析对象（见图 6-23）。

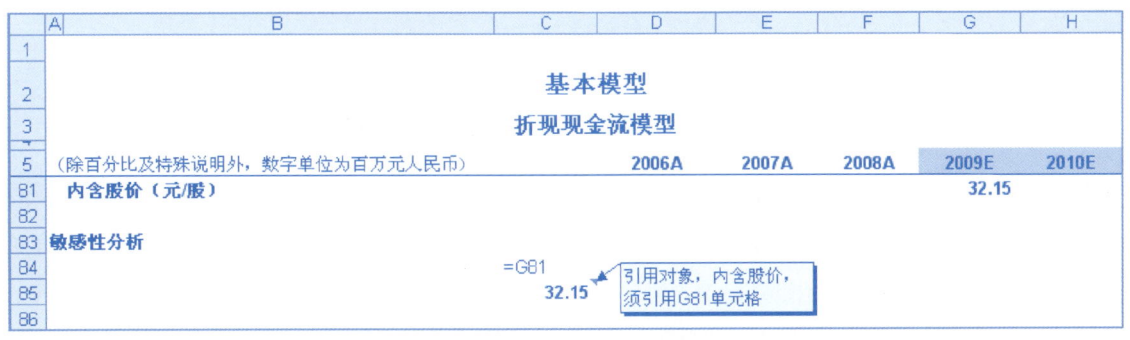

图 6-23 敏感性分析步骤一——选择分析对象

在 A83 单元格输入标题"敏感性分析"，在 C85 单元格引用分析的对象：内含股价（G81 单元格）。注意，这里必须引用，是为了告诉 Excel 模拟运算分析对象的路径或算法。

第二步，确定关键因素的取值范围。

如图 6-24 所示，在紧挨着分析对象 C85 单元格的右侧，横向建立一个序列（D85:J85 区域），表示 WACC 的可能取值范围。通常，将建模过程中使用的认为最有可能的值（基本模型中为 10.5%）放到这个序列的中间（这里即第 4 个单元格 G85），根据这个 WACC

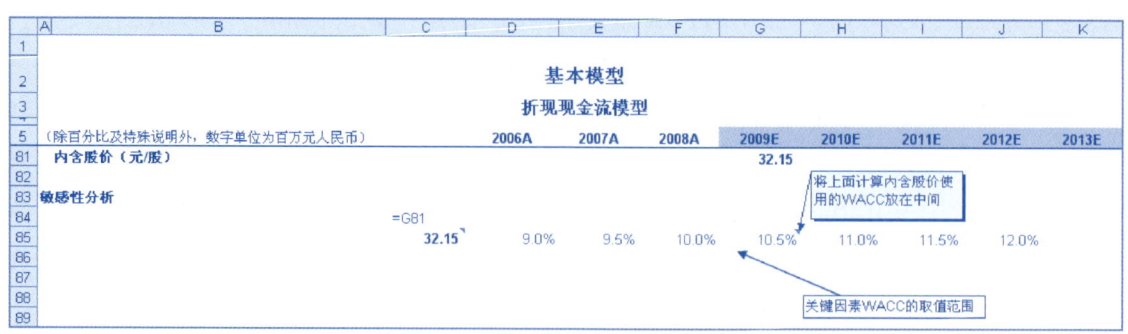

图 6-24 敏感性分析步骤二——确定 WACC 的取值范围

可能的波动幅度设置合理的上下限。然后,可以使用填充序列的快捷键(Alt→E→I→S),完成序列的填充。

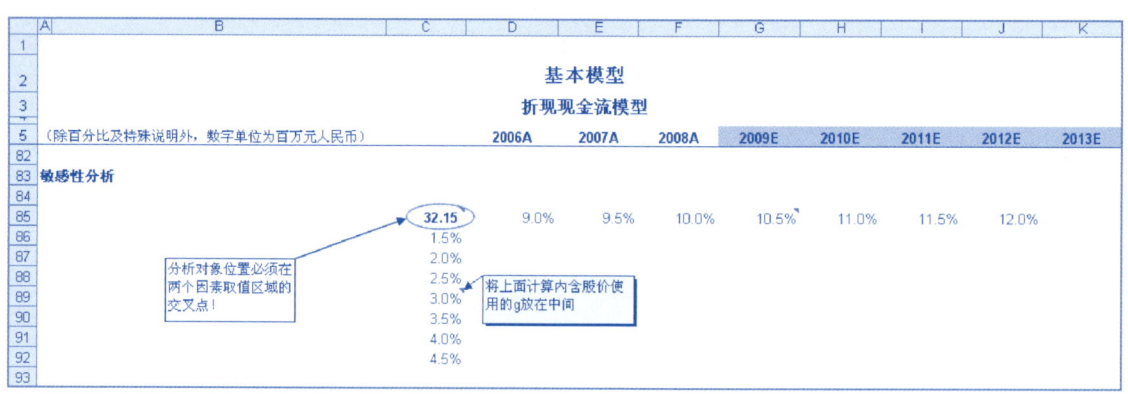

图 6-25 敏感性分析步骤二——确定永续增长率的取值范围

如图 6-25 所示,紧挨着分析对象 C85 的下方,纵向建立一个序列(C86:C92 区域),表示永续增长率的可能取值范围。和 WACC 一样,把建模过程中使用的认为最有可能的值(3.0%)放在这一序列的中间。

第三步,添加两个分析因素的标题,并美化格式。

如图 6-26 所示,选中 D84:J84 区域,按单元格格式的快捷键"Ctrl+1",调出单元格格式对话框(见图 6-27),在"对齐"选项卡下,选择"水平对齐居中"、"垂直对齐居中"及"合并单元格",点击"确定"。然后给合并的单元格添加边框,按快捷键"Ctrl+Shift+7",即可完成单元格格式的修改。在合并的单元格中输入"加权平均资本成本(WACC)"即可。

然后,可以采用同样的方法添加"永续增长率(g)"的标题并设置格式(见图 6-27)。

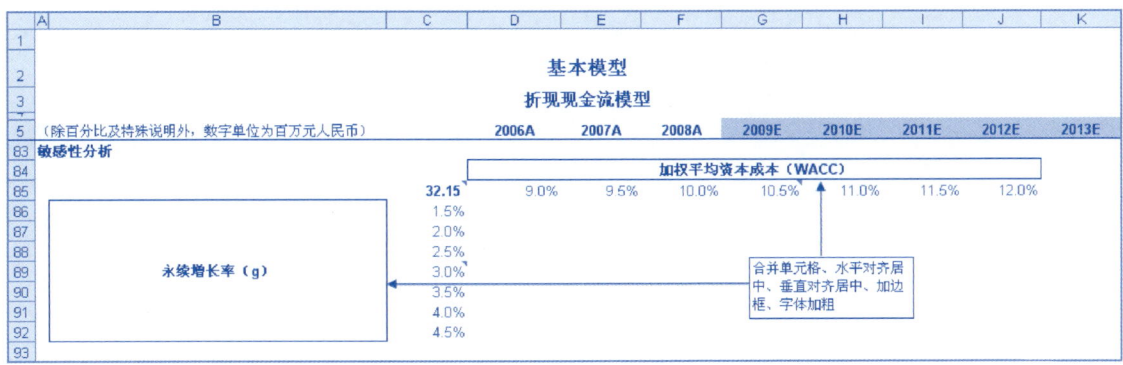

图6-26 敏感性分析步骤三——添加分析因素的标题并修改格式

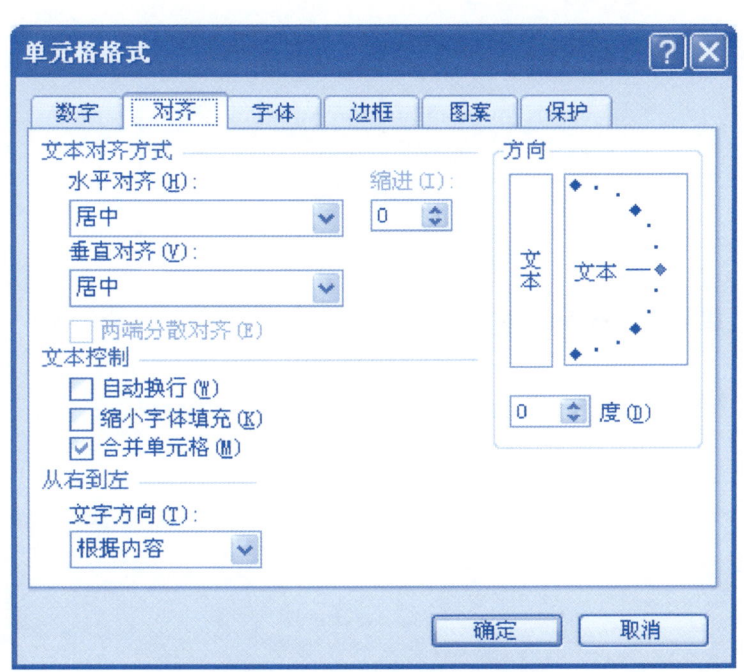

图6-27 修改标题的格式

第四步,选中数据区域,进行模拟运算。

如图6-28所示,首先需要从引用的分析对象开始,向右向下选择模拟数据区域(C85:J92)。然后点击"数据"→"模拟运算表"(快捷键Alt→D→T),调出模拟运算表的对话框(如图6-29所示)。

对于"输入引用行的单元格",选择WACC所在的单元格(D33单元格,我们这里对D33单元格定义了名称WACC,所以直接输入WACC也可以);对于"输入引用列的单元格",选择永续增长率所在的单元格(为D40单元格,同理也可以直接输入g)。然后点击确定,返回结果如图6-30所示。

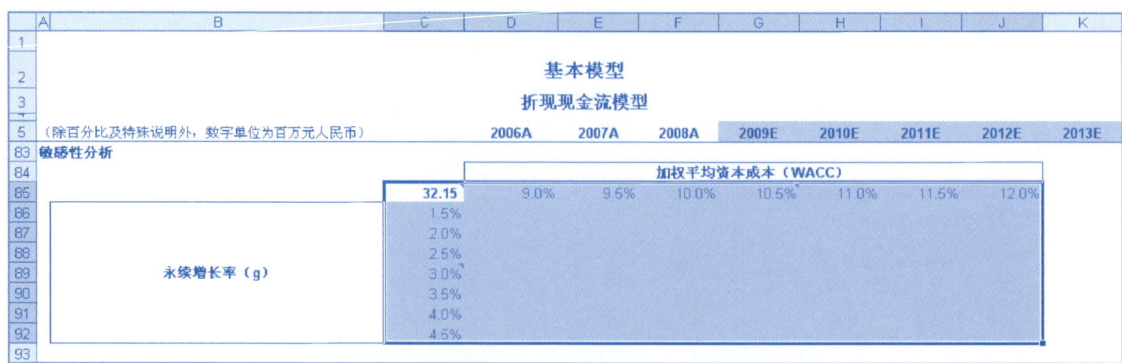

图 6-28　敏感性分析步骤四——选中数据区域

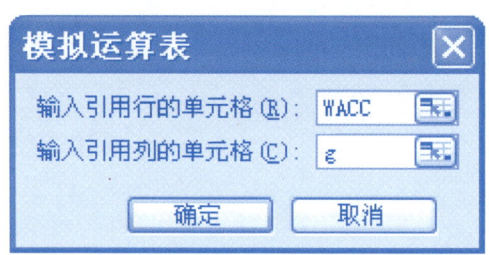

图 6-29　敏感性分析步骤四——填写模拟运算表对话框中的参数

图 6-30　敏感性分析步骤四——模拟运算表计算结果

第五步，对模拟运算表做一些格式的区分。

如图 6-31 所示，对模拟运算的内含股价区域加了一个边框，对最有可能的 WACC 和永续增长率的范围对应的内含股价区间加了浅底色等。

模拟运算表的工作原理是：首先告诉 Excel 需要模拟运算的对象（这里为内含股价：C85 = G81），然后用不同的 WACC（D85：J85 区域）代替原来的模型中计算内含股价使用的 WACC 值，用不同永续增长率（C86：C92 区域）代替原来模型中计算内含股价使用的 g，

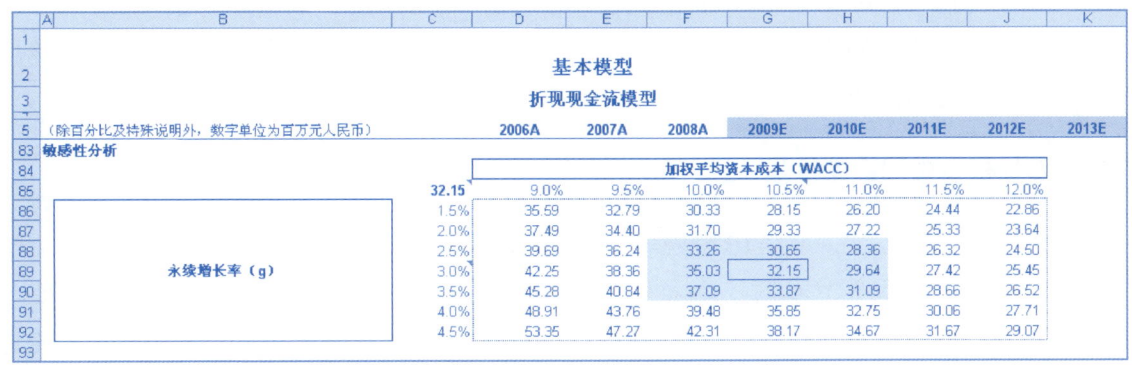

图 6-31　敏感性分析步骤五——修改模拟运算表格式

Excel 会模拟计算出不同 WACC 和不同永续增长率对应的内含股价，然后填在模拟运算表对应位置上。

值得注意的是，模拟运算表必须和关键因素在同一张工作表中，否则不能实现敏感性分析。比如在基本模型中，关键因素 WACC 和永续增长率都在"DCF"工作表，那么敏感性分析只能放在"DCF"工作表来做，而不能放在其他工作表做。

建模技巧提示：模拟运算表和关键变量应在同一张工作表

使用模拟运算表进行敏感性分析时，模拟运算表必须和关键因素放在同一张工作表中。这是利用 Excel 做敏感性分析的条件，也是其局限。

6.1.6　折现现金流估值模型小结

折现现金流估值模型，就是把预测期所有现金流折现到估值时点，加总得到相应的价值。在构建财务预测模型时，我们将预测期分为详细预测期和终值期。这样，将详细预测期每年的现金流合计加上终值现值，即可得到相应的价值。

在本章中，我们介绍了无杠杆自由现金流折现模型。无杠杆自由现金流是属于所有出资人所有的现金流，所以折现加总得到的是企业价值，最后再通过价值等式，推导出股权价值。大致步骤如下：

1. 计算详细预测期无杠杆自由现金流

无杠杆自由现金流，一是无杠杆，即公司未对债权人支付，所以从 EBIT 开始调整；二是自由，所以要扣除维持公司正常经营所需的资本性支出和营运流动资金投入等；三是现金流，所以需要调整非现金科目，如加回折旧和摊销。

从息税前利润（EBIT）开始调整到息前税后利润（EBIAT）时，扣除的所得税是在假设公司没有财务杠杆下的主业利润应缴的所得税。与利润表中的当期所得税相比，该所得税加回了利息费用的税盾，并调整了非核心损益的税或税盾。

2. 对无杠杆自由现金流折现

对现金流进行折现时，要考虑折现率和现金流的匹配，与无杠杆自由现金流匹配的折现率是WACC。在计算WACC时，各种融资来源的权重应使用市场价值作为计算基础。

现金流的折现年份是现金流产生的时点与估值时点之间的差。由于公司的现金流通常在一年内平均地产生，所以一般会假设每一年的现金流折现的时点为当年的6月30日。

确定现金流折现率及折现年份后，就可以计算出现金流对应的折现因子，并对每年现金流进行折现。

3. 计算终值及终值现值

计算终值的方法，包括Gordon永续增长模型和退出倍数法。需要注意的是，如果使用Gordon永续增长模型，终值的折现因子等于最后一年无杠杆自由现金流的折现因子；如果使用退出倍数法，且假设公司的现金流在每一年平均产生，则终值的折现年份比预测期最后一年无杠杆自由现金流的折现年份多0.5年，需要计算相应的折现因子。

4. 计算企业价值和内含股价

对详细预测期无杠杆自由现金流现值进行加总，加上终值现值，即可得到企业价值。通过价值等式，推导出股权价值，并除以普通股股数得到内含股价。

价值等式的一般形式为"现金 + 非核心资产 + 企业价值 = 债务 + 股权价值"。在使用价值等式时，所有的调整项都应该使用估值时点的市场价值。

5. 对关键变量做敏感性分析

财务模型中的很多假设都包含了建模者的主观判断，最后得出的结果也可能受到质疑。所以在构建财务预测模型时，我们通常建议对关键变量做敏感性分析，给出该变量在一定的取值范围下对应的股价。如果使用Gordon永续增长模型计算终值，我们通常对WACC和永续增长率做敏感性分析，如果使用退出倍数法计算终值，则通常对WACC和退出倍数做敏感性分析。

在使用无杠杆自由现金流折现模型的过程中，还需要注意模型内在逻辑的严密性和一致性：所有的资产和负债（包括表外的），或者体现在每年的自由现金流中，或者体现在由EV调整至股权价值的过程中。我们在做财务预测模型之前，就会对公司的业务进行划分，区分持续经营业务（主业）和非持续经营业务（非主业），从而区分核心资产、非核心资产及其对应的负债，从而明确 EV 的范围。属于 EV 的资产和负债，我们在无杠杆自由现金流中计算其变化和产生的收益，不属于 EV 的资产和负债，我们将其计入非核心资产价值，在由 EV 调整到股权价值时体现。

6.2 可比公司法

绝对估值法对数据的要求很高，需要对公司进行全面的财务预测，而且最后的估值结果受折现率和终值的影响较大。除了绝对估值法外，在准确的财务预测基础上，可比公司法也是业内常用的估值方法。特别是对行业中的公司进行横向比较时，经常会用到可比公司法。

下面仍以基本模型中的公司为例，介绍如何在模型中实现可比公司法的估值，包括市盈率（P/E）倍数法、市净率（P/B）倍数法和 EV/EBITDA 倍数法三种常用的可比公司估值法。

其中，我们对市盈率倍数法做详细介绍，包括可比公司的选取、每股盈利（EPS）的正常化调整、LTM 盈利的计算等。对市净率倍数法和 EV/EBITDA 倍数法，由于原理和市盈率倍数法相似，只介绍其基本计算方法。

6.2.1 市盈率倍数法

市盈率（P/E）倍数法是通过比较公司之间的市盈率来进行估值，是国内外市场广泛使用的可比公司法。市盈率=股价/每股收益=市值/净利润，它表示了投资者愿意为公司每 1 元净利润支付的价格。使用市盈率倍数法时一般分为三步：

第一步，选取可比公司。

实际估值中在选取可比公司时，一般又会分为两步进行：首先是根据一定条件初步挑选可比公司；其次，将初步挑选的可比公司分为两类：最可比类公司和次可比类公司。使用时往往主要考虑最可比公司类。

在选择可比公司时，也可以借助 Wind、Bloomberg 和 Thomson Reuters 等金融数据库，它们都提供了相应的模块可以方便地提取公司的相关数据，其中还包括对这些公司未来的一致预期数据，也可以使用数据库提供的函数直接在 Excel 中导入相关数据。下面是一个使用 Reuters 数据库查看公司财务数据的示例，如图 6-32 所示。

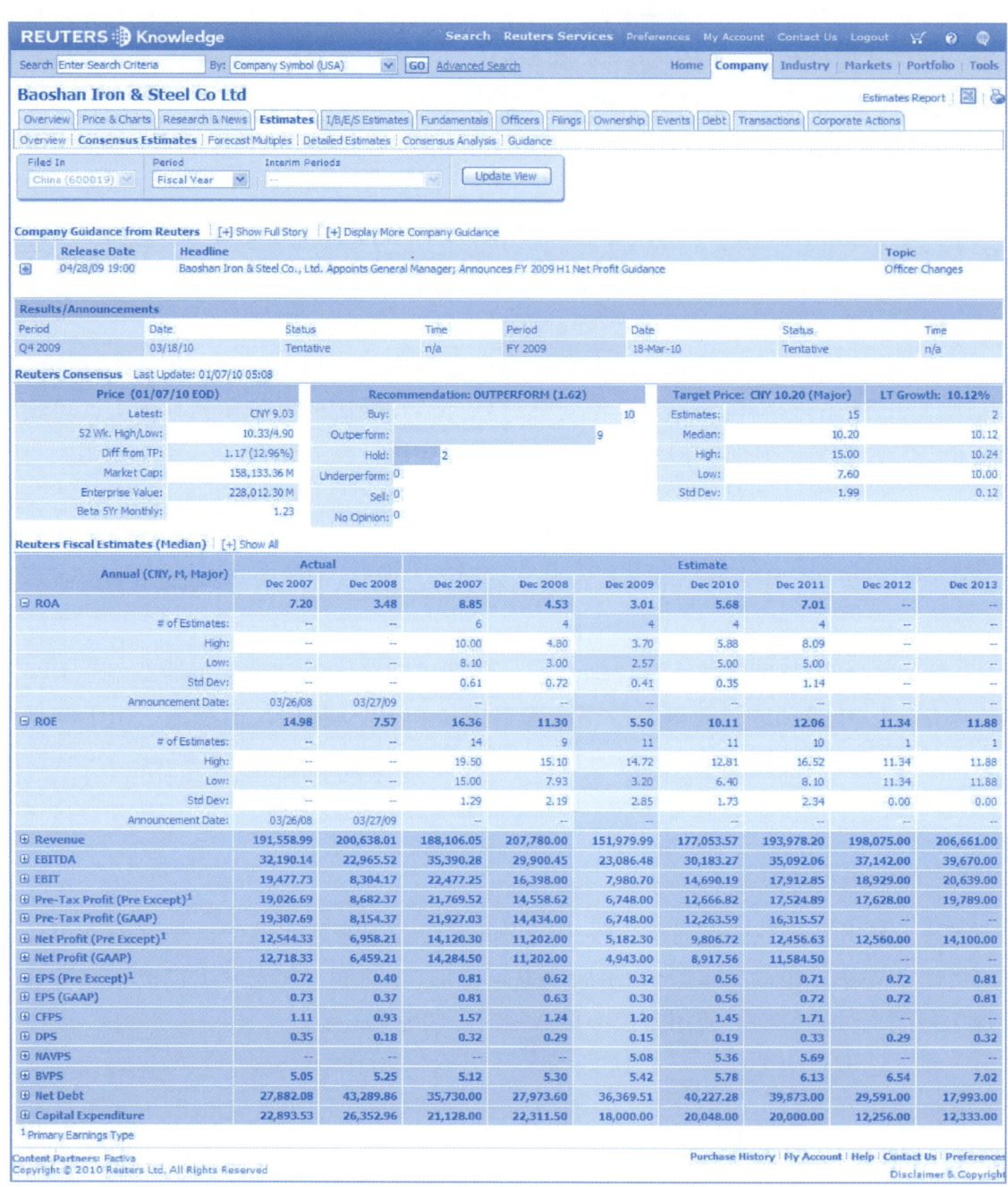

资料来源：Thomson Reuters。

图 6-32 Reuters 数据库界面——公司财务数据

在基本模型中，我们找到了和目标公司所处行业相同的 10 家上市公司：其中 8 家专注于单一行业，2 家为多元化综合企业集团。然后，在这 8 家专注单一行业的可比公司中，从经营规模（以营业收入为代表）和盈利能力（以近两年的 ROE 为代表）两方面进行比较，选出了 5 家和目标公司的营业收入、盈利能力相近的公司为最可比类公司，如图 6-33 所示。

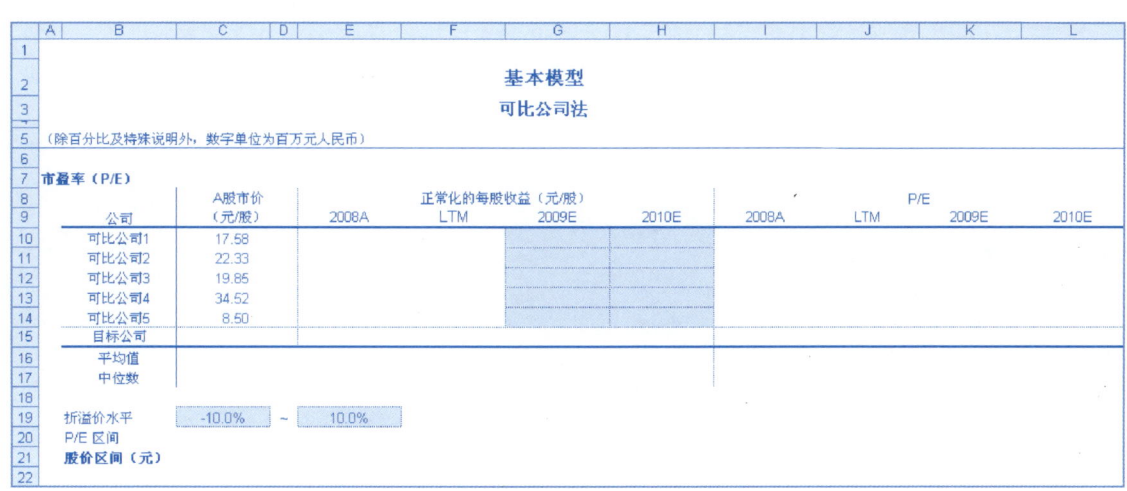

图 6-33 选取可比公司

第二步，计算可比公司的市盈率。

首先，在基本模型中新添一张工作表，命名为"Comps"（Comparables）。其次，找出这 5 家上市公司的最新的股票价格，将它们放在 C10:C14 单元格。如图 6-34 所示。

图 6-34 添加 Comps 工作表

需要计算可比公司 2008 年和 LTM 正常化的每股收益。这里，我们以可比公司 1 为例，介绍每股收益正常化调整的步骤以及 LTM 每股收益的计算。

对一些可比指标，比如市盈率倍数中的每股收益或净利润，需要做正常化的调整。

如图 6 – 35 所示，将可比公司 1 的 2008 年的利润表及相关财务报表附注整理到辅助的 Excel 文件中。

	A	B	C	D	E	F	G	H	I
1		**每股收益（EPS）正常化调整**							
3		**可比公司1的2008年利润表：**				**可比公司1的利润表正常化调整信息：**			
4		**2008年合并利润表**				可比公司1及控股子公司信息：			
5		（单位：百万元）	2008年						
6		**营业收入**	**2,284.4**			1. 可比公司1只有1家控股子公司，控股比例			70%
7		营业成本	1,519.7						
8		营业税金及附加	19.9			2. 可比公司1的适用税率			25%
9		销售费用	99.8			控股子公司的适用税率			15%
10		管理费用	233.1						
11		财务费用	125.4						
12		资产减值损失	13.9			2008年合并利润表正常化调整信息：			
13		公允价值变动损益	0.0						
14		投资收益	68.8			1. 投资收益			
15		**营业利润**	**341.4**			其中：可供出售金融资产产生的投资收益			68.8
16						（可出售金融资产属于可比公司1）			
17		营业外收入	111.5						
18		营业外支出	59.0			2. 营业外收入			
19		**利润总额**	**393.9**			其中：一次性政府补贴（需缴税）			94.6
20						（一次性政府补贴发生在控股子公司）			
21		所得税费用	62.1						
22		**净利润**	**331.8**			3. 营业外支出			
23						其中：非常损失			46.8
24		少数股东损益	17.9			（属于一次性自然灾害引发的损失，发生在控股子公司）			
25		**归属于母公司所有者的净利润**	**313.9**						
26						除这三项损益外，其他损益均为正常性损益或因数额较小无法判			
27		已发行普通股股数（百万股）	606.4			断，故未作调整。			
28		每股收益（元/股）	0.52						
29									
30		**2008年利润表正常化调整：**							
31			**调整前**			**税前调整项**	**适用税率**	**所得税调整**	**调整后**
32		（单位：百万元）							
33		**营业收入**	**2,284.4**						
34		营业成本	1,519.7						
35		营业税金及附加	19.9						
36		销售费用	99.8						
37		管理费用	233.1						
38		财务费用	125.4						
39		资产减值损失	13.9						
40		公允价值变动损益	0.0						
41		投资收益	68.8						
42		**营业利润**	**341.4**	=C33-SUM(C34:C39)+C40+C41					
43									
44		营业外收入	111.5						
45		营业外支出	59.0						
46		**利润总额**	**393.9**	=C42+C44-C45					
47									
48		所得税费用	62.1						
49		**净利润**	**331.8**	=C46-C48					
50									
51		少数股东损益	17.9						
52		**归属于母公司所有者的净利润**	**313.9**	=C49-C51					
53									
54		已发行普通股股数（百万股）	606.4						
55		每股收益（元/股）	0.52	=C52/C54					

图 6 – 35　整理可比公司利润表

对于 EPS 的正常化调整，分为税前调整项、所得税调整和少数股东损益调整三步完成。其中，税前调整项主要是指在不考虑所得税的情况下，对非常性或非经营性科目进行调整；所得税调整主要是考虑所有调整项对于所得税的影响；少数股东损益调整则是因为部分调整科目发生在可比公司 1 的子公司，需要根据少数股东的持股比例分别计算出调整项对于少数股东损益和对于归属于母公司所有者的净利润的影响。

税前调整项

- 对于营业收入、营业成本、营业税金及附加、销售费用和管理费用这些正常的经营科目，不需要进行调整，调整后的数据和调整前一样。
- 对于资产减值损失，即资产的重估价值低于账面价值引起的损失。一般来说，如果发生了一次性的重大资产减值损失，则需要进行调整。本例中资产减值损失数据较小，我们不对其进行调整。
- 对于投资收益，在做正常化处理时，一般需要看投资的内容。如果是交易性金融资产、可供出售金融资产、持有至到期金融资产以及成本法核算的长期股权投资相关的投资收益，一般是不可以持续的，在做正常化调整时一般需要剔除；如果是权益法核算的长期股权投资的收益，有时是与公司主业相关的（比如同行业或者上下游公司），其投资收益是可以持续的，一般不做调整，有时与主营业务无关，则需要调整。在可比公司 1 的财务报表附注中，我们了解到，其投资收益全部是出售可供出售金融资产获得的收益，故全部调整。
- 对于营业外收入和营业外支出，营业外收入主要包括固定资产处置利得（损失）、政府补贴、非同一控制下企业合并产生的收益，营业外支出主要包括重组费用、捐赠支出、罚金支出等，多为一次性或者偶然的收支。在作正常化调整时，一般直接剔除它们对利润的影响。但是，对于政府补贴，则需要分情况对待：如果公司所获得的政府补贴是与其生产经营直接相关且可以持续的，或者说是符合国家政策规定、按照一定标准定额或定量享受的，则不用剔除，否则也需剔除。对可比公司 1 而言，营业外收入中绝大多数为控股子公司发生的一次性政府补贴，营业外支出大部分为控股子公司发生的非常损失，故这两项需要调整。由于其他剩余的营业外收支比较小，且无法判断是否能持续，故未作调整。

> 在做正常化调整时，应根据公司的具体情况，而不能仅根据会计科目名称就作出是否调整的判断。比如投资收益对于一般的制造型公司来说通常为非经常性损益，需要进行调整，而对于保险公司来说则是其主营业务创造的收入，不应该在正常化调整时剔除。

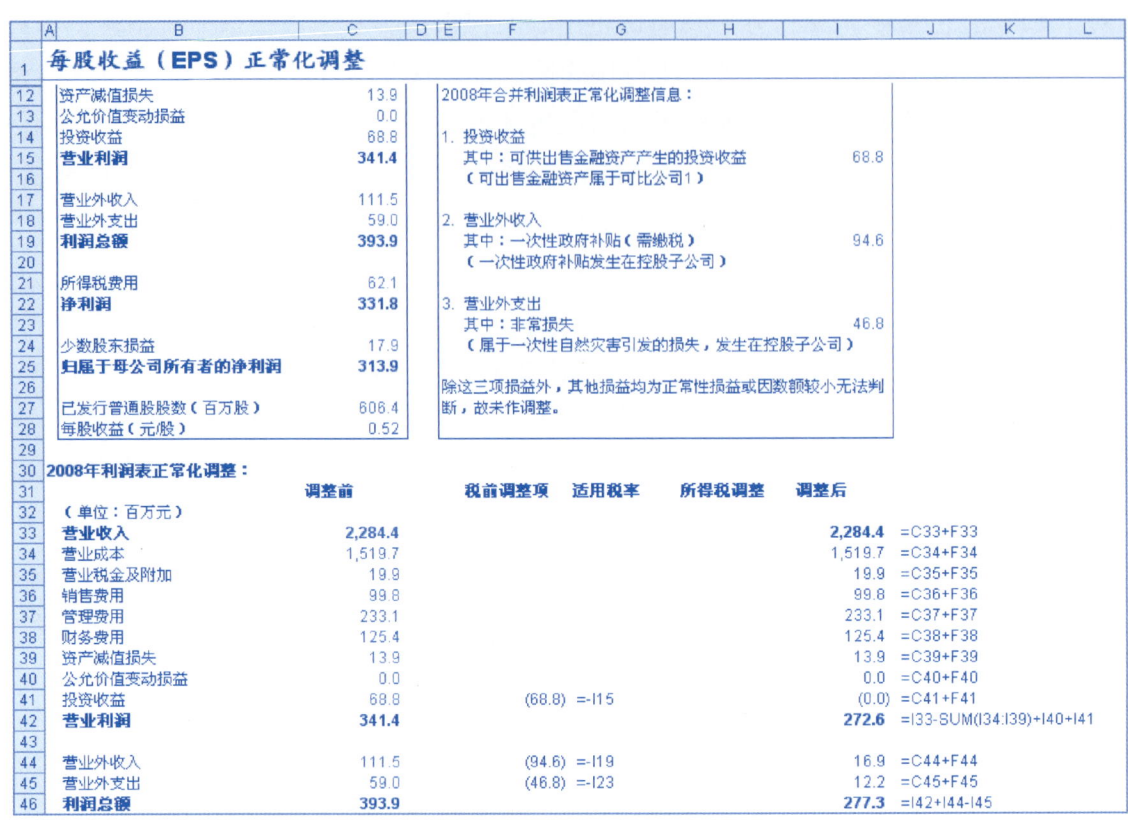

图 6-36 税前调整项

所得税调整

- 在调整非经常性科目和非经营性科目以后，一定还要记得调整这些科目对应的所得税。比如扣除了一次性的收益以后，就需要加回其对应的所得税，相应地，加回一次性的费用后，就需要扣除其对应的税盾。
- 如果这些科目对应的纳税主体不同，则适用的所得税税率也可能不同。在具体进行调整时，我们需要用各个科目对应的边际所得税税率乘以调整数额，得到该科目对应的所得税费用调整项。可比公司1中，可供出售的金融资产产生的投资收益是发生在可比公司1中的，调整相应的所得税时应使用可比公司1适用的所得税税率。一次性的政府补贴（需缴税）和非常损失均是发生在控股子公司的，调整其所得税时应使用控股子公司适用的税率，如图 6-37 所示。

> 在对合并利润表的所得税进行调整时，应区分已调整的税前损益纳税主体，判断适用的税率，才能作出正确的调整。

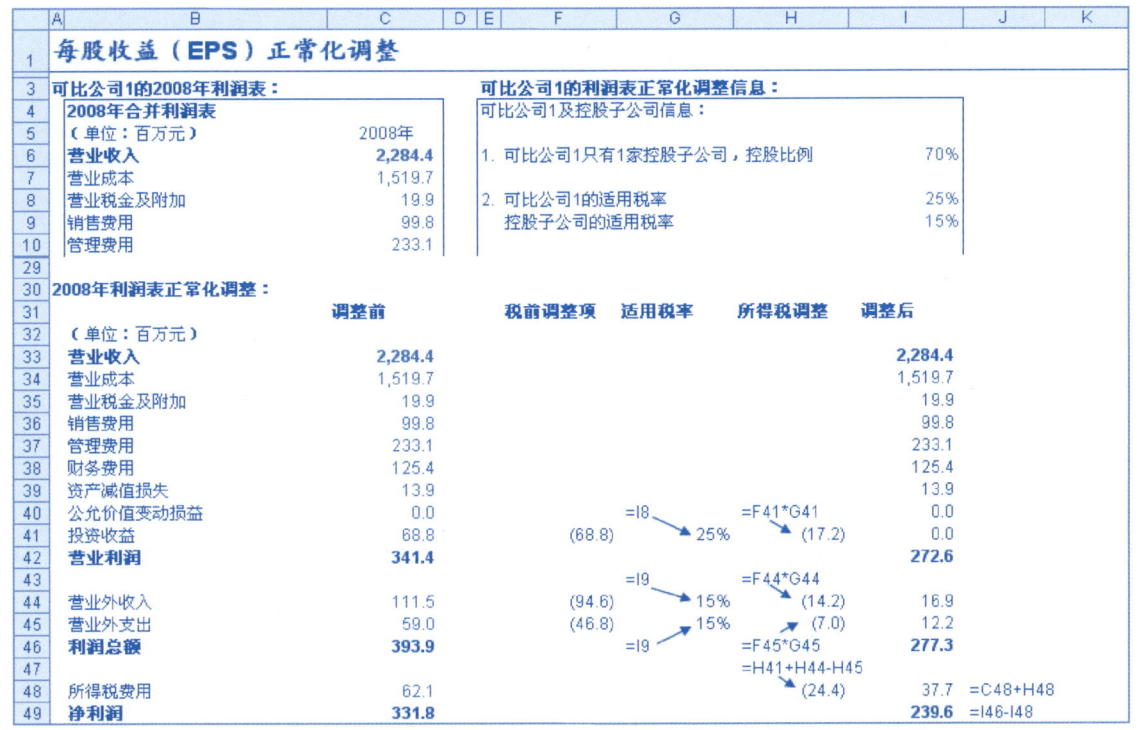

图 6-37 所得税调整

少数股东损益调整

- 对于少数股东损益,需要看前面调整的非经常性损益中,是否含有属于非100%控股的子公司的。比如本例中,营业外收入和营业外支出均发生在少数股东,则对这两个科目的调整项就有一部分(为少数股东的持股比例,本例中为30%)是属于少数股东的。对于少数股东损益的调整同样需要考虑所得税调整,用调整前加上税前调整项,扣除所得税调整,即可得到正常化调整后的少数股东损益。用调整后的净利润扣除调整后的少数股东损益,即可得到正常化的归属于母公司所有者的净利润。

计算出正常化的归属于母公司所有者的净利润之后,除以已发行普通股股数,即可得到正常化的每股盈利,如图6-38所示。

接下来,计算可比公司1正常化的最近12个月(LTM)每股收益。

在制作本模型时,可比公司1最新发布的公开数据为2009年第三季度季报,那么可比公司1最近12个月利润即为"2008年第四季度+2009年前三个季度"的利润。

如图6-39所示,分别在C~E列给出了可比公司1的2008年前三个季度、2008年度和2009年前三个季度的经正常化调整的利润表。然后用"D列+E列-C列"数据即可得

	A	B	C	D	E	F	G	H	I	J	K
1	每股收益（EPS）正常化调整										
3		可比公司1的2008年利润表：				可比公司1的利润表正常化调整信息：					
4		2008年合并利润表				可比公司1及控股子公司信息：					
5		（单位：百万元）	2008年								
6		营业收入	2,284.4			1. 可比公司1只有1家控股子公司，控股比例			70%		
7		营业成本	1,519.7								
29											
30		2008年利润表正常化调整：									
31			调整前			税前调整项	适用税率	所得税调整	调整后		
32		（单位：百万元）									
33		营业收入	2,284.4						2,284.4		
34		营业成本	1,519.7						1,519.7		
35		营业税金及附加	19.9						19.9		
36		销售费用	99.8						99.8		
37		管理费用	233.1						233.1		
38		财务费用	125.4						125.4		
39		资产减值损失	13.9						13.9		
40		公允价值变动损益	0.0						0.0		
41		投资收益	68.8			(68.8)	25%	(17.2)	0.0		
42		营业利润	341.4						272.6		
43											
44		营业外收入	111.5			(94.6)	15%	(14.2)	16.9		
45		营业外支出	59.0			(46.8)	15%	(7.0)	12.2		
46		利润总额	393.9						277.3		
47											
48		所得税费用	62.1					(24.4)	37.7		
49		净利润	331.8						239.6		
50						=(F44-F45)*(1-I6)		=(H44-H45)*(1-I6)			
51		少数股东损益	17.9			(14.3)		(2.2)	5.7	=C51+F51-H51	
52		归属于母公司所有者的净利润	313.9						233.9	=I49-I51	
53											
54		已发行普通股股数（百万股）	606.4						606.4	=C54	
55		每股收益（元/股）	0.52						0.39	=I52/I54	

图6-38　少数股东损益调整

到可比公司1最近12个月的利润表，进而计算出可比公司1的正常化的LTM每股收益为0.75元。

采取同样的方法，分别计算其他四个可比公司2008年和LTM的正常化的每股收益，填入Comps工作表的E10:F14区域，如图6-40所示。

接下来，需要预测可比公司2009年和2010年正常化的每股收益。可以自己对这些可比公司进行财务预测得到，也可以从研究机构关于该公司的研究报告中，或者通过专门的数据库获得。

把这些预测数据放入G10:H14区域相应的位置，并在I10:L14区域计算各期的市盈率指标。如图6-41所示。

第三步，计算适用于目标公司的市盈率。

分别计算可比公司2008年、LTM、2009年和2010年对应的市盈率的均值和中位数。基本模型以2009年底为估值时点，这里使用2009年可比公司市盈率的中位数，并在此基础上，给予目标公司的市盈率倍数一定的折溢价水平，为-10%~10%（仅作示意，实际建模时须根据实际情况而定）。在C20和E20单元格计算相应折溢价水平下对应的目标公司的市盈率倍数，如图 6-42 所示。

 通常，需要对目标公司和可比公司进行比较分析，在分析的基础上给予可比倍数一定的溢价或折价。

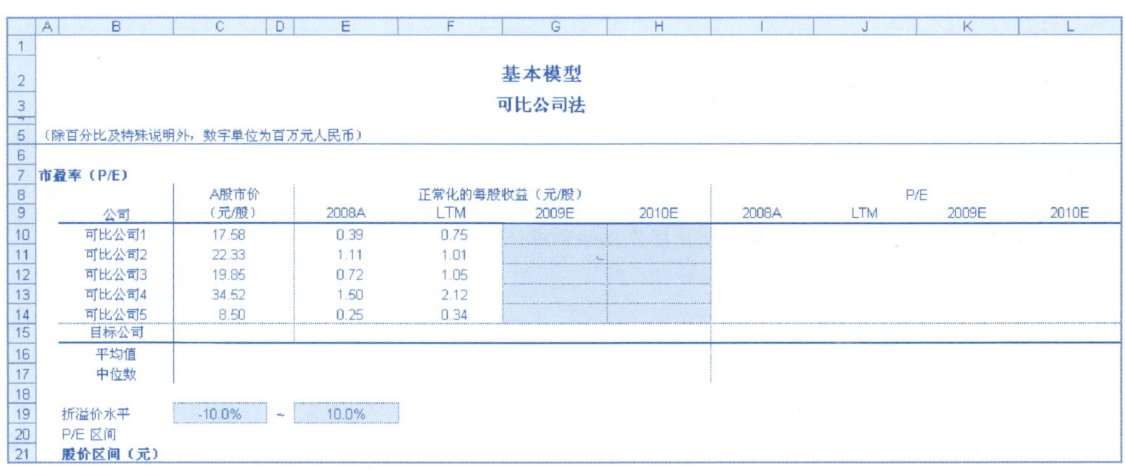

图 6-39　最近 12 个月每股收益

图 6-40　录入可比公司正常化调整数据

需要注意的是，本例中可比公司的市盈率倍数没有负值，或极大极小值等异常值，所以可以直接用其平均值或中位数作为目标公司的市盈率倍数参考值。否则，在计算平均值

213

图6-41 计算可比公司市盈率

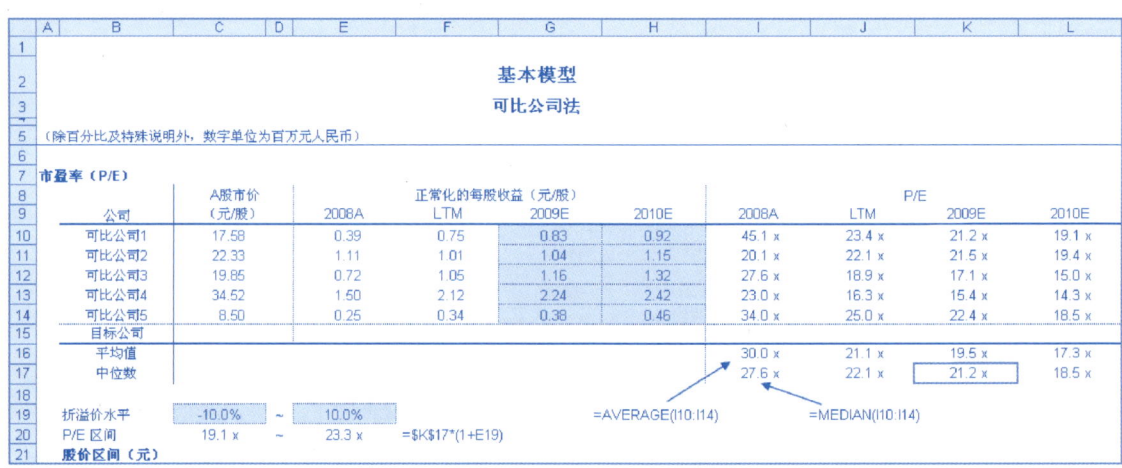

图6-42 计算目标公司市盈率

或中位数时应该先剔除异常值,再对剩余的正常数据取平均值或中位数。

 在计算可比公司估值倍数的平均值时,应先剔除异常值。

第四步,计算目标公司的股价区间。

把目标公司的2008年、2009年和2010年正常化的每股收益从IS工作表引用到E15、G15和H15单元格,在F15单元格输入正常化的LTM每股收益。选用2009年的每股收益乘以市盈率的上限和下限,就得到市盈率估值法下目标公司的股价区间,如图6-43所示。

市盈率法小结

(1) 选取可比公司;

(2) 对可比公司的利润表进行正常化调整,包括税前调整项、所得税调整和少数股东

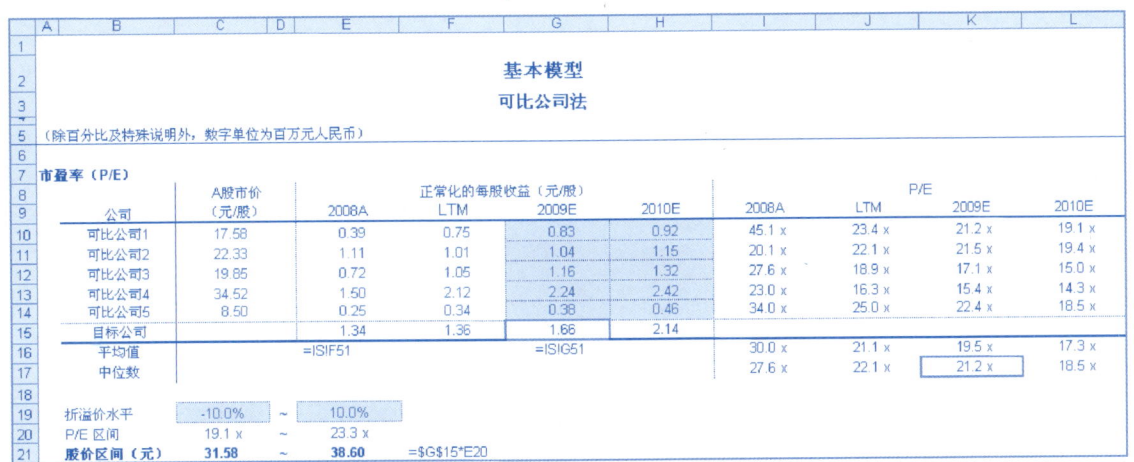

图 6-43 计算目标公司的股价区间

损益调整；

（3）计算可比公司的市盈率倍数，并取平均值或中位数作为目标公司的参考值；

（4）计算目标公司的股权价值区间；

（5）用目标公司的股权价值除以股数，得到目标公司的内含股价区间。

6.2.2 市净率倍数法

市净率（P/B）倍数法是通过比较公司之间的市净率来进行估值。市净率=股价/每股净资产=市值/净资产，它表示了投资者愿意为公司每 1 元净资产支付的价格。

市净率倍数法的使用方法与市盈率倍数法类似，在基本模型中继续完成市净率倍数法对目标公司的估值。

可比公司已经找到，直接进行第二步，计算可比公司的市净率指标，如图 6-44 所示。需要说明的是，除了计算 2008 年底、2009 年底和 2010 年底的每股净资产外，这里还计算了 2009 年前三个季度末的每股净资产，也就是最新的每股净资产。

第三步，计算目标公司的市净率倍数。和市盈率估值一样，计算出四种市净率倍数的平均值和中位数，取 2009 年的市净率的中位数，并在此基础上给予目标公司 -10%～10% 的市净率折溢价，计算出目标公司的市净率区间，如图 6-45 所示。

第四步，计算目标公司的股价。把目标公司 2008 年底、2009 年前三个季度末、2009 年底和 2010 年底的每股净资产放在 E32:H32，"每股净资产=归属于母公司股东的所有者权益/已发行普通股股数"，选用 2009 年预测的每股净资产乘以市净率区间的上下限，就可以得到市净率估值法下的股价区间，如图 6-46 所示。

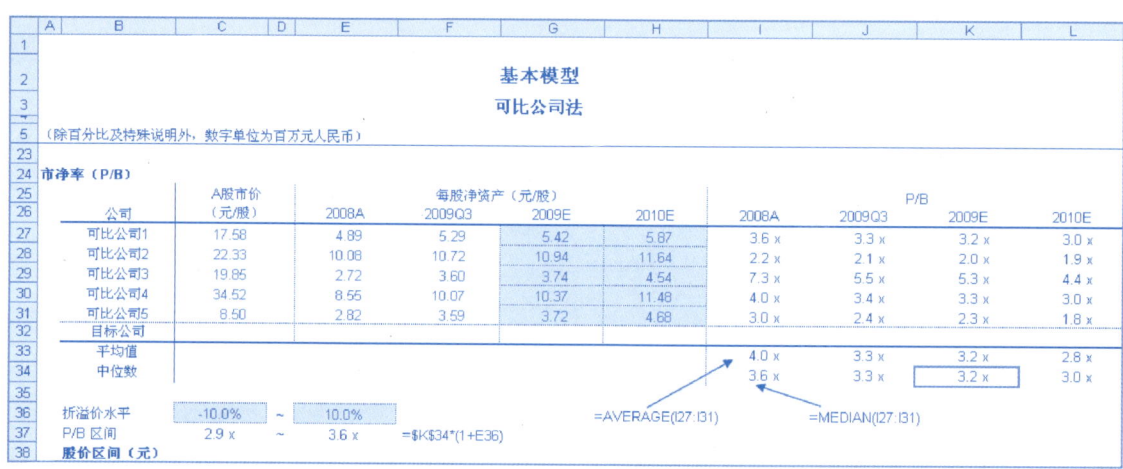

图 6-44 计算可比公司的市净率

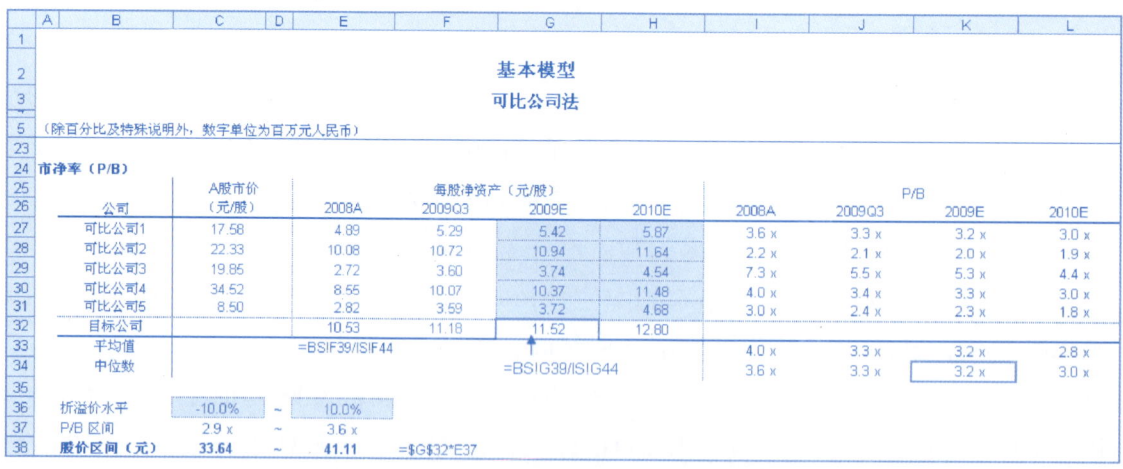

图 6-45 计算目标公司的市净率

图 6-46 计算目标公司的股价区间

市净率法小结

(1) 选取可比公司;
(2) 计算可比公司的市净率倍数,并取平均值或中位数作为目标公司的参考值;
(3) 计算目标公司的股权价值区间;
(4) 用目标公司的股权价值除以股数,得到目标公司的内含股价区间。

6.2.3 企业价值/息税折旧摊销前利润倍数法

企业价值/息税折旧摊销前利润(EV/EBITDA)倍数是一个在欧美市场具有很高使用频率且在国内越来越广泛使用的可比估值指标,它使用公司的 EV 与 EBITDA 相比,EBITDA 接近公司持续经营所产生的现金税前盈利,而 EV 反映了公司核心资产持续经营的价值。

下面使用 EV/EBITDA 倍数法对目标公司进行估值。已经有了可比公司,直接进行步骤二,计算可比公司的 EV/EBITDA。首先,查找、计算并输入可比公司的股价、已发行普通股股数、债务、少数股东权益、现金、非核心资产和 EBITDA。如图 6-47 所示,给出的债务、少数股东权益、现金和非核心资产都是根据 2009 年前三个季度末的数据调整后的市场价值。这里只给出了 LTM 和 2009 年预测的 EBITDA。

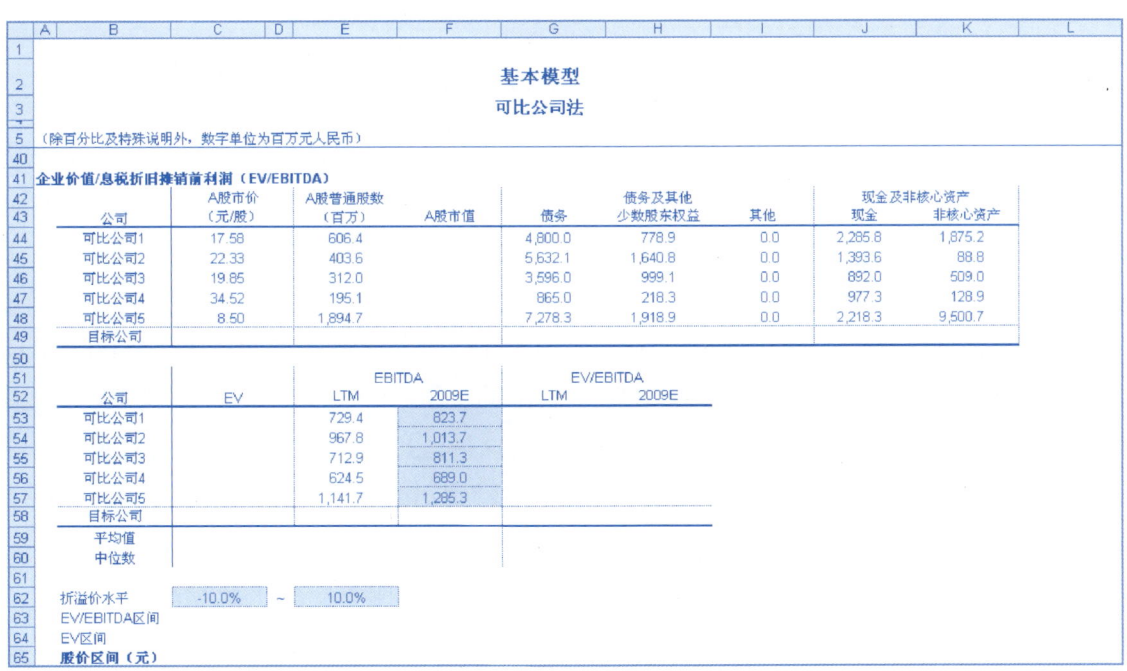

图 6-47 计算可比公司的 EV/EBITDA (1)

接下来，计算可比公司的 EV，进而计算出 EV/EBITDA。用 A 股股价乘以 A 股普通股股数得到 A 股市值，然后根据"价值等式"——"企业价值 + 非核心资产价值 + 现金 = 债务价值 + 少数股东权益价值 + 股权价值（属于母公司股东的）"计算出企业价值 EV。如图 6-48 所示。

图 6-48　计算可比公司的 EV/EBITDA（2）

第三步，计算目标公司的 EV/EBITDA 倍数。和前面两种可比估值方法一样，首先计算可比公司 LTM 和 2009 年预测的 EV/EBITDA 倍数的平均值和中位数，然后选取 2009 年的中位数，并在此基础上给予目标公司的 EV/EBITDA 倍数以 -10%～10% 的溢价水平，进而得到可比公司的 EV/EBITDA 倍数区间。如图 6-49 所示。

第四步，计算目标公司股价区间。首先，计算目标公司的 LTM 和 2009 年的 EBITDA；其次，用 2009 年的 EBITDA 乘以 EV/EBITDA 倍数的上限和下限得到目标公司 EV 的上限和下限，接下来，根据"价值等式"从左向右计算出目标公司的股权价值区间；最后，用股权价值除以目标公司最新的已发行普通股股数即可得到目标公司的股价。如图 6-50 所示。

> 在由可比公司的股权价值推导企业价值，以及由目标公司的企业价值推导股权价值的过程中，价值等式中的科目均应使用市值。

可见，采用 EV/EBITDA 倍数法较市盈率倍数法或市净率倍数法复杂，但它具有另两种方法不具有的优势。由于 EBITDA 未扣除折旧和摊销，它适用于折旧对公司利润影响较大

第6章 估值模型

基本模型
可比公司法

（除百分比及特殊说明外，数字单位为百万元人民币）

企业价值/息税折旧摊销前利润（EV/EBITDA）

公司	A股市价（元/股）	A股普通股数（百万）	A股市值	债务	债务及其他少数股东权益	其他	现金	现金及非核心资产 非核心资产
可比公司1	17.58	606.4	10,660.2	4,800.0	778.9	0.0	2,285.8	1,875.2
可比公司2	22.33	403.6	9,012.4	5,632.1	1,640.8	0.0	1,393.6	88.8
可比公司3	19.85	312.0	6,193.8	3,596.0	999.1	0.0	892.0	509.0
可比公司4	34.52	195.1	6,735.9	865.0	218.3	0.0	977.3	128.9
可比公司5	8.50	1,894.7	16,105.2	7,278.3	1,918.9	0.0	2,218.3	9,500.7
目标公司								

公司	EV	EBITDA LTM	EBITDA 2009E	EV/EBITDA LTM	EV/EBITDA 2009E
可比公司1	12,078.2	729.4	823.7	16.6 x	14.7 x
可比公司2	14,802.8	967.8	1,013.7	15.3 x	14.6 x
可比公司3	9,387.9	712.9	811.3	13.2 x	11.6 x
可比公司4	6,712.9	624.5	689.0	10.7 x	9.7 x
可比公司5	13,583.4	1,141.7	1,285.3	11.9 x	10.6 x
目标公司					
平均值				13.5 x	12.2 x
中位数				13.2 x	11.6 x

=AVERAGE(G53:G57)
=MEDIAN(G53:G57)

折溢价水平	-10.0%	~	10.0%	
EV/EBITDA区间	10.4 x	~	12.7 x	=H60*(1+E62)
EV区间				
股价区间（元）				

图6-49 计算目标公司的 EV/EBITDA

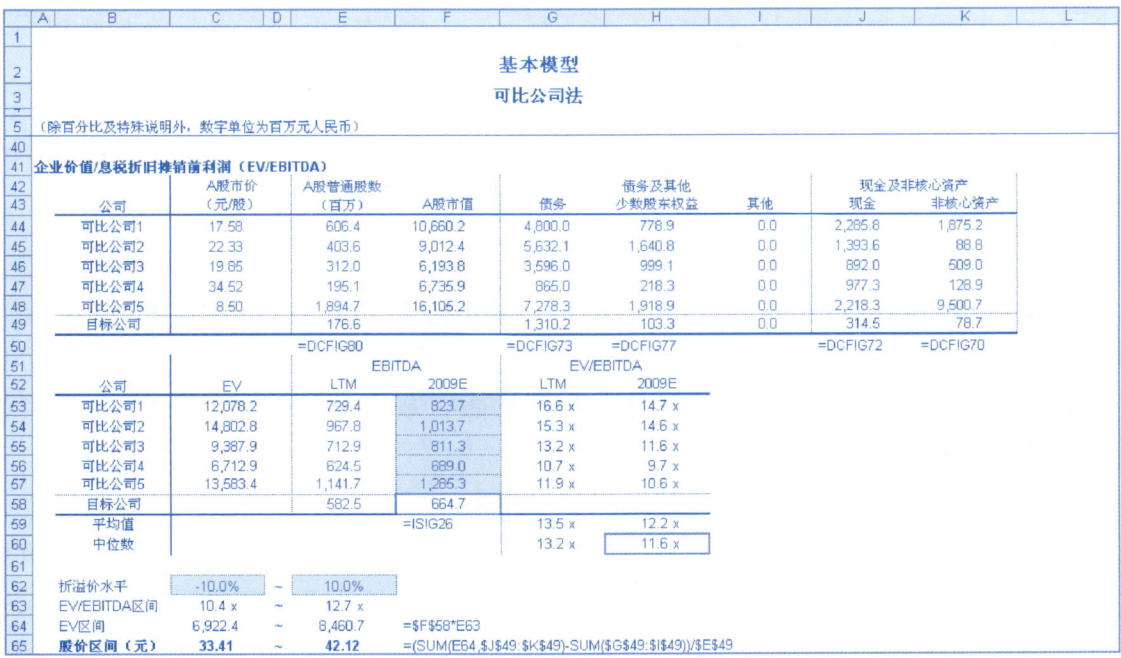

图6-50 计算目标公司的 EV 和股价区间

的公司之间进行比较。而且，由于 EBITDA 没有扣除财务费用，因此，公司的资本结构对于 EBITDA 没有影响，从而可以在不同资本结构的公司之间进行比较。

EV/EBITDA 倍数法小结

（1）通过可比上市公司的股价，计算其股权价值；

（2）通过价值等式推导可比公司的企业价值，并计算 EV/EBITDA；

（3）取可比公司 EV/EBITDA 倍数的平均值或中位数，取一定的折价、溢价水平作为目标公司的 EV/EBITDA 区间；

（4）计算目标公司的 EV 区间；

（5）通过价值等式推导目标公司的股权价值区间，除以普通股股数以得到内含股价区间。

6.3 综合价值评估

前面提到，我们可以用多种方法给同一家公司进行估值，每种估值方法得到的估值结果可能不同，那么究竟应该采用哪种结果作为最终的估值结果呢？

由于单一的估值结果受假设、参数的影响较大，实践中通常综合绝对估值法和相对估值法，对每种估值方法的估值结果给予一定的权重，最后得到一个综合的估值区间。

在基本模型中，使用无杠杆自由现金流折现模型得到该公司的股价区间为 28.36 ~ 37.09 元/股；在相对估值法中，用市盈率倍数法得到的股价区间为 31.58 ~ 38.60 元/股；用市净率倍数法得到的股价区间为 33.64 ~ 41.11 元/股；用 EV/EBITDA 倍数法得到的股价区间为 33.41 ~ 42.12 元/股。

这里给予 DCF 估值法和三种可比公司法相同的权重，可以计算出综合的估值区间：31.75 ~ 39.73 元/股。如图 6 - 51 所示。

图 6 - 51 显示的是一个条形图，浅蓝色为四种估值方法对应的股价区间，深蓝色为综合四种方法得到的综合的股价区间。

至此，一个完整的估值模型就已经建好了，我们由此得到了目标公司的估值区间。从这个过程中可以看到，估值模型的原理并不复杂，但是很多细节的处理是需要建模者仔细斟酌和反复讨论的。只有熟练掌握了建模的技术，才真正有可能把精力集中到对公司的研究中，从而提高模型的可靠性，而在熟练建模技术的道路上，除了"勤思多练"，别无他径。

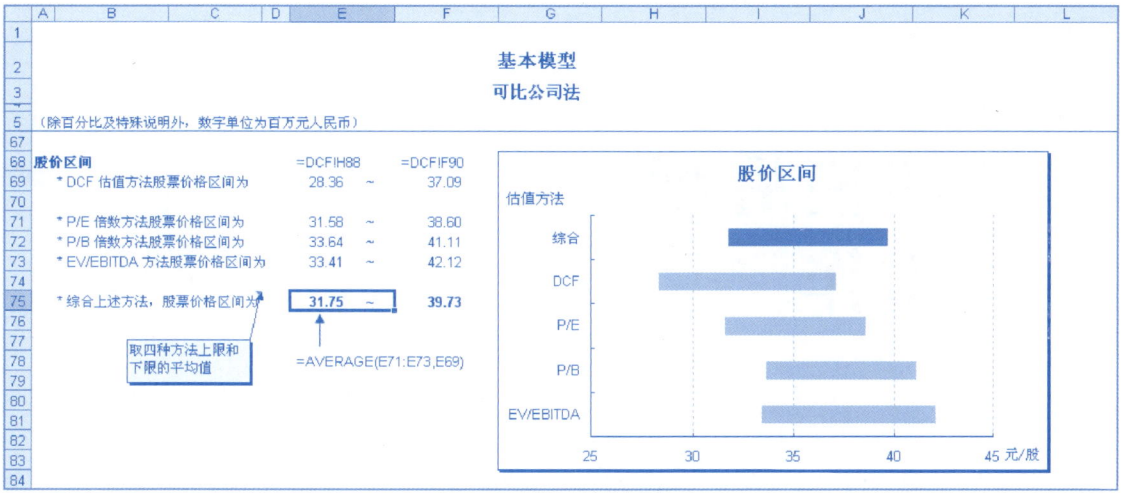

图 6-51 综合股价区间

第7章 建模后续工作

CHAPTER 7

一个好的财务预测及估值模型，并不止于得到股价结果，还包括模型的规范、美化，以及模型的讨论、更新等后续工作。本章主要介绍以下几个方面的内容：

- 模型检查。没有经过检查的模型可能暗藏各种错误与不合理的内容或结构，对其错用会造成严重后果。检查模型应遵循一定的方法，掌握一些常用检查工具。
- 好模型的标准。着重介绍如何构建一个格式规范、可读性强的模型。模型本身是一个比较晦涩的东西，如果再不注意规范性，则很难被接受。
- 建模后的交流讨论。我们建模的第一手资料来源通常是公司的财务报表，通过对财务报表的分析，我们只能搭建出一个粗糙的模型，要对其中的历史数据成因或未来发展规划进行进一步的分析，则需要与管理层、同业或专家进行进一步的交流讨论。
- 模型的更新与调整。在某一个时点作出的模型并不能一劳永逸，一旦公司发展计划有变，或经营环境发生变化，则需要对模型进行相应的调整。
- 模型的适用性和局限性。这实际上是我们建立财务预测模型首先需要了解的一点，模型并非放之四海而皆准，我们应了解在什么时候、在什么范围内应用模型。

7.1 模型检查

7.1.1 模型的平衡性检查

财务预测模型的最基本要求之一就是资产负债表是平衡的。如果不平衡，在资产负债表的平衡测试项就能立即显示出来，此时就应进行平衡性检查。但由于模型平衡性检查与其他方面的检查有类似的方法，所以放在本部分一起介绍。

实际建模中，可能引致资产负债表不平衡的原因非常多，哪怕是一个很细微的操作失误，比如，引串了行或引串了列，都可能导致模型的不平衡，而这些错误检查起来往往非常费时费力。如果模型的结构比较复杂，花在查错和修正上的时间会非常多，极端情况下甚至会比最初起草模型花的时间还要长。

因此，为了提高建模的正确性和效率，建议建模者在建模过程中每做完一项预测时就进行检查，确保引用或者计算时每一项都是正确的。而且，开始只做预测期第一年，所有科目都不要向右复制，待预测期第一年平衡后才将所有科目一次性地向右复制。

如果资产负债表不平衡，可从以下几个方面进行检查和修正。

1. 现金流量表的科目是否正确

资产负债表中除现金外所有项目的增减都应体现在现金流量表中，且只体现一次。5.5.3 介绍了模型配平的原理，如果资产负债表中有一些科目的增减未在现金流量表中体现，或者被重复计算，就很可能导致模型不平。

2. 现金流量表中的科目的正负符号是否正确

在用间接法编制现金流量表时，资产负债表中资产项的增加对应现金的减少，而负债和所有者权益项目的增加对应现金的增加。如果现金流量表中，某个（些）科目的符号写反了，也很可能导致模型不平。

3. 单元格的计算公式是否错误

单元格公式错误是最常见、最易犯的错误。有些错误会影响到资产负债表的平衡，有些错误不影响平衡，但会影响模型的正确性。其中，会造成资产负债表不平衡的公式错误包括：

- 公式中的运算符号错误。例如，在计算留存收益的期末值时，公式应为：期初的留存收益＋净利润－红利。很容易犯的错误是，将三者加总。这种情况下资产负债表一般也不会平衡。
- 求和时科目遗漏或多余。在计算资产负债表时，需要先空出配平项——货币资金，如果对流动资产加总时没有包括货币资金，那么等到完成现金流量表将算出的年底现金填回到资产负债的货币资金科目时，并不会改变总资产的数值，就会导致资产负债表不平衡。

- 引用时间错误。例如，应引用 2010 年的数据时却引用了 2009 年的数据。这就是常说的"引串列"。在不同工作表中，同一年的数据应放置于相同列中，这实际上为查询引用时间错误提供了方便。检查时只需看公式引用的列号是否与本列相同，就基本可以判断是否有此类错误。

值得一提的是，如果建模者能熟悉 Excel 中的一些快捷键操作，在检查公式时会收到事半功倍的效果。检查公式时，常用的快捷键有：F2、Ctrl + [、F5、Alt→T→U→T 等。具体可查阅《Excel 财务建模手册》。

在资产负债表所有预测期都平衡后，还需进行平衡性检查的最后一步——模型测试。所谓模型测试，就是对模型假设进行修改，看资产负债表是否还能够保持平衡。这时候可以把假设的某个（些）数据改成极端情况，这种做法被称为压力测试，可以把一些数值较小的假设数值改得很大。比如，可以把收入增长率改为 – 90%，把成本占收入的比例改为 95%，然后再看看模型是否仍保持平衡。如果不平衡，则需要重新检查修正。只有通过了模型测试，模型的平衡性检查才算完成。

7.1.2 模型合理性检查

在财务预测和估值模型完成后，还需对模型的合理性进行检查。这时，需要找出模型中的一些不太合理的结果或计算过程，找到不合理的原因，进行修改。由于行业的不同，这种不合理性存在各种不同的形式，下面仅列出了一些基本的、重要的方面。

1. 错误引起的不合理

在建模过程中，有一些公式错误不会造成资产负债表的不平衡，但在检查模型时也需把这类问题改正。常见的情形有：

- 公式中有手动输入的数字。例如，将假设中的数字直接输入到公式中，那么在公式复制时往往引起其他年份的结果不正确。
- 引用科目错误。比如，在模型假设中应付账款是销售成本的一个比例，在计算应付账款时却错误地用当年的销售收入乘以这一比例，这一错误本身不会导致模型的不平衡，但由于公式中存在不合理因素，也必须加以修正。

2. 预测期是否足够长

所有的财务预测模型都有一个预测期间，可能是 3 年、5 年、10 年甚至更长时间。那么我们的预测期是否合适呢？

一般要求，尤其是在使用永续增长率公式来计算折现现金流的终值时，明确预测期结束时公司都应达到经营的稳定状态，这种状态一般表现为稳定的比率，如增长率、回报率等。我们需要计算相应的比率来判断预测期结束时公司是否达到了稳定经营状态，没有达到的话需要延长预测期。

相应的比率的计算，可以放在财务结果分析表（Analysis 工作表）中计算。例如，在基本模型中计算了新投资的回报率，后几年基本稳定在 10% 左右，表明公司已经达到稳定经营状况。

3. 明显不合理的假设

在完成模型后，还要重点审视预测期各期的现金流状况以及各种估值方法的估值结果，看是否存在异常，以帮助检查是否有明显不合理的假设。审视现金流时，需要重点关注的有：

- 首先，需要关注现金流中比重较大的科目，当一项收入或支出占现金流的比重过高时，就必须思考这种状况是否合理，并对该科目进行独立、详细的分析。
- 其次，如果净现金流在预测期内大多期都为负值，这种情况就很不合理。如果通过检查，发现存在导致现金流一直为负的因素，就有必要向管理层提出建议。

【例】下图给出了某公司财务预测模型中的现金流量表。

从图中可以看出：（1）净现金流一直为负；（2）在净现金流中，固定资产购建和折旧所占的比重很高。而固定资产购建过高与公司在未来几年内的固定资产购置计划有关。此时，就需要为公司考虑是否需要安排相应的融资计划，因为以公司现有的收入状况难以支撑未来几年的固定资产购置计划。

审视估值结果时，需要重点关注：

- 各种估值方法的结果是否有较大出入。如果某种估值方法的结果与采用其他方法得到的结果相差较大，应当分析产生这种差异是否是由某些不合理的假设引起的。
- 估值结果是否对某些因素有高度的敏感性，这些敏感因素对结果的影响是否合理？如果不合理，应当仔细分析导致这种不合理的假设条件。通过敏感性分析找到并分析对价值有重大影响的因素。

	B	G	H	I	J	K
1						
2			基本模型			
3			现金流量表			
4						
5	（除百分比及特殊说明外，数字单位为百万元人民币）	2009E	2010E	2011E	2012E	2013E
6						
7	本表假设					
8	所需现金/营业收入	5.0%	5.0%	5.0%	5.0%	5.0%
9						
10	现金流量表					
11	净利润	195.3	188.4	183.9	177.5	172.3
12	折旧	224.5	255.3	266.5	282.3	293.2
13	摊销	9.1	9.9	10.7	11.3	11.8
14	财务费用	78.8	92.8	104.1	112.5	118.6
15	（非经常性或非经营性损益）	0.0	0.0	0.0	0.0	0.0
16	营运流动资金减少（增加）	(17.9)	(20.7)	(7.8)	(6.9)	(7.4)
17	长期经营性负债增加（减少）	3.4	0.6	0.8	0.7	0.8
18	经营活动现金流合计	493.3	526.4	558.2	577.4	589.2
19						
20	（固定资产购建）	(503.2)	(526.0)	(542.5)	(556.8)	(577.7)
21	（无形资产购建）	(25.2)	(24.7)	(23.2)	(20.9)	(20.3)
22	非经常性或非经营性损益	0.0	0.0	0.0	0.0	0.0
23	非核心资产（净额）减少（增加）	(0.0)	0.0	0.0	0.0	0.0
24	投资活动现金流合计	(528.3)	(550.7)	(565.8)	(577.7)	(598.1)
25						
26	（偿还期初融资缺口）	0.0	0.0	0.0	0.0	0.0
27	（财务费用）	(78.8)	(92.8)	(104.1)	(112.5)	(118.6)
28	短期借款增加（减少）	0.0	0.0	0.0	0.0	0.0
29	长期借款增加（减少）	140.0	135.0	130.0	125.0	120.0
30	（归属于母公司股东的红利）	(25.2)	(29.6)	(41.9)	(43.9)	(47.6)
31	（归属于少数股东的红利）	(3.6)	(4.6)	(6.4)	(8.3)	(9.9)
32	股本及资本公积增加（减少）	0.0	0.0	0.0	0.0	0.0
33	融资活动现金流合计	32.4	7.9	(22.4)	(39.7)	(56.1)
34						
35	净现金流	(2.7)	(16.3)	(30.0)	(40.0)	(64.9)
36	期初现金	200.0	197.3	181.0	151.0	110.9
37	融资缺口前期末现金	197.3	181.0	151.0	110.9	46.0

图　模型合理性检查——现金流是否合理

7.2　好模型的标准

在检查完模型之后，将模型呈现给其他使用者之前，我们都希望尽可能对模型进行完善，以便让使用者看到一个"好模型"，体现建模者的专业水准。

那么，好模型有哪些标准呢？其实，在前几章的讲述中，已经零散地对很多要点都做了说明，本章将这些要点做个总结。我们认为，一个好的财务预测与估值模型应具有实用、规范、易读和灵活的特征。

7.2.1 实用性

模型是否实用是决定一个模型好坏的关键因素。模型的实用性主要体现在三个方面：

1. 反映公司实际

模型应反映公司的实际情况，特别是反映公司的商业模式。比如，有的公司所处行业已经基本饱和，固定资产投资主要为技术改造以降低成本，而有的公司所处行业还存在大量市场空白，固定资产投资主要为扩大产能。这两种处于不同类型行业的公司在收入、成本及固定资产购建的预测上就应有不同的结构。

2. 便于理解价值驱动因素

用户可通过模型理解企业价值最重要的驱动因素，并能理解这些因素的变动是如何影响企业价值的。常见的重要因素有价格、产能利用率、固定资产投资效率、加权平均资本成本（WACC）、终值退出倍数、永续增长率等，模型应就这些因素进行敏感性分析。

3. 考虑多种情景

预测应尽可能地考虑各种情况，既考虑到最乐观的情形，又考虑到最坏的情形，因此模型中应进行情景分析，一般至少包括三种情景，即基本情景、乐观情景和悲观情景。

7.2.2 规范性

一个好的财务模型无论是在形式上还是在内容上都应是规范的，具体体现在以下几个方面。

1. 内容全面

模型应至少包括以下 3 个核心模块：
（1）关于模型的假设。比如对销售收入增长率、所得税税率的预测等。
（2）财务预测。正如前面提到的，包括核心财务报表和一些辅助计算表格。
（3）基于预测财务报表进行的财务分析和估值。

2. 方法规范

（1）模型使用的估值和财务分析方法都是理论和实践已证明较为有效的方法。
（2）模型中的每一个公式都是准确的，结果都是有意义的。

3. 形式规范

（1）将模型中的数据至少分为三类：假设数据、历史数据和通过公式计算得到的数据，并以显著的不同格式加以区分。比如用蓝色数字无边框无底纹表示历史数据，用蓝色数字黑框浅蓝色底纹表示手动输入的假设数据等。

（2）模型中的格式尽量保持一致，除了可以使模型更加整齐美观外，还可增强模型的易读性。

- 不同工作表中，同一年份数据所处的列应相同。比如在基本模型中，利润表、资产负债表和现金流量表2006年的数据都放在D列，2007年的数据都放在E列，依此类推。这样做至少有3个好处：

  第一，公式更整齐，几乎每一公式所引用的单元格都与本单元格同列；

  第二，建模过程中操作更方便，更不容易出错；

  第三，方便对模型检查，比如在检查时发现D列某单元格的公式引用了E列的数据，这里就很可能有错误，需要进一步检查。

- 不同工作表中，相同科目的顺序尽量保持一致，如在中间计算表计算营运资金时引用的资产负债表中的科目，科目顺序保持一致有利于单元格的快速引用和复制。

- 不同工作表中，同一层级的文本应使用相同的格式。重要项目如标题、导航列、合计项等都应采用特殊字体或加粗。

- 同一工作表中，相同性质的单元格的宽度、高度、边框、对齐方式等应尽量保持一致，使模型外观显得整齐划一。

- 模型中的数据格式，如保留的小数位数、是否采用千位分隔符、字体、对齐方式等都应尽量保持一致。

- 模型中各项目的计量单位要交代清楚，同类项目的计量单位应保持一致，如遇特殊单位应在科目后加括号注明。

（3）在完成模型的构建工作后，应进行校对和检查，确认无误后，将各工作表的光标都放到工作表左上角（可使用"Ctrl + Home"），并且将活动工作表定位到首张工作表后再保存及关闭。这样下一次打开模型时，活动工作表显示首张工作表，每个工作表的活动单元格都是左上角单元格。这样既可以避免给模型阅读者造成凌乱的感觉，又可以使建模者养成在保存模型前思考的好习惯，也是建模者专业性的体现。

7.2.3 易读性

模型用户在初次接触该模型时，需要快速理解模型的结构、思路和内容，因此在建模时就需要考虑如何让用户更容易“阅读”这个模型。为了让模型更具易读性，建立的模型必须具有清晰的结构和严谨的逻辑。同时，还可通过使用导航元素等方法为用户理解模型提供便利。

1. 使用封面工作表

封面（Cover）工作表中一般至少包括模型名称、建模机构名称、建模者姓名、模型的最终完成日期以及重要声明等基本信息。如果最后需要制作模型书（Model Book，通常是将 Excel 模型打印生成 PDF 文件，将重要假设和结果呈献给阅读者的文件），那么 Cover 页就可用做模型书的封面。另外，建模者还可以在这里对模型中采用的规范加以说明，比如会计年度、数量和货币单位，以及模型中不同格式的数据所代表的意义。

2. 使用汇总类工作表

（1）使用假设工作表（Inputs），将模型各部分使用的最关键假设都统归到一张工作表中。本书中的基本模型由于结构比较简单，假设数量不多，为方便引用和更清楚地展示建模步骤，将假设分散到了每张工作表中。图 7 – 1 是一个比较简单的假设表示例。

	A	B	C	D	E	F	G	H	I	J	K	L	M
1													
2						制造公司 Manufacturing Company							
3						假设表 Inputs							
5		单位：千元人民币（特殊说明除外）	2008A	2009A	2010A	2011E	2012E	2013E	2014E	2015E	2016E	2017E	2018E
6													
7	利润表												
8		销售收入增长率	13.5%	19.9%	(6.9%)	15.0%	7.0%	4.0%	4.0%	4.0%	4.0%	4.0%	4.0%
9		销售成本/销售收入	80.6%	82.1%	73.6%	80.0%	80.0%	80.0%	80.0%	80.0%	80.0%	80.0%	80.0%
10		销售及管理费用/销售收入	4.9%	4.1%	4.7%	4.5%	4.5%	4.5%	4.5%	4.5%	4.5%	4.5%	4.5%
11		所得税以外的税金/销售收入	3.5%	3.7%	2.5%	3.0%	3.0%	3.0%	3.0%	3.0%	3.0%	3.0%	3.0%
12		折旧/上年固定资产净值	12.8%	12.2%	10.8%	13.0%	13.0%	13.0%	13.0%	13.0%	13.0%	13.0%	13.0%
13		投资收益	5,701	970	3,371	0	0	0	0	0	0	0	0
14		有效税率	23.9%	23.2%	24.0%	24.0%	24.0%	24.0%	24.0%	24.0%	24.0%	24.0%	24.0%
15		红利/上年净利润				35.0%	35.0%	35.0%	35.0%	35.0%	35.0%	35.0%	35.0%
16													
17	资产负债表												
18		现金利率				1.2%	1.2%	1.2%	1.2%	1.2%	1.2%	1.2%	1.2%
19		应收款项/销售收入	3.0%	1.2%	2.1%	2.1%	2.2%	2.2%	2.2%	2.2%	2.2%	2.2%	2.2%
20		存货/销售成本	12.0%	8.1%	14.3%	13.5%	12.5%	12.5%	12.5%	12.5%	12.5%	12.5%	12.5%
21		固定资产购建/销售收入	6.9%	9.2%	4.7%	7.3%	7.0%	6.5%	6.0%	6.0%	6.0%	6.0%	6.0%
22		可供出售金融资产	5,518	6,760	7,552	7,552	7,552	7,552	7,552	7,552	7,552	7,552	7,552
23													
24		预收款项/销售收入	2.0%	1.9%	2.7%	2.4%	2.0%	2.0%	2.0%	2.0%	2.0%	2.0%	2.0%
25		应付款项/销售成本	10.8%	6.3%	12.2%	12.0%	11.8%	11.8%	11.8%	11.8%	11.8%	11.8%	11.8%
26		短期债务及融资缺口利率				2.5%	2.5%	2.5%	2.5%	2.5%	2.5%	2.5%	2.5%
27		短期债务发行（偿还）	132	589	75	0	0	0	0	0	0	0	0
28		长期债务发行（偿还）	35,000	(3,000)	1,200	50,000	(12,000)	3,000	3,000	3,000	3,000	3,000	3,000
29		长期债务利率				5.5%	5.5%	5.5%	5.5%	5.5%	5.5%	5.5%	5.5%
30		股本及资本公积	106,236	112,248	110,648	110,648	110,648	110,648	110,648	110,648	110,648	110,648	110,648
31													
32	现金流量表												
33		所需现金/销售收入				3.0%	3.0%	3.0%	3.0%	3.0%	3.0%	3.0%	3.0%
34													
35	估值表												
36		WACC				10.5%							
37		EBITDA退出倍数				5.0 x							
38													

Cover / Contents / Inputs / Cals / IS / BS / CFS / DCF / Summary

图 7 – 1 假设表

（2）使用总结工作表，对模型的关键估值结果和财务指标加以列示，使得模型阅读者对模型结果中的要点一目了然。本书中的基本模型结构比较简单，工作表较少，财务指标大都集中于 Analysis 表中，因此没有再单独做总结工作表。图 7-2 是一个比较简单的总结工作表示例。

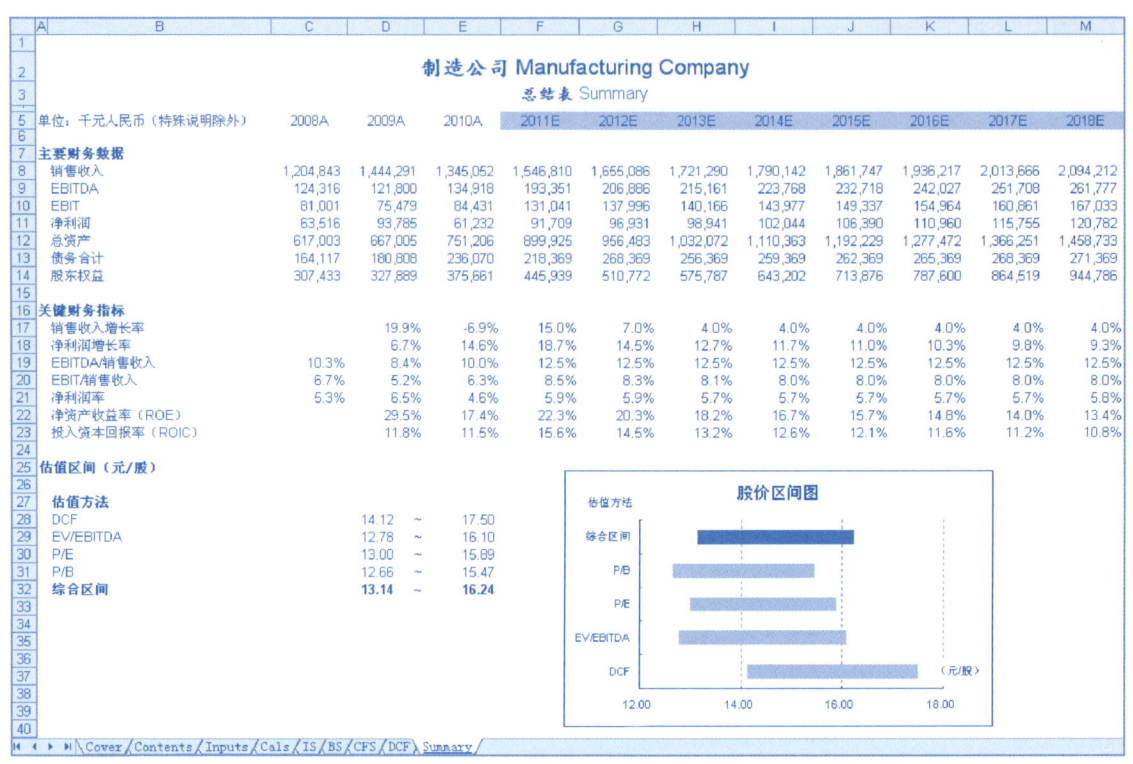

图 7-2　总结表

3. 使用导航元素

（1）加入目录，让模型的结构更清晰。图 7-3 是基本模型的目录，主要分为三个部分：财务预测、财务分析和估值模型。加入目录后，可以让模型用户更容易把握模型的结构以及建模思路。

（2）使用超链接，方便在目录和各工作表之间进行切换。例如，在目录工作表中，通过超链接，用户只需要点击目录中的工作表名称，即可跳转到对应的工作表；在每一个具体工作表中，可以加入一个"返回"的链接，用户只要点击该单元格即可回到目录。

（3）在每一张工作表内使用导航列，方便在工作表内进行迅速定位。一般把 A 列作为导航列，B 列才是具体科目。如图 7-4 所示，在中间计算表 A 列的 A7 单元格中输入"本表假设"，在 B 列的 B8～B27 单元格输入各种假设的具体科目。这里，A7 单元格和后面的具体科目可以看做是一个小模块，而 A7 单元格即"导航单元格"，当同一张工作表中有多

图7-3 基本模型——目录

个小模块时,模型用户可以使用"Ctrl+↓"或"Ctrl+↑"快速在不同小模块之间切换。导航列详细说明请参阅《Excel财务建模手册》。

4. 使用注释

(1) 对模型中一些重要、复杂科目以及需要特殊说明的科目以批注形式进行解释,包括对该科目的处理、预测方式等。例如,对在建工程转入固定资产的方式可添加以下注释:在建工程1年之后全额转入固定资产。又如,对营业成本添加注释:这里的营业成本不包括折旧和摊销。建模结束后,应检查是否所有重要的历史数据处理或假设数据都加上了注释说明。

(2) 如果对某些重要假设做了情景分析,那么在每张工作表中,对当前所使用的情景都需要进行说明。如果当前使用的是"基本情景",那么在每张表中应都有体现。

基本模型

中间计算表

	A/B	C	D	E	F	G	H	I	J	K
5	（除百分比及特殊说明外，数字单位为百万元人民币）		2006A	2007A	2008A	2009E	2010E	2011E	2012E	2013E
7	**本表假设**									
8	固定资产购建/营业收入					16.0%	14.0%	12.0%	10.0%	9.0%
9	折旧/固定资产期初额					8.0%	8.0%	8.0%	8.0%	8.0%
10	无形资产购建/固定资产购建					5.0%	5.0%	5.0%	5.0%	5.0%
11	摊销/无形资产期初额					5.0%	5.0%	5.0%	5.0%	5.0%
12	应收款项/营业收入		5.8%	18.5%	17.4%	17.4%	17.4%	17.4%	17.4%	17.4%
13	存货/营业成本（不含折旧、摊销）		12.1%	13.3%	11.2%	11.2%	11.2%	11.2%	11.2%	11.2%
14	预付款项/营业成本（不含折旧、摊销）		3.6%	3.0%	1.8%	1.8%	1.8%	1.8%	1.8%	1.8%
15	其他流动资产/营业收入		1.8%	1.0%	1.4%	1.4%	1.4%	1.4%	1.4%	1.4%
16	应付款项/营业成本（不含折旧、摊销）		19.5%	26.2%	27.8%	27.8%	27.8%	27.8%	27.8%	27.8%
17	预收款项/营业收入		3.9%	4.3%	3.9%	3.9%	3.9%	3.9%	3.9%	3.9%
18	其他应付款/营业成本（不含折旧、摊销）		6.0%	6.5%	4.7%	4.7%	4.7%	4.7%	4.7%	4.7%
19	融资缺口与短期借款利率					5.0%	5.0%	5.0%	5.0%	5.0%
20	短期借款发行（偿还）					0.0	0.0	0.0	0.0	0.0
21	长期借款发行/固定资产购建					70.0%	70.0%	70.0%	70.0%	70.0%
22	长期借款偿还/期初长期借款					10.0%	10.0%	10.0%	10.0%	10.0%
23	长期借款利率					6.5%	6.5%	6.5%	6.5%	6.5%
24	货币资金利率					1.0%	1.0%	1.0%	1.0%	1.0%
25	股本及资本公积增加（减少）					0.0	0.0	0.0	0.0	0.0
26	归属于母公司股东的红利/归属于母公司股东的净利润					40.0%	40.0%	50.0%	60.0%	65.0%
27	归属于少数股东的红利/少数股东损益					40.0%	40.0%	50.0%	60.0%	65.0%
29	**固定资产**									
30	期初额					2,550.6	2,804.0	3,028.0	3,208.4	3,332.1
31	固定资产购建					457.4	448.3	422.7	380.4	369.7
32	折旧					204.0	224.3	242.2	256.7	266.6
33	期末额				2,550.6	2,804.0	3,028.0	3,208.4	3,332.1	3,435.3

Cover / Contents / Cals / IS / BS / CFS / Analysis / DCF / Comps

图 7－4　基本模型——导航列

5. 使用图表

模型中如果只有大量文字和数字表格，往往会显得枯燥。可以在模型中为一些关键指标和重要结果设计图表，这不仅能使模型结果更加直观，还会更有说服力，如比率分析图、股价区间图等。常用的图表类型有折线图、柱形图、条形图和组合图等。图 7－5 是一个估

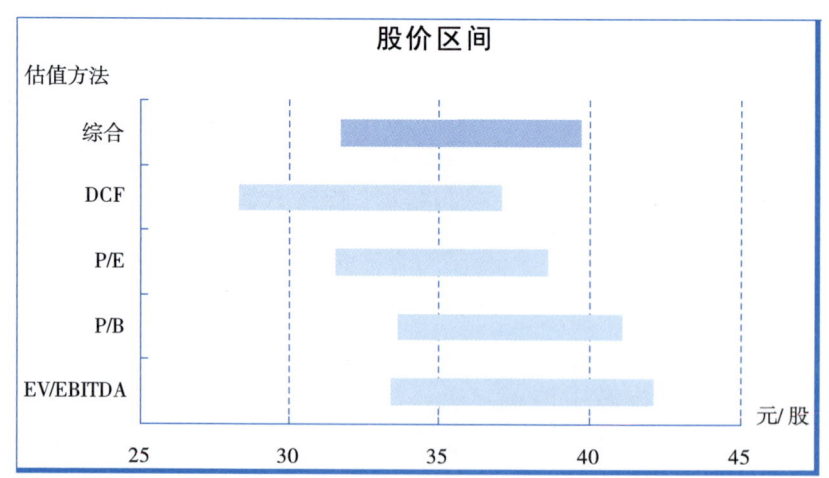

图 7－5　股价区间图

值模型中常用的股价区间图，直观地展示了估值的结果。

6. 遵循结构化原则

（1）模型应该清晰地分为几个模块，同一模块中的工作表应就近排列。例如，在模型中应把利润表、资产负债表和现金流量表三大核心报表就近排列在一起。

（2）每一工作表中，相关联的内容应就近排列。例如，在假设表中，可从收入、成本、资产、负债、权益等角度将假设归类排列。

（3）使用中间计算表。针对一些较为复杂的计算，要学会使用中间计算表，在三张核心报表中，只需要引用中间计算表中相关科目的计算结果即可。例如，在预测资产负债表中的固定资产时，一般需要先在中间计算表中考虑折旧、资本性支出和在建工程等增加项和减少项，而在资产负债表中只需要引用中间计算表得到的固定资产期末值即可。

7. 遵循分拆原则

复杂的计算应分为多步进行，每一步计算的逻辑应简单明了，除特殊情况外，一般每个公式中引用的单元格或区域个数不超过 3 个。

7.2.4　灵活性

模型的灵活性主要包括两个方面：一是模型能够根据假设的变化自动计算出新的结果；二是当模型所反映的商业模式发生变化时，模型使用者能够在原模型的基础上较为方便地进行扩展。灵活性要求我们在建模时做到：

（1）在单元格的计算公式中，没有手动输入的假设数字，而必须是从假设表或历史数据引用的。例如，在利润表中计算所得税时，所得税的计算公式中应该引用的是假设表中所得税税率所在的单元格，而不是手工输入一个具体的所得税税率数值。引用而不进行手工输入的好处在于：如果税率发生变化，只需要在假设中进行修改，而无须更改计算公式，也不必在多处进行更新修改。

（2）同一科目在多张工作表出现时，只需要计算一次，其余的直接引用前一个已经计算出来的结果即可。这样当对该科目的计算方法作出更改时，只需修改第一个输入公式计算的单元格即可，其余的单元格由于是直接引用，所以不用一一修改，但要注意引用的顺序应符合逻辑关系。如图 7-6 所示，比如在中间计算表、利润表和现金流量表中都有折旧科目，通常在中间计算表中计算折旧，而在利润表和现金流量表中直接引用前一张表中的结果即可。如果对折旧的假设方式作出修改时，只需要对中间计算表第一次计算折旧的公式做相应修改即可，利润表和现金流量表的折旧不用修改。

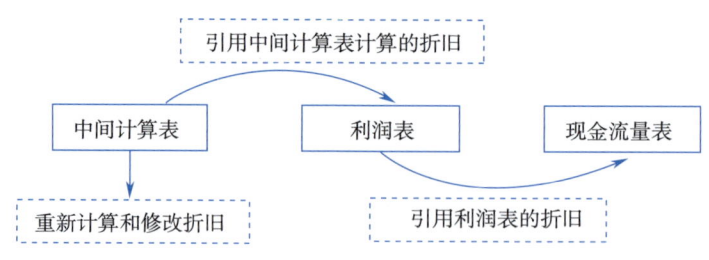

图 7-6 折旧科目勾稽关系

7.3 管理层讨论、同业交流和与专家交流

一个完善的估值模型不是靠闭门造车和查一些数据资料就能做出来的。在初步完成模型后，以及在建模的过程中，与管理层讨论、同业交流以及与专家交流对于模型的完善会有很大帮助。

一般来说，模型在内部讨论时多直接使用 Excel 文件，其他使用者可以看到模型的所有勾稽关系，有助于提高交流的效率。但是在使用模型进行对外沟通时，一般不会使用 Excel 文件，而是使用 PDF 格式文档（电子文档或打印版）。这样的话，外部使用者将看不到具体的公式，更无法对模型直接进行修改。这样做的目的是为了保护建模者的知识产权。

使用打印版时，可以根据对外沟通的需要只打印模型的某些部分，例如，重要假设、财务预测与估值结果、敏感性分析结果和重要图表等。打印时应注意每一页需有必要的页眉、页脚，如果工作表很长而需要打印成多页就需要在每个分拆页添加标题行。一般情况下，建模者姓名、最终修改日期都应显示在页眉或页脚中，而预测公司名称、年份、预测期、模型中使用的计量单位等应在标题行的区域中显示。把 Excel 文件打印成 PDF 格式文档的方法和相关技巧可参阅《Excel 财务建模手册》。

7.3.1 管理层讨论

建模者应尽可能地就模型与被预测公司的管理层进行讨论。与管理层讨论至少在以下几个关键方面都会很有帮助：

（1）完善模型的逻辑思路。在建模前，建模者一般需要进行公司内部调研，以了解公司的商业模式，并把自己对该公司商业模式的理解融入到构建好的模型中。至于这种理解是否准确，公司管理层显然最具有发言权。

（2）完善模型的经验假设。公司管理层一般都是本行业的专家，对于模型中的假设，他们常常通过直觉就能发现该假设是否合理。对于模型中涉及的公司未来经营计划，他们更是主要的制订者。

（3）在模型完成后，建模者可能还有一些疑问难以解决，此时更应与管理层进行讨论。例如，如果通过计算我们发现公司目前的经营状况不能支撑其未来的固定资产购置计划，那么公司未来是否会安排融资？对于此类疑问，我们可以通过与管理层讨论加以解决。

7.3.2 同业交流

同一家公司可能有来自多家机构的分析人员研究，同一笔交易中也往往有多个交易方，这时建模者可以通过与同业交流对模型进行完善。

在与同业交流中，建模者需要重点关注其他分析人员所建模型与自己模型不一样的地方，从每一个假设到具体项目的处理，都需要进行详细的分析，并比较各种方法的优劣，吸收其中最合理的部分。业内将这一过程称为"对模型"。投资者与股权出让方如果对于价值有不同的看法，在说明各自理由的时候，一个很有效的方法就是对模型。

7.3.3 与业内专家交流

除了与管理层交流和与同业交流之外，还需要与公司所在行业的专家进行交流。通过与业内专家的交流，可以了解这个行业最新的动态，并获得专家对未来发展趋势的看法。

建模者可以关注该行业内的会议信息，参加一些与商业应用相关性较高的行业学术会议，还可以邀请行业内的资深专家进行某些专业领域的评估和咨询，从而获取较可靠的信息，以便确认和更新模型。

7.4 模型的更新与调整

模型往往并不是只使用一次。在模型最终构建完毕后，还需要对模型进行更新与调整。

1. 对数据的更新

（1）公司最新财务数据的更新。随着时间的推移，原来的预测期已经成为历史期，这时候就需要进行更新。如果最新的财务数据只更新到某一季度而非全年，则还需要进行季度上的处理和修正。

（2）假设的更新。若国家政策、宏观经济、市场和行业环境、公司经营计划等因素发生了变化，还需根据这些变化对模型的假设进行修正，以反映最新的公司状况。

2. 需要对模型结构进行调整的情况

（1）公司经营结构发生变化。例如，公司新增了一项业务，此时，就需要在模型中增加对该新增业务的分析。如果公司原来不重要的业务的比重开始增大，就需要对该业务进行更细致的分析。

（2）公司宣布新的计划。例如，公司宣布新的重大固定资产投资计划，模型中应就该计划及其可能影响到的科目进行详细分析。类似的情形还有，公司宣布新的债权或股权融资计划等。

7.5 模型的适用性和局限性

7.5.1 模型的适用性

建模（包括构建财务预测模型和估值模型）的好处是显而易见的，包括：

（1）财务预测模型为估值和进一步分析奠定了基础。

（2）财务预测模型将建模者对公司的关注集中于公司的历史分析和未来运营判断，而非短期市场价格波动。

（3）情景分析与敏感性分析的运用帮助建模者深入理解公司运营及价值评估面临的各种不确定性。

（4）系统梳理公司财务报表，为商业和财务方面的尽职调查提供框架、指出重点。

（5）模型为用户理解公司提供了一种有效的手段。一个好的模型，能让用户更容易地理解公司的商业模式，处理更复杂的情形，并且能够在模型中考虑公司的经营战略，从而能帮助我们寻找到判断或提高企业价值的途径。如果希望深入地了解企业价值，建模是必不可少的。

估值模型应用非常广泛，最常见的情形包括（但不限于）以下几种：

（1）证券公司分析员对上市公司进行的估值。

（2）IPO 定价时，交易各方对该公司的估值。

（3）股权投资时，投资方对投资对象的估值。

（4）并购交易中，对被并购公司的估值。

（5）发放贷款时，尤其是以该公司股权作为抵押时，银行对贷款对象的估值。

（6）上市公司管理层进行企业价值管理时，企业价值评估模型能够帮助管理人员选择战略方案。

7.5.2 模型的局限性

建模的局限性主要包括以下几点：

（1）模型的准确性要求建模者要有良好的专业水准和相关的经验、尽可能全面地了解估值公司的信息以及对所在行业具有深刻理解。只有具有一定专业水准的建模者，才能建立一个规范、灵活和实用的模型。另外，模型是建模者基于对估值公司运营模式的理解以及掌握的信息构建起来的，估值的准确性很依赖于建模者对公司的理解以及掌握的信息的质量和全面性。

（2）即使在当前看来最合理的假设也不可能精确预见长远的未来。模型的假设是建模者依据当前的宏观环境、行业状况以及公司未来的发展战略给出的。但是，未来是不确定的，宏观环境、行业状况时刻在改变，突发事件的影响也无处不在。所以，财务预测的准确性有时会有较大的不确定性。

（3）正是由于上面的原因，估值模型仅能提供一个内含价值的大致范围，不可能给出价值的精确数字。

（4）实践中在确定价格时，估值模型的结果仅能提供一个参考。在很多交易中，对价格确定起更大作用的往往是市场情绪和资金供需环境等因素。公司到底能卖多少钱，最终还是由市场说了算。

通过对以上局限性的认知，我们可以了解到，要构建一个好的模型，仅仅掌握建模技术是不够的，还要求建模者对目标公司及其所在行业的运行规律有深刻的理解。实用投融资分析师考试的另一个科目"行业分析基础"，可以帮助大家了解各主要行业的基本原理和运营逻辑。

我们可以用一句话来概括建模：建模是一门技术，更是一门艺术。

第8章 估值专题

8.1 创业板估值

2009年10月23日,我国创业板举行开板仪式,10月30日首批28家公司在深圳证券交易所集中挂牌上市。截至2010年12月31日,已有153家公司在创业板上市,筹集总金额为1 167.4亿元,平均每家筹集资金7.6亿元。创业板设立的目的是让一些处在发展初期的有增长潜力的公司也可以通过股票市场进行融资,同时也给公司在发展初期就进入的风险资本一个合理的退出机制。美国的NASDAQ市场就是由一个非常成功的创业板市场发展而成。

8.1.1 创业板上市公司的特点

要对创业板公司作出合理的价值评估,首先需要认清创业板公司的特点。创业板的上市要求与主板相比,体现在对规模的要求相对较低,但强调上市公司的高增长性和创新性。创业板的定位是"两高六新",两高指高成长性、高科技含量;六新是新经济、新服务、新农业、新材料、新能源和新商业模式。通常创业板公司具有以下特点:

1. 高成长性

相比于主板上市的公司,创业板公司历史增长速度普遍较快,截至2010年12月31日,创业板上市的153家公司,除没有公布2009年前三个季度数据的4家公司外,2010年前三个季度收入同比增长率平均为31.2%,净利润同比增长率平均为29.8%。其中不少公司[如华谊兄弟(300027.SZ)、新大新材(300080.SZ)、东方日升(300118.SZ)等]的净利润同比增长率超过100%。创业板公司大都处于快速增长阶段，未来有比较大的发展空间。

2. 高新技术

部分创业板公司盈利能力体现在拥有的核心高新技术。这些技术使得公司或者在成本上大幅低于竞争对手，或者可以满足更高的质量要求，因而拥有较高的市场份额和利润率。截至2010年12月31日，创业板上市的153家公司，2010年前三个季度销售毛利率平均达到43.0%。在创业板上市的公司中，2010年前三个季度销售毛利率达到70%的有15家。

3. 新兴行业、独特的商业模式

创业板上市的许多公司是所在新兴行业（如新服务、新材料、新能源）的领军公司，如硅宝科技（300019.SZ）、亿纬锂能（300014.SZ）等，依靠先入优势在行业中站稳脚跟，因而获取高成长性和高回报率。有些公司如立思辰（300010.SZ）、爱尔眼科（300015.SZ）等所在行业虽然不是新兴行业，但依靠独特的商业模式，在传统行业中另辟蹊径，也有很好的发展前景。

4. 有效的管理层激励机制

目前成功登陆创业板的公司中，像莱美药业（300006.SZ）、汉威电子（300007.SZ）等许多公司都实施了有效的业绩激励机制，通过薪酬、股权、期权等多种手段来吸引和留住人才。除了行业前景、产品技术和经营战略等竞争要素外，优秀、稳定的管理团队也是至关重要的。

5. 盈利模式不一定清晰

虽然许多创业板公司历史增长很快，有些公司的经营模式在目前是盈利的，但其盈利的稳定性未受时间的检验。很多在NASDAQ上市的互联网公司在上市之初并没有清晰的盈利模式，例如，我国三大门户网站（新浪、搜狐和网易）的盈利模式就经历了广告收入、无线增值、网络游戏的演变和分化。

8.1.2 估值时需注意的问题

对创业板公司的估值仍然可以使用常用的估值方法（绝对估值法和相对估值法）。但要根据其特点选择合适的估值方法和估值指标，从多个角度对公司的发展潜力和风险进行评价。

1. 绝对估值法

绝对估值法是从绝对回报的角度来分析目标公司未来的盈利能力。创业板公司增长快，发展前景好，在测算其未来现金流时就要充分考虑增长和风险之间的平衡。使用绝对估值法的好处是，能够挖掘出公司真实的价值驱动因素，看清公司的价值来源。

绝对估值法更重要的作用是帮助投资者系统预测公司未来几年的财务状况。由于创业板公司的增长速度乃至业务战略方向都可能发生变动，因此，投资者更加看重未来 2 ~ 3 年的净利润、经营现金流和主要财务指标（收入增长率、利润增长率、毛利率、净利润率以及投资回报率等）。

与对一般公司估值相同，对创业板公司用绝对估值法估值时需测算未来的现金流及估算终值，然后对预测期现金流和终值进行折现。但创业板公司自身的特点决定了在估值过程中重要假设的估计需要特别注意：

（1）增长假设

在对公司进行财务预测时，最重要的方面是对其成长性的估计，当中首先遇到的就是增长假设。虽然创业板公司的历史成长性较好，但是我们要的是未来的增长率。在创业板上市的第一年中，大多数创业板公司上市后保持了较好的成长态势，但也有部分公司业绩出现分化，有的公司经营业绩甚至出现了较大的波动［如金龙机电（300032. SZ），2009 年收入同比增长 51%，但 2010 年前三个季度收入同比减少 22%］。所以需要合理分析公司增长的驱动因素。所在行业的规模大小、在行业中的市场份额、竞争对手和未来潜在新进入者对市场份额的影响、公司的产品或服务的市场需求及价格等都会影响公司未来财务状况。对于创业板公司，很多是靠新的商业模式、新产品和新服务获得较快增长，需要关注这些方面的持续能力和面临的竞争，这些都可能影响公司未来的增长速度。

（2）利润率假设

创业板公司的历史财务数据不仅反映出较高的营业收入增长率，而且往往还伴随着较高的毛利率和较高的净利润率。未来这些较高的毛利率或净利润率是否可以持续不能一概而论，需要结合具体行业、具体公司情况进行分析。比如公司是否有独特的资源保证高于行业平均的利润率，如药品专利、技术专利、行政垄断或者持续创新能力等？否则高利润率将吸引大量的跟随者，从而会拉低利润率。同时也需关注公司享受的所得税优惠政策及财政补贴政策的延续性。

（3）投资回报率假设

2010 年创业板发行呈现"高发行价、高市盈率、高募集金额"的特点。高募集资金导致公司拥有超过其投资计划的资金，能否把超额募集资金有效地投资出去对公司来说是一个很大的考验，处理不好会拉低公司整体的投资回报率。

(4) 折现率假设

折现率需要反映现金流风险。风险高的公司自然要用较高的折现率。创业公司在技术研发、市场开发、业务发展等方面往往不会一帆风顺，经营风险较高。需要根据创业板公司的特点选择折现率计算公式中参数的取值。其中特别需要注意的是计算股权收益率时所需的 β 值和特定的风险溢价。

由于创业板公司刚上市不久，没有足够的股价数据计算 β 值，所以在分析刚上市公司或待上市公司时，常常需要通过在主板、中小板上市的可比公司的 β 值计算出参考值。计算过程中要对可比公司的 β 值进行去杠杆化和再杠杆化的处理。由于使用的可比公司通常是主板或者中小板公司，或者是成熟市场上的公司，所以从风险上来说，还需要反映创业板公司这种更高的不确定性的风险，即加上创业板特定的风险溢价。

(5) 增长阶段假设

考虑到创业板公司处于发展周期的早期上升阶段，距离永续平稳增长至少还有 2～3 个阶段，因此估值模型宜采用三阶段模型，才能更客观地反映创业板公司的完整发展周期，也避免了终值现值占企业价值比重过大的问题。

(6) 终值假设

终值假设一定要合理，无论是永续增长模型中的长期增长率假设还是终值退出倍数中的退出倍数都需要假设得有理有据。对于任何公司，在进入稳定阶段后，无论是收入的增长率还是利润率都会回到一个合理的平均水平，因而，在计算创业板终值时参数取值不能取得过高。

另外由于未来预测的关键假设对创业板价值影响很大，所以更应该运用敏感性分析和情景分析。

2. 可比估值法

可比估值法也可用来对创业板公司估值。不过在使用时需要考虑创业板的特点进行调整或用新的角度来分析结果。

(1) 可比公司的选择

创业板公司大多处于成长期，而且公司大多是自主创新，有新的商业模式、新的产品，所以直接可比公司相对很少。在使用可比估值法时需要扩大可比范围，类似行业、特点相似的公司也可以放进可比篮子中。可以更多地考虑成熟市场（美国、欧洲、中国香港等市场）中的公司，很多目前在我国看起来新的商业模式、新的产业都有成熟市场中成熟模式的影子。

由于国内创业板尚未形成相对完整、稳定的估值体系，已在中小板上市的可比公司估值水平也是创业板公司的重要估值参考。此外，在创业板发展初期，由于市场资金远超创业板 IPO 公司的股票供应量，市场对公司基本面和同行业可比公司的概念比较淡化，因此，发行市盈率更多时候是参照同批上市的创业板公司的平均发行市盈率。

（2）PEG 估值

传统的市盈率倍数法无法反映不同公司的增长潜力。因为 P/E 中的分母通常采用本年或下一年的利润，不能直接反映出公司利润未来的增长速度。如果将未来不同增长速度的公司放在一起作为可比公司，对增长较快的目标公司来说，就不能充分反映自身的价值。所以通常在对增长潜力不同的公司进行可比估值时，会使用 PEG 指标，这个指标已经把增长水平不同和规模不同的影响都考虑了。

（3）经营指标估值

对于处于初创期的公司，当年净利润及当年净资产往往不能充分反映公司的价值所在，所以除了使用财务可比指标外，还可以使用一些非财务指标。有些非财务指标比财务指标更能清晰地反映出公司的价值。比如，20 世纪 90 年代末，NASDAQ 市场上有很多互联网公司，这些公司很多利润为负，现金流为负，有些甚至收入都很小，对于这类公司使用可比估值法，则原来常用的财务可比指标都不好用。这时可以使用一些经营类非财务指标，比如 EV/点击量，EV/用户数等，当中的逻辑在于点击量越高或者用户数越多，未来带来收入和利润的可能性就越大。对于其他行业的公司也有类似的指标比如一些连锁机构（爱尔眼科），可以关注其平效（每平方米销售收入），进而使用 EV/营业面积对这类公司进行估值。

8.1.3 如何看待目前创业板公司的交易价格

好的公司并不一定在任何时候都是好的投资目标，原因在于我国的创业板目前由于资源稀缺，容量还不大，而且参与者以散户为主，容易受到资金炒作的影响，所以市场交易价格很可能偏离真实价值。创业板的股票与资金的供求关系除受到宏观环境和公司经营等基本面情况影响外，上市公司的流通股比例和禁售股解禁进度也是左右其价格水平的重要因素。特别是 IPO 前原股东持有股份的解禁情况，以及创始人和高管的大额减持股票行为，都会给股价造成压力，或者向资本市场释放出关于公司真正增长前景的重要信号。据粗略统计，创业板市场上高市盈率的公司（动态市盈率大于 80 倍），其流通股比例大部分都不超过 25%，而市盈率较低的公司（动态市盈率小于 50 倍），其流通股比例通常都在 35% 以上，或者原股东有大宗减持行为。

截至 2010 年 12 月 31 日，153 家创业板公司发行市盈率平均为 68.6 倍。乍看起来市盈率很高，超过 A 股市场平均市盈率（25 倍左右）一倍多。其实市盈率高低是取决于公司的未来增长能力的。如果目标公司未来 2 年净利润增长率均能超过 50%，2 年后市盈率按现在价格水平计算也就是 20 倍出头，并不算太高。对于一些未来增长快、增长确定的公司来说，50 倍甚至 100 倍市盈率也有一定道理。但是对于新上市的创业板公司，我们一定要辩证地去分析，要关注公司过去的增长是否真实且能延续，关注公司增长的驱动因素及其潜在的瓶颈。

8.2 房地产公司估值

房地产公司从本质上讲，也属于"生产制造型"公司。土地、钢筋、水泥就是它的原材料，通过建设施工将原材料转换成它的产品——楼盘。房地产公司将盖好的楼盘卖出去或租出去，就是在销售它的产品。但是，房地产行业的公司又有不同于其他行业公司的特点，如融资需求大、单个产品价值高、产品开发周期长等。

正是房地产公司与生产制造型公司的这些共同点和不同点，使得其估值与一般生产制造型公司的估值既有相似之处，又有其独特之处。除了传统的市盈率倍数法、市净率倍数法外，净资产价值方法等也是房地产公司估值时常用的方法。

8.2.1 房地产行业的特点

房地产公司按业务类型大致分为两类：房地产开发类和物业持有类。房地产开发类的公司，如万科、金地等，主要从事购买土地、建设住宅类楼盘、转让房地产开发项目或者销售商品房。物业持有类的公司，如北辰实业（601588.SH），主要从事商业地产的建设、经营或出租。还有一些综合类房地产公司两种业务兼而发展，如招商地产（000024.SZ）。

房地产开发类公司相对于物业持有类公司而言，因为楼盘销售滚动快，所以资金回收效率高，具有较高的流动性。而物业持有类公司定期收租，运营稳定。但无论是哪种房地产公司，通常都符合房地产行业的下列共性特点：

1. 土地供给的稀缺性

在用于住房生产的所有资源中，土地是最稀缺的资源，可供开发住房的土地是有限的。随着城市化的进程，人们对城市住房的基本需求急剧上升。另外，大量投资资金的流入也使得城市住房的投资性需求急剧上升。基本需求和投资性需求的共同作用，使得可用于开发的土地更加稀缺。反过来，土地稀缺又导致基本需求和投资性需求之间的冲突日趋尖锐，从而导致开发公司之间对土地资源的争夺更为激烈，地价逐节攀升。

2. 区域性显著

由于房地产是不动产，当某一地区的房地产市场供求失衡或不同地区房地产价格存在差异时，房地产不可能像其他商品一样，通过地区之间的流动或者套利来使这种不平衡或差异缩小，所以房地产市场会受到地区经济发展水平的影响。这种影响主要体现在三个方面：

第一，从收入角度看，不同地区的房价不同。比如说北京、上海的商品房每平方米的价格可以达到3万元、4万元甚至更高，而在西部边远城镇，商品房每平方米可能还不足3 000元。此外，价格的变化也因各城市发展差异而不同。在对不同地区的房地产公司估值时，应注意不同地区经济发展的特点，给出相应合理的价格假设。

第二，从成本角度看，不同地区地价差异很大，但是建安成本（房屋建筑成本和房屋设施设备安装成本）相差不大，这就导致不同地区房地产公司的成本结构不同，土地成本高的地区土地成本占总成本的比例显著高于土地成本低的地区。

第三，从行业壁垒角度看，房地产公司进入一个新的地区通常会遇到较大阻碍。当地政府往往会优先把土地批复给当地有实力的、与政府合作关系良好的房地产开发商，此类开发商在项目执行上也更便利。因此，当对一个计划进行区域扩张的房地产开发商进行价值评估时，应注意其与当地政府的关系及当地房地产政策，给出相对保守、稳健的预测。

3. 单个产品价值高

一个楼盘就是房地产公司的一个产品，因此相比于一般生产制造型公司而言，房地产公司单个产品的价值是非常高的，通常在几亿元到几十亿元。这体现在资产负债表上就是拥有非常高的存货价值，而一般生产制造型公司往往拥有较高的机器、厂房等固定资产价值。因此，在估值时，我们要考虑到其存货价值高的特点，对存货进行详细分析和预测。

4. 产品开发周期长

房地产公司建设、施工往往耗时较长，普通的开发项目需要1～3年，规模较大的要4～5年。按照正常"完工出售"的销售模式在项目前期无法收回资金，因此开发类房地产公司往往采取预售的方式，从开盘时开始预售，不断收回资金。由于直到楼盘完工"交钥匙"后，预收的售楼款才能在会计上结转为销售收入，土地、建安等费用才能结转为销售成本，所以导致了房地产公司具有当期现金流与利润不匹配的特点。通常情况下，项目较少的房地产开发公司一般都会因项目预售时间与结算时间的较大差异而造成销售收入、净利润等指标在年度之间的大起大落。

5. 融资需求大

房地产公司购买土地、建设楼盘需要投入较多的资金。一般较大的房地产项目，仅土地的成本动辄就要十几亿元甚至几十亿元。由于房地产公司具有单个产品价值高、产品开发周期长的特点，为了支持新项目的开发，大多数公司会选择从外部融资，比如从银行贷款或请其他公司一起投资。

6. 受政策影响大

房地产行业受国家宏观经济政策的影响非常大。政府政策对房地产业发展的影响主要通过以下方面来体现：其一，政府对土地资源的开发和使用计划直接影响到土地的供应，从而影响到房地产业的开发；其二，政府的各项房地产相关税费会影响到房地产的开发成本，进而影响房价，从而影响到房地产的销售状况；其三，政府对房地产交易所采取的政策会影响到房地产的流通状况。例如，土地增值税、印花税、契税等税收的提高会增加房地产交易的成本，而房产税的提高会增加房地产持有的成本，这些变化都会影响房地产市场的流通。

8.2.2 开发类公司常用的估值法

1. 市盈率倍数法

市盈率倍数法由于其计算简单，易于理解，目前是 A 股市场中应用最广泛的房地产公司估值方法。并且，在进行不同行业资产配置时，市盈率倍数法使得房地产行业可与其他行业直接进行比较。

但是，由于房地产公司开发周期长且大多采取预售方式，楼盘全部完工后才能结算销售收入。这样一来，实际销售的现金流与会计上销售收入的确认就有了一个时间差，这个时间差可长达 1～3 年。因此，房地产公司当年的净利润反映的并不是当年的实际销售状况，而主要是一两年以前的。对于房地产项目很多的公司来说，如果项目进度配比恰当，公司整体的现金流和利润应当是稳定的。但如果一家房地产公司只有很少的一两个项目或几个项目，那么由于开发、销售进度等原因就会导致公司每年的利润大起大落。此时，还用市盈率倍数法估值就不是很合理。所以，市盈率倍数法对于项目较多、利润较稳定的开发型公司有相对较高的适用性。

2. 市净率倍数法

市净率倍数也是房地产公司估值时经常需要参考的指标。但是由于净资产是公司历史累积的结果，市净率倍数法可以说是一种"向后看"的估值方法，同时，由于计算净资产时，开发类公司的主要资产——存货计价标准为历史成本，在近几年我国房价、地价飞涨之下，已与其市场价值相去甚远。考虑到市净率所使用的净资产相对于市盈率所使用的净利润来说更加稳定，市净率倍数法更广泛地在成熟市场中对成熟的公司使用，而在 A 股市场中，更多地作为价值安全边际的衡量指标。

3. 净资产价值（NAV）估值法

NAV 估值法具有很多市盈率倍数法不具备的优点，是房地产公司估值中常用的方法。NAV 估值法是一种绝对估值法，它不考虑房地产公司未来可能新增的项目，并假设目前所有项目都可以顺利开发、销售，然后对其每个现有项目进行现金流预测并折现，加总得到企业价值后调整为股权价值，再除以股数算出每股净资产价值。（具体计算方法详见"2.5 净资产价值法"一节。）

（1）NAV 估值法的优点

- **直接体现未来价值**。因为 NAV 估值在计算时包括了公司当前拥有的所有项目，如未开发土地、未完工产品和已完工产品，在一定程度上可以体现公司的未来发展。房地产公司现有项目是其未来几年发展的重要保证，只有拥有充足的土地储备，未来盈利增长才可预见。NAV 正是体现了这些未来增长的"保证"的价值。

- **避免年度间的指标误差**。由于 NAV 估值是对现存所有项目未来的现金流进行折现，所以它可以避免项目较少的公司因项目预售时间与结算时间的较大差异而造成的销售收入、净利润等指标在年度之间大起大落。

- **较市盈率倍数法能更好地体现资本成本**。由于 NAV 估值在计算时要根据不同类型房地产公司给出不同的折现率（主要是 WACC）假设，从而可以更好地反映不同房地产公司的资本结构及资本成本。

（2）NAV 估值法的局限性

- **NAV 估值法较市盈率倍数法计算复杂，估值基本假设较多**。NAV 估值法需要对每个项目进行未来现金流预测并折现，计算方法较市盈率倍数法复杂。再加上它需要对项目的成本、售价、折现率、开发销售进度以及该项目的后续投入等指标进行假设，对数据质量的要求很高。估值者需要对被估值公司所有的项目所在城市情况、项目具体情况，以及房地产总体政策和市场变化都有深刻的理解并作出正确的判断，否则不合适的假设将导致不合适的结果。

- **不体现未来新增项目的价值**。由于 NAV 只计算现有项目的价值，不考虑未来新增项目的价值，所以理论上来说，NAV 计算的价值仅是公司所有价值中的一部分。从这点上讲，NAV 估值相对公司的真实价值有所低估。

更重要的是，这种影响的程度在不同经营模式的公司之间可能有很大差异。对于追求快速周转的房地产开发商，由于通常仅储备可供未来 2、3 年开发的土地，所以在长期（比如 10 年）产生的价值中，现有项目的价值占比较低，而对于追求大量土地储备的房地产开发商，由于其储备了可供未来 5、6 年（甚至更长时间）开发的土地，所以在长期产生的价值中，现有项目的价值占比很高。所以，NAV 估值法对项目快速周转的公司似乎"不公平"。资本市场中对 NAV 估值法的普遍应用，助长了房地产公司的囤地冲动。

- **假设所有项目都能按计划开发**。NAV 估值法假设所有现有项目都能按计划开发、销售，但实际情况却可能是有一些项目因为各种原因（比如缺少后续资金、拆迁、法律等）未能开发就以土地的形式转让或在开发过程中停止，成为"烂尾楼"。从这点上讲，NAV 估值相对公司的真实价值有所高估。

  同样，这种影响的程度在不同公司之间也是不同的。拥有稳健战略和良好项目执行能力的房地产公司，更有能力实现现有项目的预期价值，而对于战略激进但同时项目执行能力较弱的公司，现有项目预期价值的实现存在较大风险。所以，NAV 估值法似乎"偏袒"了战略激进且项目执行能力较弱的公司。

综合上面三点中的后两点可以看出，NAV 估值法充分反映了价值来源中的"硬件"——土地储备的价值，而缺乏对价值来源中的"软件"——商业模式、管理能力等的重视。

（3）P/NAV 分析

正是由于 NAV 估值法有上述局限性，市场上通常不直接以某公司的 NAV 值作为其绝对价值，而是在此基础上作进一步折价或溢价的调整。P/NAV（股价/每股 NAV）即为由此衍生而来的相对估值指标。

由于房地产开发类公司比物业持有类公司有更快的存货流转速度，因此可以享有一个相对物业持有类公司更高的 P/NAV 倍数；同理，在 NAV 相同的情况下，"滚动开发型"的公司比"囤地型"的公司每年结算的楼盘更多、销售收入也更多，因此应当有更高的 P/NAV 倍数。

8.2.3 物业持有类公司常用的估值法

对于物业持有类的房地产公司，仍然可以运用上述适用于开发类房地产公司的估值方法进行估值。但是物业持有类房地产公司具有一些不同于开发类房地产公司的经营和财务上的特点，比如持有的物业每年产生相对稳定的现金流、不存在收到预售款和收入确认之间的巨大时间差异、现有主要物业资产多以公允价值计量等。因此，上述估值方法在应用时也有与开发类房地产公司不同的特点和适用性。除此之外，资本化法也是物业持有类公司常用的一种估值方法。

1. 市盈率倍数法

由于公司所持有物业的租金收入相对于开发类公司的一次性销售收入来说，具有更强的稳定性和可预见性，所以市盈率倍数法估值的适用性大大提高。但在运用时需要注意，对于以公允价值计量的持有物业，其当期的价值变动本质上体现的是未来长期租金收入变动的折现之和，即预支了未来所有租金收入变动。因此，用来乘以 P/E 倍数的正常经营利润不应包含这部分公允价值变动损益。

2. 市净率倍数法

由于在我国新会计准则及国际会计准则下，持有物业的会计计量以公允价值模式为主，其真实市场价值将体现到净资产中，所以，市净率倍数法对物业持有类公司的适用性也大大提高。

3. NAV 估值法

持有物业的 NAV 计算方法和开发类公司的计算方法类似，其优点与局限性也类似。持有物业不像待售的住宅那样可以用预计销售价格来衡量其价值，需要用专门的方法来进行评估。下面介绍一下评估已建成的持有物业的估值方法，对于未开发的和开发中的持有物业，在计算 NAV 时也需要用到这些方法估计其被开发完成后的价值。

（1）资本化法

资本化估值法体现的也是一种现金流折现的思想，这种方法相当于对持有此物业的净现金收益以资本化率进行折现：

$$物业价值 = 净营运收入（Net\ Operating\ Income，NOI）/资本化率$$
$$= （租金收入 - 运营费用）/资本化率$$

它在计算时，租金收入和运营费用相对容易确定，而资本化率通常由市场上其他可比物业交易数据所隐含的资本化率确定，所以是专业房产评估机构常用的一种方法。需要注意的是，由于此方法没有考虑未来租金收入的上涨，所以资本化率不等于预期投资回报率。

（2）折现现金流法

此处的折现现金流方法和其他行业估值时使用的折现现金流方法一致。

（3）可比法

可比法类似于并购估值中常用的先例交易法，基于最近交易的与被估值地产高度可比的地产的售价进行估值。由于被估值地产与可比交易地产之间的面积、地点、质量等因素不可能完全一致，所以需做一定调整。

8.3 金融机构估值

我们通常所说的金融机构主要包括商业银行、证券公司和保险公司等。商业银行作为典型的资产驱动型公司，在业务模式和预测思路上不同于收入驱动型的公司；证券公司是多种业务的混合体，经纪业务、投资银行业务（以下简称投行业务）、自营业务、资产管理业务等业务的特点各不相同；保险公司一方面要将财险业务和寿险业务分开分析，另一方面在会计计量和估值时需要借助精算师来测算保险责任准备金，以及保单的价值。要想对金融机构进行财务分析和合理估值，首先要了解金融机构的业务及财务特点。下面我们来依次分析商业银行、证券公司和保险公司（分成财险公司和寿险公司），根据它们的特点，举出几种常用的估值方法，并分析每种方法在实际运用时需要注意的问题。

8.3.1 商业银行估值

1. 我国商业银行的业务及财务特点

（1）主要收入来源于净利息收入

商业银行的业务可分为负债业务、资产业务和中间业务三部分。负债业务是商业银行形成资金来源的业务，主要包括存款业务和发行债券，对利润表的影响是产生利息支出。资产业务是商业银行对资金进行运用的业务，主要包括发放贷款和债券投资，产生利息收入。中间业务是指不构成商业银行表内资产和负债的业务，形成银行的非利息收入和非利息支出。

目前，我国商业银行的营业收入中绝大部分来源于净利息收入（利息收入减去利息支出），中间业务收入占比还不高。2009年，在我国五家大型商业银行中，中间业务收入（手续费及佣金净收入）占营业收入的比重均在20%以内，中国银行（601988.SH，03988.HK）为19.8%、建设银行（601939.SH，00939.HK）为18.0%、工商银行（601398.SH，01398.HK）为17.8%、农业银行（601288.SH，01288.HK）为16.0%、交通银行（601328.SH，03328.HK）为14.1%（以上数据来自各家银行年报）。与之相比，外资商业银行的收入构成中中间业务收入占比通常较高。

（2）贷款业务发展受制于自身资本规模

商业银行的净利息收入主要由银行存贷款规模及利率决定。银行为最大化经营利润，会尽可能多地吸收存款和发放贷款。因此，银行是高负债、高杠杆的行业。同时，商业银行的经营状况对整个经济有着巨大影响。因此，银行监管机构通过对商业银行资本充足率的要求等措施来控制商业银行的风险。所以，商业银行的贷款规模很大程度上取决于其自身的资本规模。

从2009年年底开始，中国银监会结合国际银行业监管改革趋势，开始制定一系列新型监管工具，主要涉及资本充足率、杠杆率、拨备率、流动性四个方面。随着相关监管法规的出台，银行业务发展与监管之间的关系更加紧密。

（3）净利息收入受央行货币政策影响较大

首先，我国商业银行的存、贷款基准利率（或法定利率）由央行决定，商业银行在存款业务、贷款业务中的实际利率在基准利率基础上浮动的空间很有限。

其次，商业银行的贷款规模不仅受自身资本规模的影响，也会受到监管机构调控总体信贷规模的影响。对于一些大型商业银行，虽然自身积累的资本规模非常大，可以发放较多贷款，但是实际上其贷款总额往往达不到其发放贷款的最大能力。比如2009年工商银行和建设银行的存贷比分别为59.5%和60.2%，远低于75%的限制。

（4）拨备政策对利润的影响较大

银行的贷款质量是影响银行盈利能力的重要因素。一般以不良贷款率来衡量银行贷款质量，以拨备覆盖率来衡量计提准备是否充分。拨备覆盖率等于计提的贷款减值准备除以不良贷款余额。目前，中国银监会要求商业银行拨备覆盖率应超过150%。

贷款减值损失对商业银行的利润影响较大。以工商银行为例，其2008年的拨备前利润（Pre – Provision Operating Profit，PPOP，等于税前利润加上贷款减值损失）为1 818.1亿元，当年计提了365.1亿元的贷款减值损失，相当于PPOP的20.1%。2009年拨备前利润为1 889.3亿元，当年计提了216.8亿元的贷款减值损失，相当于PPOP的11.5%。

2. 商业银行的财务预测

对商业银行估值前首先需要进行财务预测。作为资产驱动型的典型行业，商业银行的预测方法与收入驱动型公司有较大不同。

商业银行的营业收入主要为净利息收入，而"净利息收入 = 利息收入合计 − 利息支出合计"，所以我们需要重点预测其利息收入和利息支出。商业银行利息收入的驱动因素为生息资产（主要为贷款），利息支出的驱动因素为付息负债（主要为存款），而生息资产和付息负债构成了商业银行主要的资产和负债。所以在对商业银行进行财务预测时需要先预测其资产负债表，再预测利润表，"资产驱动型"就是这个含义。

预测商业银行的资产负债表时，通常可以先预测付息负债（包括存款、次级债等）、非付息负债、生息资产中驱动因素明确的科目（包括贷款、存放中央银行款项等）以及非生息资产（包括固定资产、无形资产等）。资产负债表剩余未预测生息资产科目的总和（主要包括债券投资、同业拆借、回购等）可以用轧差法（总负债加股东权益减去已经预测的资产科目）得出。

资产负债表预测完后，利息收入和利息支出可由各类生息资产、付息负债的数额乘以对应利率得到，非利息净收入及利润表的其他科目预测按照类似第 5 章介绍的利润表科目预测方法进行预测即可。利润表得到的净利润会在用 BASE 法则计算股东权益时被引用（这里形成了循环引用）。对于商业银行预测模型，一般不需要做现金流量表。

3. 商业银行估值方法分析

市场中对商业银行常用的估值方法有：相对估值法（市盈率倍数法、市净率倍数法等）以及绝对估值法（DDM 估值）。

（1）市盈率倍数法

使用市盈率倍数法的前提假设是公司未来每年的净利润比较稳定，且可以持续。市盈率倍数法在成熟市场上使用的频率比较高，而在我国市场使用的可靠性相对较低，我国商业银行业正处在一个快速发展的阶段，在发展初期，有些银行由于内部控制不健全，导致财务报表中贷款减值损失真实性、充实性受到质疑，直接影响净利润的可信性。但随着银行业逐渐成熟，多家银行相继上市，在内部控制上有了很大的改善，数据真实性问题基本得到解决。

（2）市净率倍数法

市净率倍数法是业内对银行估值时最常用的可比估值法。商业银行的资本规模决定了其存贷款业务的规模，而存贷款业务的规模决定了净利息收入。净利息收入是目前我国商业银行的主要收入，而来自中间业务的非利息收入很多也靠银行存贷款业务拉动，所以商业银行的盈利和净资产规模密切相关。从指标的稳定性看，净资产的波动性远小于净利润的波动性，而且可以避免净利润为负时无法估值的问题。

使用市净率倍数法时，需注意市净率倍数与 ROE 的关系。从理论上说，净资产相同的两个银行，ROE 较高的银行能够带来更多回报，价值应该更高，即对应的市净率倍数较高。实证经验也表明 ROE 与市净率倍数之间存在着较强的正相关性。所以使用市净率倍数法时，可以用可比银行的市净率倍数对 ROE 进行回归，然后将目标银行的 ROE 放入回归结果中推算出目标银行适用的市净率倍数。

（3）DDM 估值

绝对估值法中，对商业银行常用 DDM 估值，而不常用基于企业价值的 DCF 模型。原因是银行的资本约束使其不能按自由现金流分配现金。DDM 考虑到银行的资本约束，因此在预测红利时需考虑资本充足率的要求，计算出满足资本充足率之后最大可分配红利，但实际预测出的数值需要考虑到银行一贯的股息政策。

相比于市盈率倍数法和市净率倍数法等相对估值法，绝对估值法有利于发掘银行价值产生的原因，也可以帮助理解银行未来发展趋势并验证市盈率倍数和市净率倍数的合理性。

8.3.2 证券公司估值

1. 证券公司的财务特点及预测

证券公司最主要的业务有经纪业务、投行业务、自营业务和资产管理业务四类。我国上市证券公司中，经纪业务收入构成了最主要的收入；投行业务收入主要靠承销业务（协助上市公司或拟上市公司销售其公开发行的股票、债券）收入；自营业务收入依赖于证券公司利用自有资金投资的能力和水平，在利润表中主要反映在投资收益和公允价值变动收益两个科目；资产管理业务收入取决于管理资产的规模和费率，属于较稳定的收入。证券公司各个业务特点分明，有些业务（如自营业务）的规模依赖于净资本，有些业务（如投行业务）的收入与资本金的关系不明显，所以在财务预测时应分业务进行预测。

在对各个业务进行预测时，有不同的预测方法。比如对于经纪业务，可按照"经纪收入=交易量×交易费率"的思路预测，对其中的交易量还可以继续拆分，找出合理的驱动因素（市场份额、市场交易量等）。投行业务的收入可以用"项目规模×费率"得到。对于自营业务的收入，预测时尽量保守一些，不能因为一两年的高额回报就认为能够长期获得类似的回报。资产管理业务收入可用"资产管理规模×费率"计算。

2. 证券公司估值方法分析

（1）市盈率倍数法

使用市盈率倍数法对我国的证券公司进行估值时，存在如下几个问题：其一，证券公司的净利润波动较大。证券公司的各项业务都会受到证券市场景气程度的影响，当市场处于上升阶段时，证券公司的利润通常较好；当市场处于下降阶段时，证券公司的业绩会比较差。利润的持续性和稳定性不强。其二，不同业务的成长性和风险大小并不相同，所以它们各自对应的市盈率倍数并不一样。比如经纪业务的市盈率和自营业务的市盈率相差就比较大。我国上市的证券公司大部分都是综合性证券公司，它们每项业务的比重不完全一样，业务种类也不完全一样，所以整体的市盈率倍数可比性较差。尽管如此，市盈率倍数法仍是对证券公司估值的一种常用的且易于操作的方法。

(2) 市净率倍数法

从前面我们介绍证券业务的特点可以知道，证券公司的净资产主要用于自营业务，产生投资收益和公允价值变动收益。而经纪业务、投行业务和资产管理业务的收入与公司的净资产关系不明显。并且，我国上市证券公司的主要收入仍为经纪业务收入。因此，使用市净率倍数法对我国上市的证券公司进行可比估值，适用性不高。

(3) SOTP 估值法

对于证券公司而言，分类加总法（Sum of the Parts，SOTP）是将证券公司的不同业务单独分别估值，然后将各个业务的价值加总起来得到证券公司的总体价值。

自营业务的价值，应使用自营业务资产对应的市场价值。其他业务的价值，可以采取市盈率倍数法、市净率倍数法等可比公司法估值。但是我国已上市证券公司都是同时开展多项业务，缺少单一业务为主的上市证券公司，各项单独业务可参考的估值倍数较难获得。

(4) DCF 方法

证券公司的盈利模式相对于其他金融公司（银行、保险）来说，更类似于一般的收入驱动性公司。所以可使用现金流折现方法，根据证券公司的业务，预测出其股权自由现金流（FCFE），然后对其折现得到股权价值。这种方法在并购交易中经常使用。

8.3.3 保险公司估值

1. 保险公司的财务特点和预测

保险公司的盈利能力主要体现在承保能力、投资能力以及运营能力三个方面。其收入主要来源于两部分——保费收入和投资收益，成本费用主要包括取得保费收入所需要付出的成本费用，以及为未来可能的赔付支出所提取的责任准备金。

商业保险可以分成财产保险和人身保险两大类，其中，人身保险主要是寿险，此外还包含意外险和健康险。这里我们主要分析财险业务和寿险业务。

在我国，财险业务以一年及一年以内的短险（比如车险、企业财产险）为主。其财务报表与寿险相比相对容易预测。预测时可参照历史的业务指标（业务增长率、投资回报率、赔付率、费用率等），估计未来的收入和成本。

寿险业务与财险业务相比，长期业务比重大得多。长期业务保单初期费用支出（营销人员佣金等）较多，随着期限的增加，长期业务保单的利润才逐渐显现出来。寿险公司为了保证未来有足够的偿付能力，需要提取相应的未到期责任保证金。未到期责任保证金的数额需要精算师按照一系列的精算假设计算得到。对于外部分析人员，由于很难获取足够的信息和数据，故很难对寿险公司的财务报表作出较详细且合理的预测。

2. 财险公司估值方法分析

（1）市盈率倍数法

与寿险相比，以短险为主的财险的利润相对容易预测，可以用市盈率倍数法来估值。考虑到投资收益本身具有的不稳定性，在使用市盈率倍数法时，对未来投资收益的假设应尽量保守。

（2）市净率倍数法

在我国，保监会对保险公司进行偿付能力管理，并对偿付能力不足的保险公司采取相应的监管措施。净资产的规模在一定程度上决定了保险公司的业务规模。对财险公司来说，常用市净率倍数法估值。使用市净率倍数法时常常与 ROE 结合起来进行分析。

（3）DCF 方法

在财险公司财务预测的基础上，也可以采用股权自由现金流（FCFE）折现方法对财险公司进行估值。

3. 寿险公司估值方法分析

（1）市盈率倍数法

寿险公司业务以长期保单为主，长期保单初期获取保单的成本和费用往往大于获得的保费收入，故新成立的寿险公司通常需要运营一段时间（一般为 7 年以上）才能实现盈利。此外，寿险公司未到期责任准备金非常难估计，短期投资收益也具有很大的不稳定性，导致寿险公司净利润具有较大不确定性和不稳定性，所以较少使用市盈率倍数法对寿险公司估值。

（2）市净率倍数法

与财险公司类似，对于寿险公司，由于保监会对保险公司偿付能力的监管以及净资产的相对稳定性（与净利润相比），市净率倍数法比市盈率倍数法更适用。但当前的净资产中并没有反映寿险公司长期保单在未来可能产生的价值，以及新业务的价值，这是市净率倍数法的局限性。

（3）精算价值法

寿险公司的价值可以分成两部分：目前拥有的业务在未来能产生的价值（内含价值，Embedded Value，EV）及未来可能获得的新业务所对应的价值。由于这两部分价值需用精算方法得到，所以又称为精算价值。采用精算价值法对寿险公司估值的好处在于既兼顾现有业务价值，又考虑了未来的增长能力（新业务价值），对于价值投资而言更有意义。

内含价值是基于一组关于未来的经验假设，以精算方法估算的一家保险公司目前业务所对应的经济价值（内含价值＝调整净资产＋现有业务价值）。对于寿险公司，使用内含价值能客观准确地衡量已经承保的长期保单的价值。上市保险公司的年报中会披露当前年度的内含价值，及采用精算方法在不同假设下对应的内含价值。比如在中国人寿（601628.SH，02628.HK）2009年年报中的"内含价值"一节，披露其在2009年底的内含价值为2 852.3亿元。

新业务价值指保险公司未来开展的新的保险业务所对应的价值。新业务价值从保险精算的角度，需要对保险公司的各个保险产品进行分析和预测，综合考虑各个产品的未来保费收入和相关成本，运用现金流折现的方式得到。如果没有保险公司内部数据，实际中往往采用一年新业务价值×新业务价值倍数进行估算。上市保险公司的年报会披露一年新业务价值，比如在中国人寿2009年年报中披露其一年新业务价值为177.1亿元。

这种方法在并购业务中会更多地使用，因为并购中可以获得并购对象较为详细的运营数据，以便作出更合理的预测和分析。

（4）P/EV估值

P/EV是计算股价和每股EV（内含价值）的相对比例，在内含价值（EV）的基础上对寿险公司进行估值。这种方法类似于对房地产公司估值时使用的P/NAV，都是基于现有业务的公允价值。

在使用时需注意，P/EV估值法与P/NAV估值法具有同样的不足：不能直接体现不同公司未来新业务的价值占比。

附录　中英文财经词汇对照表

中文	英文
调整现值法	Adjusted Present Value（APV）
资产负债表	Balance Sheet
基本情景	Base Case
悲观情景	Bear Case
布莱克—斯科尔斯期权定价模型	Black Scholes Option Pricing Model
账面价值	Book Value
自下而上	Bottom – up
乐观情景	Bull Case
资本资产定价模型	Capital Asset Pricing Model（CAPM）
资本现金流	Capital Cash Flow（CCF）
现金流量表	Cash Flow Statement
可比公司法	Comparable Company Method
比较分析	Comparative Analysis
去杠杆化	Deleverage
折现现金流	Discounted Cash Flow（DCF）
红利折现模型	Dividend Discount Model（DDM）
息前税后利润	Earnings Before Interest After Taxes（EBIAT）
息税前利润	Earnings Before Interest and Taxes（EBIT）
息税折旧摊销前利润	Earnings Before Interest, Taxes, Depreciation and Amortization（EBITDA）
每股收益	Earnings Per Share（EPS）
经济增加值	Economic Value Added（EVA）
内含价值	Embedded Value（EV）
企业价值	Enterprise Value（EV）/ Firm Value / Aggregate Value
股权价值	Equity Value
股权自由现金流	Free Cash Flow of Equity（FCFE）
持续经营价值	Going – concern Value
水平分析	Horizontal Analysis

利润表	Income Statement
无形资产	Intangible Assets
投入资本	Invested Capital (IC)
最近 12 个月	Latest Twelve Months (LTM) / Trailing Twelve Months (TTM)
含杠杆的 β	Levered β / Equity β
清算价值	Liquidation Value
市场价值	Market Value
模型书	Model Book
净资产价值	Net Asset Value (NAV)
净营运收入	Net Operating Income (NOI)
扣除调整税后的净经营利润	Net Operating Profits Less Adjusted Taxes (NOPLAT)
经营性营运资金	Operating Working Capital (OWC)
分配比率	Payout Ratio
永续增长率	Perpetual Growth Rate
融资后	Post-money
融资前	Pre-money
拨备前利润	Pre-Provision Operating Profit (PPOP)
价格	Price
市盈率	Price/Earnings, Price Per Share / Earnings Per Share (P/E)
市净率	Price/Book Value, Price Per Share/Book Value Per Share (P/B)
市盈率相对盈利增长比率	Price/Earnings to Growth (PEG) Ratio
可能储量	Probable Reserve
不动产、厂房以及设备	Property, Plant and Equipment (PP&E)
探明储量	Proved Reserve
比率分析	Ratio Analysis
再杠杆化	Releverage
剩余储量	Remainder
净资产收益率	Return on Equity (ROE)
投入资本回报率	Return on Invested Capital (ROIC)

销售及一般管理费用	Selling, General & Administrative Expenses (SG&A)
情景分析	Scenario Analysis
分类加总法	Sum of the Parts (SOTP)
税率	Tax Rate
终值	Terminal Value
自上而下	Top – down
无杠杆自由现金流/公司自由现金流	Unlevered Free Cash Flow (UFCF) / Free Cash Flow of Firm (FCFF)
不含杠杆的 β	Unlevered β / Asset β
价值	Value
垂直分析	Vertical Analysis
加权平均资本成本	Weighted Average Cost of Capital (WACC)

参考文献

[1] 财政部：《企业会计准则——基本准则》，北京，经济科学出版社，2006。

[2] 财政部：《最新〈企业会计准则〉及其应用指南》，北京，法律出版社，2007。

[3] 企业会计准则编审委员会：《企业会计准则——应用指南》，上海，立信会计出版社，2006。

[4] 企业会计手册编委会：《企业会计手册》，大连，东北财经大学出版社，2004。

[5] 中国注册会计师协会：2010年度注册会计师全国统一考试辅导教材《会计》，北京，中国财政经济出版社，2010。

[6] 中国注册会计师协会：2010年度注册会计师全国统一考试辅导教材《财务成本管理》，北京，中国财政经济出版社，2010。

[7] 中国注册会计师协会：2010年度注册会计师全国统一考试辅导教材《税法》，北京，经济科学出版社，2010。

[8] 中国证券业协会：2010年证券从业资格考试统编教材《证券投资分析》，北京，中国财政经济出版社，2010。

[9] 何小锋、黄嵩：《投资银行学》（第2版），北京，北京大学出版社，2008。

[10] 何小锋、韩广智：《资本市场理论与运作》，北京，中国发展出版社，2006。

[11] 中能兴业投资咨询公司：《价值评估方法与技术》，北京，中国档案出版社，2006。

[12] 李雪莲：《公司财务学》，北京，科学出版社，2007。

[13] 俞乔等：《企业理财》，上海，复旦大学出版社，2004。

[14] 夏冬林：《会计学》，北京，清华大学出版社，2006。

[15] 刘李胜：《上市公司财务分析》，北京，中国金融出版社，2001。

[16] 王德发：《财务报表分析》，北京，中国人民大学出版社，2004。

[17] 蒂姆·科勒等著，高建等译：《价值评估——公司价值的衡量和管理》，北京，电子工业出版社，2007。

[18] 汤姆·科普兰等著，贾辉然等译：《价值评估——公司价值的衡量和管理》，北京，中国大百科全书出版社，1997。

[19] Aswath Damodaran著，朱武祥等译：《投资估价——评估任何资产价值的工具和技术》，北京，清华大学出版社，1999。

[20] 阿沃斯·达莫达让著，姜万军译：《深入价值评估》，北京，北京大学出版社，2005。

[21] Phillip R. Daves 等著，张伟、陈谦译：《公司价值评估——管理者、投资者指南》，北京，清华大学出版社，2005。

[22] 史蒂芬·罗斯等著，方红星译：《公司理财（精要版）》，北京，机械工业出版社，2004。

[23] Arthur J. Keown 等著，朱武祥译：《现代财务管理基础》，北京，清华大学出版社，1997。

[24] 滋维·博迪等著，朱宝宪等译：《投资学》，北京，机械工业出版社，2002。

[25] 肯尼斯·汉克尔、尤西·李凡特著，张凯、刘英等译：《现金流量与证券分析》，北京，华夏出版社，2001。

[26] 保罗·米勒、保罗·班森著，阎达五、李勇等译：《高质量财务报告》，北京，机械工业出版社，2004。

[27] 尤金·布里格姆、乔尔·休斯顿著：Fundamentals of Financial Management（影印版），北京，中信出版社，2002。

[28] 诚迅金融培训公司培训教材（内部资料）：

（1）《上市公司估值定价模型》

（2）《并购估值建模》

（3）《Excel 金融财务分析高级应用》